Frank Franke
Peter Vinzens

# Die Hohe Kunst des Ballon-Fahrens

BAVARIA
BEER
THUNDER & COLT
BALLOONS
UNIPART
OLD

FRANK FRANKE
PETER VINZENS

# DIE HOHE KUNST DES BALLON-FAHRENS

PIETSCH VERLAG
STUTTGART

Einbandgestaltung: Birgit Karrasch
Titelbild: Frank Franke

Bildnachweis: Sämtliche Fotos stammen von Frank Franke. Die Grafiken erstellte Johannes-Christian Rost eigens für diesen Band.

Für die geleistete Unterstützung und Hilfe danken die Autoren sehr herzlich:
European Balloon Company, Ton Kurvers, Niederlande,
Taucher Air B. A. S. E, Franz Taucher, Hamburg.



ISBN 3-613-50263-1



1. Auflage 1996



Lektorat: Oliver Schwarz.
Herstellung: Stefanie Götz.
Repro: Reprotechnik Herzog, 70439 Stuttgart.
Druck: Bechtle-Druck, 73730 Esslingen.
Bindung: Großbuchbinderei Monheim, 86653 Monheim.
Printed in Germany

# Inhalt

# Vorwort

Warum, so werden wir immer wieder gefragt, rennt ihr dauernd auf Ballonfestivals, treibt euch bei Einzelfahrten herum und macht darüber auch noch Bücher. Die Antwort ist einfach und wird nicht verblüffen: Weil es Spaß macht.

Im »normalen Leben«, im Alltag sind wir Journalisten und berichten – auch das ist Normalität – eher über Unangenehmes. Über die Katastrophe von Tschernobyl haben wir berichtet, über Flugzeugunglücke, über das Leid der Menschen, denen niemand helfen wollte. Das aber hält man so ohne weiteres nicht lange aus, ohne Schaden an der eigenen Seele zu nehmen. Auch wir Reporter können Leiden anderer Menschen nur begrenzt ertragen. Mikrophon und Kamera objektivieren zwar, zwingen uns, Abstand zu halten, fordern eigentlich, sich nie hineinziehen zu lassen in das Thema. Ein frommer Wunsch und graue Theorie. Niemand kommt aus den Strahlungsfeldern einer Katastrophe zurück und bleibt gleichgültig distanziert. Niemand wechselt die Erinnerung so leicht wie das Hemd.

Berufsethos und Ballonbegeisterung: Dieser amerikanische Kameramann ist um authentische Bilder bemüht und für eine gute Story hängt er sich überall dran, wie er uns sagte.

Journalisten entwickeln andere Möglichkeiten »zu verarbeiten«. Sie berichten über Leiden und Sorgen, sie versuchen für diese Menschen Aufmerksamkeit zu wecken. Das ist der eine Strang. Aber wir versuchen auch positive, schöne Seiten zu sehen und nicht im Meer der Traurigkeit zu versinken.

Dann aber kommt nicht überschwengliche Freude auf, sondern eigentlich Dankbarkeit. Dankbarkeit dafür, daß wir das Glück haben, einigermaßen geordnet leben zu können. Und von den vielen »hausgemachten« Problemen bleiben dann nur noch wenige übrig. »Über was regen wir uns überhaupt auf?« Das fragen wir uns oft, wenn der anstrengende Dreh beendet ist und wir das Glück haben, in die gemütlichen, eigenen vier Wände zurückkehren zu dürfen. Wie sicher leben wir doch. Und die kleinen Probleme, sie sollten uns nicht überrollen.

So kamen wir irgendwann an die große Familie der Ballonfahrer. Ein bißchen verrückt sind sie schon. Journalisten unterscheiden sich da aber kaum und somit befanden wir uns bald in guter Gesellschaft.

Dies ist nicht ein Handbuch-Buch »So werde ich Ballonpilot«, aber nach unserem ersten gemeinsamen Ballon-Buch »Traumwelt der Ballone, Reisen mit den Launen des Windes« kamen immer wieder Fragen nach Technik, Sicherheit und Menschen auf. Deshalb steht jetzt nicht das »Abenteuer Ballonfahren« im Vordergrund der Schilderungen, sondern mehr die Fragen »wer, was, wie, warum?«. Trotzdem soll es kein »Lehrbuch« zum durchbüffeln, keine sich langweilig dahinziehende Erläuterung sein. Ballonfahren macht Spaß, ist spannend und macht nachdenklich. Mehr wollen wir nicht vermitteln. Und wenn Sie uns nicht glauben, das nächte Ballonfest ist ganz in Ihrer Nähe. Erkundigen Sie sich selbst.

# Einleitung

Ton muß es eigentlich wissen. Denn Ton ist schon lange Ballonfahrer. Und Ton sagt: Die hohe Kunst findet ganz unten statt. Und deswegen fährt er auch gerne ganz tief. Nur wenige Zentimeter über dem Boden. Kontur quasi. Da zeigen sich dann die wahren Meister. Nur rumpeln darfs nicht, denn das wäre eine ungeplante Landung. Die aber findet natürlich nicht statt.

Selbstverständlich dürfen Ballone auch ganz hoch hinaus. Dort aber sind auch Grenzen gesetzt. In der Höhe nämlich, wo das Atmen schwierig wird. Dort werden die Sinne verwirrt, Euphorie läßt den Piloten Fehler machen. Im Extremfall hat er dann kaum noch Zeit, sie zu bedauern. Zudem wird es ungemütlich kalt. So kalt, daß Schnupfen das kleinste Übel wäre.

Damit hätten wir fast den Bereich eingegrenzt, in dem der Ballonfahrer seiner hohen Kunst nachgeht: zwischen Grundberührung und Erfrieren eben. Aber eben nur fast. Denn da ist ja noch die Horizontale. Dort hört im Prinzip die Fahrt auf, wenn das Gas zu Ende gegangen ist. Üblicherweise kommt man aber vorher runter.

Dazwischen liegt eine andere Gefahr. Lassen Sie ihn uns den »B-Virus« nennen. Was das sein soll? Es ist der Ballonfahrervirus. Denn damit sind sie alle infiziert. Und Achtung! Es besteht große An-

steckungsgefahr! Für Kinder und Greise, Reiche und Arme, Einfache und Komplizierte, Draufgänger und Vorsichtige. Wer einmal mitgefahren ist, der ist hochgradig gefährdet. Er oder sie, da kennen wir keine Gnade. Sie alle wollen es immer wieder, reisen dafür weite Stecken, stehen mitten in der Nacht auf, schuften an schwerem Gerät und investieren sogar ihr eigenes Geld. Natürlich reden wir immer noch über Ballonfahren.

Auch die Autoren dieses Buches sind von diesem B- Virus infiziert und sie finden das zudem noch gut. Schon früher haben sie mit Vorsatz versucht auch andere zu infizieren und, man möchte es kaum glauben, sie waren dabei erfolgreich. Deshalb wollen wir nun versuchen, auch den kleinen, verbliebenen Rest zu erwischen.

Nun kann natürlich nicht jeder einfach so in einen Korb steigen, emporschweben und sich den B-Virus einfangen. Dafür haben wir nämlich noch zu wenig Ballone. Und außerdem soll es noch einige Uneingeweihte geben, die immer noch glauben, sie könnten sich diesen Virus nicht leisten. Das aber ist falsch, ganz falsch. Denn da gibt es in unserem Land schon viele Vereine, Gruppierungen und Gemeinschaften, die sich die nicht unerheblichen Kosten einfach tei-

**Links: Der Niederländer Ton Kurvers. Um seine Erfahrung beneiden ihn viele junge Ballonpiloten.**
**Unten: Die Freiheit beginnt einen Meter über Grund.**

**Der Ballon-Virus geht um, die Ansteckung erfolgt sofort und unmittelbar: hier auf dem Marktplatz von Bischofsheim/Rhön.**

len. Und, nach dem nun wohl neuen Spruch, geteiltes Glück ist trotzdem Glück, wollen wir die neue Ballonfahrer-Euphorie bei uns anzetteln. Vorsätzlich und in gutem Willen. Denn das Emporsteigen von der Erde vermittelt ein völlig neues Erlebnis. Das Abheben vom Boden unter dem wärmespendenden Brenner bedeutet auch das »Loslassen« von dem, was uns da unten, auf der Erde, beschwert, behindert, einengt. Manchmal ist der Abstand vom Alltäglichen, von der Oberfläche, von dem, das uns immer festhält, hilfreich. Eine Frage des Überblicks. Fangen wir doch einfach bei der Erde an.

Jetzt wollen wir natürlich auch nicht, daß sich jeder oder jede einfach so einen Ballon greift und davonschwebt. Dafür ist das Medium Luft nämlich zu gefährlich. Egal, wer die Verantwortung trägt, die Pilotin, der Pilot muß das Handwerk beherrschen. Ursprünglich ist der Mensch ja nicht für den Luftraum konstruiert worden, nicht für den Streß in Extremsituationen, nicht für die Nervenanspannung bei der Landung in flottem Wind.

Deshalb reden wir hier auch über das »Handwerk« Ballonfahren. Lernen kann man alles, man muß nur die Gelegenheit zu einer guten Ausbildung bekommen. Man muß verantwortungsbewußte Lehrer haben. Und wenn die dann sagen: »Laß es«, dann kann man immer noch zum begabten Ballonmitfahrer, zum Verfolger, zum Bodenpersonal werden. Denn jeder Ballon(mit)fahrer wird auch am Boden gebraucht. Und wer da glaubt, die da oben wären die Besseren und die da unten wären die Bedauernswerten, der war noch nie dabei. Es ist ein großes Spiel. Dazu gehören immer mehrere. Sitzt der Pilot irgendwo im Nirgendwo mit seinem Gerät und seinen Fahrgästen auf dem Acker, dann ist er wahrlich alleine. Zurück kommt er nimmer.

Und der Verfolger am Boden, ausgerüstet mit Pkw und meistens mit Anhänger? Er kämpft sich durch Staus und über Feldwege, durch Städte und Dörfer. Er muß Karten lesen können, den Funk bedienen und immer ist da das alte Spiel: Schafft er es, genau unter dem Korb zu fahren? Schafft er es zu ahnen, wohin der Wind diese fragile Laterne am Himmel schiebt? Es ist ein strategisches Spiel. Der Erfinder des Schachs hätte seinen Spaß daran gehabt. Und dann, ganz plötzlich, kurz vor der Landung, mitten im Satz, reißt der Funkkontakt ab, der Äther ist still. Keine Verbindung, keine Information. Da ist dann Findigkeit und Erfahrung gefragt. Denn ohne guten Verfolger ist die schwebende Mannschaft eine traurige Truppe. Aber gute Piloten haben auch gute Verfolger.

Geht der Ballon irgendwo runter, und das ist meist auf einem Acker, in der Nähe eines Feldweges oder einer Straße, dann ist das nächste Dorf nicht weit. So kommen denn zuerst die jungen Leute auf Fahrrädern und Mopeds. Dann trudelt das Mittelalter ein, mit Autos und zu Fuß und am Ende kommen die Alten. Die sind die interessantesten. Die können nämlich wieder träumen. Die trauen sich auch was. Denn sie »begreifen«, fassen das Gerät an, lassen sich nicht allein von der Technik faszinieren. Sie haben keine Hemmungen ihre Begeisterung auch zuzugeben. Die Funktion des Geräts verstehen die wenigsten der Beobachter, die Faszination dieses fremden Wesens verstehen sie aber sofort. Das ist Ballonfahren im Kopf.

Später kommt der Verfolger und das Theaterstück findet ein Ende. Für die Beobachter der Landung, für die, die unten standen, und auch für die, die mitgefahren sind. Egal wie oft. Die einen gehen nach Hause und reden darüber wie »dieser Ballon doch knapp an der Kirche vorbei..., und sah doch so gefährlich aus..., und würden wir doch auch gerne einmal«. Die anderen fahren mit dem Verfolger zurück. Und sie reden darüber wie »dieser Ballon doch knapp an der Kirche vorbei..., und sah doch so gefährlich aus..., und haben wir es erlebt«. Der Stillste ist meist der Pilot. Da pegelt sich der Adrenalinspiegel wieder ein, da fällt die Spannung ab, da geht er oder sie noch einmal die letzte Phase durch. Und wenn es »die hohe Kunst« war, dann ist man zufrieden. Mit sich selbst und auch mit der Natur.

Man kann es beschreiben, erzählen, schildern, nachempfinden, lesen. Und vielleicht ist man dann selbst infiziert. Vom B-Virus.

# Risiko ist kalkulierbar

Natürlich birgt das Ballonfahren Risiken, aber eine gute Vorbereitung der Fahrt und des Gefährts bringt Sicherheit

A

»Als uns die Thermik nach oben riß, war die Sonne schon fast untergegangen. Die Zeiten für thermische Strömungen war eigentlich schon lange vorbei. Bis heute ist noch völlig unklar, woher sie kam. Auch die Metereologen konnten sie nicht erklären.«

Nur mit Mühe kam Ton aus dem »Fahrstuhl nach oben« wieder heraus. Er ist sich über die Gefährlichkeit dieser lebensbedrohlichen Situation bewußt. Seitdem hat er großen Respekt vor thermischen Luftströmungen. Und diesen Respekt bleut er heute auch seinen Schülern ein. Eine Verbeugung vor der Natur. Die aber ist die erste Voraussetzung dafür, ein guter Ballonfahrer zu werden. Respekt vor den Kräften der Natur und die realistische Einschätzung der eigenen Fähigkeiten und Möglichkeiten. Ohne Angst und ohne Selbstüberschätzung. Deshalb wollen wir von nun an auch kritisch mit uns umgehen.

Am sichersten sind wir natürlich im Bett untergebracht. Eine Binsenweisheit, zugegeben. Rauchen wir allerdings an diesem angenehmen Platz, dann kann es mit der Gesundheit schnell vorbei sein. Ein Feuer im Schlafgemach ist sehr unangenehm und zudem lebensbedrohend. Somit haben wir alle gelernt, daß auch alltägliche Situationen Gefahren bergen können, wenn wir sie falsch angehen. Das wollen wir jetzt einmal auf die Ballonfahrerei übertragen. Auch wenn wir vom B-Virus befallen sind. Blind und taub machen sollte er nicht.

Über Risiken wird zwar nicht gerne geredet, aber bewußt machen wird sie sich doch jeder Pilot. Ballonfahren gehört zu den sichersten Fortbewegungsmitteln, die wir kennen. Autofahren und

Heute nahezu ausgeschlossen: Madame Blanchard, die Ehefrau des berühmten Ballonisten Pierre Blanchard, die gemeinsam 1793 in Philadelphia vor den Augen George Washingtons den ersten Ballonaufstieg in Amerika vorführten, stürzte in Paris ab, nachdem ihr Ballon Feuer gefangen hatte.

über die Straße zu laufen sind viel gefährlicher. Auch als Sportler steht der Ballonpilot auf der sicheren Seite. Körperliche Kondition ist lediglich in bescheidenem Maß erforderlich. Männer und Frauen haben also die gleichen Voraussetzungen, obwohl die Damen als Piloten noch in der Minderzahl sind. Aber das ändert sich langsam.

Zur Prüfung kann man mit Brille und Holzbein zugelassen werden, man muß keinen eigenen Ballon haben und die Geldmittel können sich in Grenzen halten. Aber: Zeit muß man mitbringen und Verantwortungsbewußtsein.

Im Prinzip sind nämlich die Gefahren größer als beim Busfahren. Die Luft hat keine Balken und die Orientierung wird in der dritten Dimension schwieriger als auf der Autobahn. Warum aber häufen sich nicht ununterbrochen Unfälle? Die Antwort ist schlicht, aber wichtig: Es macht die Ausbildung und die Auswahl der Pilotenkandidaten. Die Lehrer sind gnadenlos, den Aspiranten zu raten, es doch besser sein zu lassen. Für Abenteurer und Möchtegernhelden ist im Ballonkorb kein Platz. Literatur für werdende Ballonfahrer ist nicht so sehr üppig. Da bleiben in erster Linie die Ballonhandbücher der Hersteller und, sehr wichtig, der Rat von Kollegen und Lehrern. Ballonfahrer halten mit ihren Erkenntnissen nicht hinter dem Berg. Auch, weil sie wissen, daß jeder Fehler machen kann, jeder kleine Fehler aber zu schweren Schäden führen kann.

Das erste, was der werdende Ballonfahrer lernt, ist sich um sein Gerät zu kümmern. Das wollen wir mal ein wenig nachvollziehen.

Wenn sich jemand für viel Geld einen schönen Ballon anschafft, dann wird er voraussichtlich Korb und Hülle nicht im nassen Keller oder im Freien lagern. Ein wenig Platz muß schon vorhanden sein. Auch das Wohnzimmer ist ungeeignet, nicht nur, weil Krach mit der Familie vorprogrammiert ist, sondern in erster Linie, weil es Hülle und Korb gerne trocken und kühl haben. Feuchtigkeit mag der Stoff überhaupt nicht, da würde er schimmeln, brüchig werden und natürlich auch nicht mehr so schön aussehen.

Ein Ballon ist ein technisches Gerät. Jedes auch noch so unbedeutend erscheinende Teil hat seine Aufgabe, ist wichtig und unverzichtbar für das Ganze. Und so ein Ballon besteht aus vielen Teilen, auch wenn man es ihm nicht ansieht. Beim nächsten Festival können Sie ja mal herantreten und ins Ballonmaul sehen, wenn er angeblasen wird. Im Inneren sind Seilzüge und Umlenkrollen, am Korb Haken und Schäkel, überall Drähte, Seile und Lastbänder. Der Brenner hat nur noch das Prinzip mit dem Gasherd zu Hause gemein, hat sich doch gerade in letzter Zeit die Wissenschaft und die Technik an dieser Stelle des Ballons verdient gemacht.

Auch der Korb hat lediglich äußerlich Gemeinsamkeit mit Mutters Wäschekorb. Er ist inzwischen ein High-Tech-Produkt. Aber sonst würden wir ihm ja auch nicht unser Leben anvertrauen.

Beim Zusammenspiel so vieler Elemente, so vieler ineinandergreifender, sich ergänzender Teile ist Verschleiß natürlich die Alltäglichkeit. Deshalb schreiben die Ballonhersteller jedem Piloten eine sogenannte 100-Stunden-Wartung vor, die anhand einer genauen Kontrolliste vorgenommen werden muß. Das Check-Up für Ballone also. Im Vorfeld dieser Prüfung kontrolliert natürlich der Halter die Punkte erst einmal selbst, die Bestätigung, daß der Ballon in Ordnung ist, kann aber nur eine »sachkundige Person« geben. Das sind entweder vereidigte Prüfer oder Ballonmeister.

Nach einer gewissen Betriebszeit geht immer mal etwas kaputt. Jetzt darf natürlich der Halter nicht einfach ein wenig Klebeband nehmen und alles zusammenflicken, oder zu Nadel und Faden greifen, um den einen oder anderen Riß zu reparieren. Auch hier müssen die Fachleute ran. Was wer machen

**Rechts: Aufrüsten des Ballons. Die Drahtseile werden entwirrt, bevor die Hülle am Korb befestigt wird.**

**Unten: Auch in der nun mit Kaltluft gefüllten Hülle muß überprüft werden, daß sich die Seile nicht verwickelt haben.**

darf ist im Wartungshandbuch des Herstellers nachzulesen, das zu jedem Ballon gehört. Alle Arbeiten, reparieren, ersetzen oder verändern, müssen akribisch genau im Bordbuch festgehalten werden. Das Buch ist so etwas wie Identifikation und Lebenslauf des Ballons. Dazu gehören natürlich auch alle Zeugnisse und Prüfberichte. Das Leben und – manchmal auch das Leiden – ist besser dokumentiert als das seines Piloten. Aber das dient der technischen Sicherheit. Damit muß sich der Pilot abfinden.

So eine Prüfung ist eine aufwendige Sache. Jede Naht wird untersucht, jedes Band. Jeder Haken, jedes Seil. Selbst das Klettband am Parachute muß noch in Ordnung sein. Obwohl es doch kaum auffällt. Von unten gesehen. Von oben gesehen würde es sofort auffallen. Wenn sich der Ballon flott abwärtsbewegt, weil der Parachute herausfliegt, nicht mehr schließt, die warme Luft entweichen läßt, nur weil ein wenig Klettband für ein paar Pfennige schadhaft ist. Große Fehler können kleine Ursachen haben.

Für alles und jedes gibt es im Wartungshandbuch eine Checkliste. Und für jeden Check, alle 100 Betriebsstunden oder mindestens einmal im Jahr, nimmt sich der Prüfer viel Zeit. Würde man Autos

Oben: Achtung Starkstrom. Hochspannungsleitungen sind die gefährlichsten Hindernisse während des Ballonfahrens. Links: Nachdem die Hülle ausreichend mit Kaltluft gefüllt wurde, wird sie erhitzt, um den Ballon aufzurichten. Diese Aufgabe übernimmt fast immer der Pilot höchstpersönlich.

genauso intensiv jedes Jahr auf Herz, Nieren und was auch immer prüfen, die Besitzer hätten an ihnen keine Freude mehr. Zu oft wäre der fahrbare Untersatz in der Werkstatt. Bei Ballonen ist die Kontrolle aber Normalität.

Natürlich wartet der gewissenhafte Ballonfahrer nicht einfach auf die 100-Stunden-Inspektion und lebt ansonsten in den Tag hinein. Bei jedem Auf- und Abbau des Ballon werden besonders kritische Teile untersucht. Abnutzung kommt ja schließlich nicht von heute auf morgen; Abnutzung ist normal, ein sich langsam entwickelnder Prozeß. Gebrauchsspuren sind normal, irgendwann aber müssen einmal neue Teile her. Weil aber der Pilot mit im Korb steht und er die Verantwortung für seine Passagiere trägt, liegt ihm die Sicherheit seines Geräts natürlich besonders am Herzen.

Dem Laien bleiben zwar viele dieser »kritischen Stellen« verborgen, aber er sollte dennoch beobachten können. Wir haben uns, besonders außerhalb Europas, Ballone, Piloten und Mannschaften ganz genau angesehen. Manchmal wollten wir dann nicht mehr Ballon fahren. Weist die Hülle, alles schon vorgekommen, Pilzbefall und Stockflecken auf, dann ist das keine gute Empfehlung für den Ballonfahrer. Ein zerschrammter Korb kann noch völlig sicher sein, wenn er fachgerecht repariert wurde, verrostete Drähte und frech zusammengenagelte Bretter allerdings laden eher nicht zum Mitfahren ein. Aber es gibt ja auch Fluglinien, auf die wir gerne verzichten.

In einigen Ländern dieser Erde ist die Überwachung der Ballone eher zweifelhaft. Wer dort seinen Urlaub verbringt, sollte im Zweifel lieber von der Fahrt Abstand nehmen, auch wenn die Piloten gut ausgebildet sind. Es gibt dort Unternehmen, die davon leben, Touristen mit Ballonen fahren zu lassen, die in erster Linie auf das Geld angewiesen sind und die zudem oft einem starken Konkurrenzdruck ausgeliefert sind. Da muß dann manchmal gespart werden und das an der falschen Stelle. Aber auch das kennen wir von einigen Airlines.

Wer Ballonpilot werden will, der sollte sich das noch einmal gut überlegen. Alkohol ist in der Saison so gut wie verboten. Auch ausschweifende Feste und durchtanzte Nächte sind während der Fahrsaison verboten. Falsches Essen..., also gut. Fragen wir doch einfach mal, was dem Piloten denn erlaubt ist.

Er darf fahren, fahren, fahren. Morgens und abends, aber nicht zu lange. Er darf am Ballon schuften, sich vom Verfolger abholen und bringen lassen, an speziell eingerichteten Tankstellen Gas holen und er darf die Neulinge der Ballontaufe unterziehen. Dazu gibt es spezielle Urkunden und wunderbare – natürlich frei erfundene – Titel.

So sind die großen Helden der Lüfte, die Kapitäne im Korb, umringt von Damen, Herren und erlesenen Autos, diejenigen, um die herum ununterbrochen die Champagnerkorken knallen, in Wirklichkeit meist bescheidene Menschen in verschmutzten Overalls. Die Show macht nicht der Pilot, sondern der Ballon. Sollte es anders sein, ich würde mir diesen »Piloten« genau ansehen, bevor ich in seinen Korb klettern würde.

Also klettern wir doch einmal in den Korb hinein. Jetzt können wir also starten, der Verfolger steht bereit, der Pilot ist bereit, die Passagiere sind alle da. Jetzt geht's los.

Vorher aber hat der Pilot noch verschiedene Arbeiten hinter sich gebracht, ohne, daß wir es gemerkt haben. Selbstverständlich hat er in der »aktuellen« Flugkarte nachgesehen, ob er hier überhaupt starten darf. Es gibt nämlich Gebiete, die wir überhaupt nicht überfahren dürfen. Die sind auf diesen Karten verzeichnet. Außerdem hatte er die Luftaufsicht angerufen und gefragt, ob für den Tag neue Anweisungen ausgegeben wurden.

Es könnte ja sein, daß Flugzeuge der Armee oder der Polizei in diesem Bereich heute etwas Besonderes vorhaben. In der Umgebung von Verkehrsflughäfen ist das Starten ohnehin verboten, denn die Airliner, die wie an einer Perlenschnur aufgereiht sich der Landebahn nähern oder gerade starten, dürfen natürlich nicht durch wild herumschwebende Ballone gefährdet werden.

Außerdem wäre es auch hoch gefährlich für den Ballonfahrer und sein Gerät, kämen wir beispielsweise in die Schleppe eines Düsenjets im Landeanflug. Jeder, der sich mit der Verkehrsfliegerei beschäftigt, hat schon einmal von Unfällen oder Problemen gehört, die große und kleine Flugzeuge hatten, wenn sie in die Verwirbelungen der Luft hineinkamen, die die großen Turbinen der Maschinen in der Luft hinterlassen. Würde zum Beispiel ein Jet der Armee aus Versehen dicht an einem Ballon vorbeifliegen, dann würde die Hülle durch die Turbulenz heftig geschüttelt oder eingedrückt. Theoretisch könnte eine solche Turbulenz zum Absturz des Ballons führen.

Deshalb bemüht sich die Luftaufsicht die Ballone etwas auf Distanz zu halten. In den Tiefflugstraßen des Militärs dürfen sie aus den gleichen Gründen nicht fahren. Das aber ist unserem Piloten bewußt, er hat nachgesehen, sich erkundigt und es gibt keine Probleme. Jetzt kann es endlich losgehen. Oder etwa nicht?

Natürlich hat der Pilot das Wetter eingeholt. Er weiß, daß ihm nur begrenzte Zeit zur Fahrt bleibt. Entweder kommen später Turbulenzen auf, oder es wird dunkel. Dann muß er wieder unten sein. Das bedeutet aber auch, daß ein geeigneter Landeplatz erreichbar sein muß.

Da stellen wir uns doch einfach mal vor wir führen am Rande einer großen Stadt. Der Wind treibt uns über das Häusermeer und der arme Ballonfahrer findet in dem Gewirr aus Bäumen, Hochspannungsleitungen und vielen Häusern keinen Landeplatz. Mannschaft, Passagiere und Gerät wären hochgefährdet. Deshalb hat der Gesetzgeber strenge Auflagen für das Überfahren von Städten erlassen. Würde die Luftaufsicht einen Piloten erwischen, der sich nicht daran hält, so hätte der ein großes Problem. Möglicherweise darf er dann sogar keinen Ballon mehr führen.

Aber es sind keine tieffliegenden Flugzeuge oder umherliegende Städte in der Nähe und jetzt kann es endlich losgehen. Oder etwa nicht?

Der Pilot hat natürlich vorher dafür gesorgt, daß die Mindestausstattung für Fahrten unter Sichtflugbedingungen im Korb ist. In der Ledertasche an der inneren Korbwand sind alle Papiere. Ausweis, Bordbuch, Ballonhandbuch, Landkarten, ICAO-Karten und Sturmstreichhölzer. Mikrophon und Lautsprecher sind an der lederbezogenen Brennerstütze befestigt und zwischen dem Funkgerät und den Gaszylindern ist griffbereit ein Feuerlöscher fixiert. Natürlich sind da auch noch die Instrumente und das Landeseil. Außerdem ist die Topleine eng am Korb verzurrt. Würde sie nämlich herumbaumeln, so könnte sie jemanden verletzen oder sich in Bäumen und Büschen verheddern. Und natürlich hat unser Pilot den Ballon vorher genau inspiziert.

Aufgrund unserer Erfahrung fragen wir jetzt doch eher vorsichtig: Kann's jetzt losgehen?

Fast sind wir soweit. Der Wetterbericht ist natürlich eine feine Sache. Wie es aber genau am Startplatz aussieht, kann man nur dort beobachten. Der Aufbau und das Aufrichten dauert seine Zeit und natürlich kann sich in diesem Zeitraum das Wetter ändern. Wind kann aufkommen, der jedoch von Gebäuden und Baumgruppen erst einmal ferngehalten wird. Vielleicht merkt der Passagier diese Veränderungen noch nicht einmal. Der Pilot muß sie bemerken. Bei Windgeschwindigkeiten von über zehn Knoten darf überhaupt nicht mehr gestartet werden. Anfänger unter den Piloten werden, schließlich müssen sie noch lernen mit ihrem Medium umzugehen, bereits vorher auf Starts verzichten.

Jetzt warten wir, schließlich sind wir Gäste bei einem Ballonfest, auf die Startfreigabe durch die Wettkampfleitung. Die Begleitmannschaft hängt am Korb, hält den aufgerichteten Korb am Boden und wartet.

Im Ballonhandbuch werden die einzelnen Schritte des Brennerchecks genau beschrieben. Würde nämlich der Brenner total ausfallen, hätte der Pilot – und damit auch seine Begleiter – ein ernstes Problem. Aber die genaue Einhaltung der Prüfkriterien war unserem Piloten bereits während der Ausbildung in Fleisch und Blut übergegangen. Kein Ballonfahrer muß daher vor, während und nach der Fahrt zum Handbuch greifen um nachzulesen. Außerdem sind wir ja schließlich nicht in einem hochaufgerüsteten Verkehrsflugzeug, werden nicht gesteuert von komplizierter Elektronik, reisen nicht in großer Höhe, ist der Ballon relativ leicht zu fahren. Checklisten wie bei Airlinern sind überflüssig.

Aber jetzt geht's los. Start frei, Brenner an, mit Juchu in die Luft. Die Reise hat begonnen.

Ab jetzt bekommen die Passagiere von Sicherheit überhaupt nichts mehr mit. Sie sind damit beschäftigt zu schauen und zu staunen. Aus diesem schönen Traum aber muß der Pilot sie noch einmal kurz herausholen. Ein paar Sicherheitshinweise sind – bei aller Schönheit des Fahrens – leider doch noch nötig. Aber sie sind schnell zu erzählen: Schauen Sie nach anderen Luftfahrzeugen Ausschau, gehen sie bei der Landung leicht in die Knie, die Beine aneinandergepreßt. Stehen Sie auf keinen Fall steif wie ein Ladestock im Korb. Der Aufschlag, auch wenn er sehr sanft sein sollte, schlägt durch bis ins Rückrat. Halten Sie sich an den Griffen im Inneren fest, nicht an irgendwas draußen. Und wenn bei der Landung eine Schleiffahrt anstehen sollte, gehen Sie in den Keller, hocken Sie sich auf den Korbboden. Aber: Festhalten, bei wilden Landungen könnte man sonst hinausgeschleudert werden. Und jetzt genießen Sie die Fahrt.

Langsam sackt der Acker unter uns weg. Ton Kurvers, der Pilot, hat kurz gefeuert, jetzt geht es aufwärts. Vor uns liegt Bischofsheim, ein Städtchen in der Rhön. Über uns, tiefhängende Wolken. In die dürfen wir nicht hinein. Es gelten Sichtflugbedingungen. Vor uns, neben uns, über uns, unter uns die anderen Ballone des Festivals. Sie halten nun die Höhe um über die Stadt hinwegzugleiten. Unten stehen die Menschen und blicken nach oben. Ballonfahren hat für alle Beteiligten seinen Reiz.

Hinter der Stadt geht es zuerst parallel zur Landstraße, dann hinein in ein bewaldetes Tal. Rechts und links von uns münden immer wieder kleine Seitentäler ein. Ton ist jederzeit bereit, steigen zu können. Manchmal pfeift durch solch ein Tal frischer Wind und könnte uns dann über den gegenüberliegenden Bergkamm schieben. Heute aber ist es ruhig. Unten rückt ein Schloß heran, heute wohl ein teures Hotel. Es liegt inmitten des Waldes, die Zufahrtswege schneiden gekrümmte Rillen zwischen die Bäume. Wir sind jetzt rund 300 Meter hoch, kommen in eine schwache Querströmung und wechseln hinüber zum Berg. Ein flach ansteigender Hang führt auf die Hochebene und dort, wir können es schon aus großer Entfernung sehen, ein hoher Sendemast.

Die Annäherung an Masten dieser Art ist nicht ganz unproblematisch. Damit diese für ihre Höhe sehr dünnen Stangen überhaupt senkrecht bleiben, werden die Kräfte, die durch Wind und Wetter auf sie wirken durch Abspannungen zu den Seiten hin abgefangen. Diese äußerst dünnen und daher auch schlecht zu sehenden Drahtseile, steigen im Winkel von rund 45 Grad nach oben. Es können einfache oder auch mehrfache Abspannungen sein, die bis an die Spitze des Mastes reichen können.

Würde ein Ballon gegen eine dieser Abspannungen fahren, dann könnte das Seil die Geschwindigkeit nicht abfangen. Die Gesamtballonmasse liegt bei zwei bis drei Tonnen. Die Bewegungsenergie des Ballons könnte das Seil zerreißen. Für die Insassen des Korbes wäre das plötzliche Abbremsen der

Auch hier ist Aufmerksamkeit gefragt: Die Crew im unteren Ballon kann ihre Kollegen oben nicht sehen. Funkkontakt verhindert hier ein sorgloses Aufsteigen und damit eine Kollision.

Bewegung fatal. Mit den Händen könnte man sich nicht mehr halten, die Gefahr herausgeschleudert zu werden, wäre sehr groß. Außerdem würden bestimmt Korb, Aufhängung und Hülle beschädigt. Die Wahrscheinlichkeit, daß Menschen zu Schaden kommen, ist bei Unfällen an Sendemasten sehr hoch.

Ton Kurvers aber sieht schon frühzeitig, daß wir im Abstand von rund 200 Metern am Turm vorbeischweben werden. Der Ballonkorb steht ungefähr so hoch wie die Spitze des Sendemastes, wäre also, selbst wenn der Wind urplötzlich die Richtung änderte, noch leicht nach oben zu steuern. Aber natürlich dreht der Wind nicht, natürlich setzen wir unsere beschauliche Reise fort.

Unter uns, aber noch weit entfernt, eine der großen Überlandleitungen. Heute ist sie deutlich zu sehen. Zur Sicherheit aber ist sie auch in die Karte eingetragen. Denn Hochspannungsleitungen fürchtet der Ballonfahrer. Deshalb wollen wir die Reise kurz unterbrechen und darüber nachdenken, was im Fall der Fälle zu tun sei. Das Ballonhandbuch beschreibt die Maßnahmen, die ergriffen werden müssen:

Soll ein Hindernis überwunden werden, muß die Beschleunigung auf die erforderliche Steiggeschwindigkeit mittels Doppelbrenner (falls vorhanden) unter Berücksichtigung der Hüllentemperatur und der maximalen Steiggeschwindigkeit eingeleitet werden.

Sollte trotz aller Maßnahmen die Berührung einer Elektroleitung unumgänglich sein, so muß auf jeden Fall sofort, wenn nötig durch kräftigen Ventilzug, versucht werden, ein Sinken einzuleiten.

Der gefährlichste Berührungspunkt ist der Korb, da bei Lichtbogenbildung die Gefahr besteht, daß die Flaschen explodieren. Die Berührung mit den Stahlseilen ist kritisch, da ein Durchschmelzen möglich ist. Kurz vor Berührung sollte sich die Besatzung in dem Korb ducken und den Brenner nicht berühren. Bei Leitungsberührung mit der Hülle bestehen die besten Chancen unverletzt zu bleiben. Vor jeder harten Landung muß der Pilot seine Insassen auf richtiges Verhalten hinweisen. An den Griffen im Korb müssen sich die Insassen festhalten und unter allen Umständen im Korb bleiben.

Ist der Entschluß getroffen, so sind zwei Richtlinien zu beachten:

1. Es ist leichter die senkrechte Aufwärts- oder Abwärtsbewegung eines Ballons beizubehalten oder zu erhöhen, als die Bewegungsrichtung umzukehren.
2. Bei stabiler Horizontalfahrt reagiert der Ballon schneller in Richtung Sinken als in Richtung Steigen.

Weit unter uns liegt die Hochspannungsleitung. Kein Pilot würde sich nahe an sie heranwagen, denn auch der Wind dreht manchmal Kapriolen. Deshalb bleiben wir von diesen gefährlichen Straßen der Elektrizität lieber weit entfernt.

Da kommen wir doch gleich noch auf ein anderes Problem, vor dem sich die Ballonfahrer fürchten: Feuer in der Luft. Gemeint ist natürlich nicht das Feuer am Brenner, da gehört es schließlich hin, sondern das Feuer im Korb.

Heißluftballone heißen im englischen Sprachraum »fireballoons« und das deutet, wer hätte es nicht gewußt, daß mit Feuer gefahren wird. Bricht also im Korb ein Feuer aus, dann gibt es einige, sehr gefährliche Momente zu beachten. Das Feuer erzeugt heiße Luft, die nach oben in die Hülle steigt und den Ballon weiter nach oben bringt. Dann können natürlich auch die Fahrgäste verletzt oder sogar getötet werden, wenn die Flammen im engen

Raum um sich greifen. Und außerdem können die Gasflaschen unter der Hitze explodieren. Keine angenehme Aussicht, hätte sich nicht bereits der Hersteller Gedanken gemacht, Sicherheiten eingebaut, hätte der Pilot nicht für diesen Fall eine besondere Schulung hinter sich.

Der erste Grundsatz bei Feuer in der Luft ist beherzte und sofortige Reaktion. Untätigkeit durch lähmende Angst führt mit Sicherheit zur Katastrophe. Das Feuer wird sich nämlich ausbreiten. Der freie Platz wird immer enger werden. Der Auftrieb des Ballons wird wachsen.

Deshalb wird der Pilot die Propangasflaschen sofort schließen. Die Flammen werden anschließend mit dem Feuerlöscher bekämpft. Da das Gas nun ausbleibt, wird das Gasfeuer ohnehin schnell ausgehen. Der hölzerne Korb und der Stoff können jedoch kleine Brandherde aufweisen. Die sind aber schnell zu löschen.

Nachdem der Brand gelöscht ist und alle sich kurz von dem Schrecken erholt haben, wird eine intakte Flasche geöffnet, die Zündflamme des Brenners mit dem Piezozünder wieder gezündet und mit dem intakten Brenner gefahren. Jetzt soll möglicht schnell gelandet werden. Läßt sich der Brenner nicht betätigen, müssen sich die Insassen auf eine harte Landung vorbereiten.

Und schon wieder greifen wir zum Ballonhandbuch um zu erfahren, was denn bei harten Landungen zu tun ist. Noch nie haben wir nämlich eine harte Landung miterlebt und eine Notlandung schon gar nicht.

**Halb so wild: Der Ballon war mit hoher Geschwindigkeit gelandet und vom Wind noch etwa 100 Meter weitergeschleppt worden. Die Besatzung trug keinen Schaden davon.**

Notlandung:
- Passagiere anweisen, sich auf eine harte Landung vorzubereiten.
- Passagiere sollen sich, wie bei der normalen Landung, an den Haltegriffen festhalten und sich mit zusammengepreßten, leicht gebogenen Knien mit dem Gesicht in Fahrtrichtung stellen. Auf keinen Fall dürfen sich Passagiere mit dem Kopf über die Flaschen beugen, da diese Haltung beim Aufprall mit bis zu 5 m/s nicht beibehalten werden kann und damit Verletzungsgefahr besteht.
- Der richtige Aufstellplatz ist zwischen den Flaschen.
- Die Passagiere müssen besonders darauf hingewiesen werden, daß durch das erste Aufsetzen und die Vorwärtsgeschwindigkeit des Ballons ein Stoß entsteht, der den Korb kippen läßt. Dadurch besteht die Möglichkeit, daß die Insassen aus dem Korb geschleudert werden.
- Werden z.B. Fotoapparate, Filmkameras, sonstige nicht befestigten Teile mitgeführt, so wird es für erforderlich gehalten, schon vor Fahrtbeginn für diese Teile eine mit dem Korb fest verbundene Tasche vorzusehen, in der diese Teile verstaut werden können. Der Ballon kann meistens so gefahren werden, daß der Korb nicht gerade auf dieser Seite aufsetzt. Die Insassen können sich dadurch auf die eigentliche Landung konzentrieren.
- Die Passagiere dürfen ohne Anweisung des Piloten den Korb auch nach hartem Aufprall nicht verlassen.
- Schnellschlußventile der Pilotflamme schließen.
- Brennstoffventile an den Flaschen schließen.
- Brennstoffleitungen entlüften.
- Unmittelbar vor dem Aufsetzen jeglichen Ballast abwerfen, ohne dabei Personen unterhalb des Ballons zu gefährden.

– Der Pilot hält beim Aufprall die Reißleine in einer Hand, damit bei Bodenwind nach dem Aufsetzen direkt der Parachute und, falls vorhanden, der Klettbandverschluß geöffnet werden kann.

Ungeachtet dessen muß sich der Ballonführer beim Aufprall an den Korbgriffen festhalten. Da sich die Ballonhülle nach dem Aufsetzen durch die Trägheit in die Länge zieht, droht sie dem Ballonführer die Reißleine aus der Hand zu reißen.

Daher empfiehlt sich: Beim Aufsetzen Leine in einer Hand halten und sich gleichzeitig am Brennerrahmen oder Haltegriff mit beiden Händen festhalten.

Jetzt wird natürlich der interessierte Beobachter fragen, warum wir hier auf die Gefahren des Ballonsports so breit eingehen. Natürlich wollen wir niemandem Angst machen, niemandem soll die Freude am Ballonfahren ausgetrieben werden. Aber fragen Sie sich doch mal im Ernst: Wenn Sie morgens in Ihr Auto einsteigen, um zur Arbeit zu fahren, haben Sie sich jemals so viele Gedanken um Ihre Sicherheit gemacht? Natürlich nicht. Aber vielleicht denken Sie mal darüber nach. Die Lösung von Problemen dürfen in der Luft nicht dem Zufall überlassen bleiben. Niemand kann schnell anhalten und aussteigen, um über Lösungen nachzudenken oder sich in Sicherheit zu bringen. Deshalb machen sich Piloten und Ballonhersteller diese Gedanken vorher. Und das ist auch gut so.

Langsam gleitet die Rhön unter uns vorbei. Auf der Landstraße können wir die vielen Verfolger erkennen, die dem Ballonpulk folgen. Hier haben sie keine Schwierigkeiten. Kurs und Straße liegen parallel.

**Der Parachute am Hüllenkopf gibt dem Piloten die Möglichkeit, die heiße Luft in der Hülle zu regulieren. Damit kommt ihm auch eine wichtige Funktion beim Auf- und Abstieg zu.**

Überhaupt ist die Rhön ein wunderbares Ballonrevier. Große Wälder, eine schöne Landschaft, sehr viele mögliche Landeplätze und gut ausgebaute Feldwege. Kein Ballonfahrer wird hier gezwungen sein auf irgendeinem Weizenacker hinunterzugehen, weil er sonst keine Auswahl hat. Hier wird Milchwirtschaft betrieben und entsprechend groß sind die Wiesenflächen.

Da wir gerade bei den Tieren unten am Boden sind: Ton Kurvers spricht mit ihnen. Sie sollen sich nicht erschrecken, wenn der Ballon fast lautlos an sie heranschwebt. Würde man dann den Brenner plötzlich fauchen lassen, sie würden sich erschrecken, in haltloser Panik umherrennen und sich möglicherweise verletzen. Das muß nicht sein. Und deshalb spricht Ton sie an. Es ist erstaunlich, wie gut am Boden Worte aus dem Ballon zu verstehen sind. Deshalb reagieren die Tiere auch sofort. Sie sehen nach oben, und wenn sie den Ballon erst einmal erkannt haben, dann erschrecken sie sich auch nicht mehr vor dem Brenner.

Auch mit den Menschen zu sprechen, die unten auf ihren Terrassen und auf den Straßen stehen, ist kein Problem. Schließlich fahren wir jetzt knapp über die Dächer und mancher Hausbesitzer fürchtet um seinen Schornstein. Ungeübte Ballonfahrer hinter uns liegen ein wenig höher, denn zu Beginn der luftfahrerischen Karriere fährt jeder Pilot erst einmal auf Sicherheit. Mit der Zeit wird sich das ändern, mit der Zeit wird die Erfahrung und die Übung auch knappere »Annäherungen« zulassen.

Den Landeplatz hat Ton schon ausgemacht. Hinter den letzten Häusern, am Hang hinauf zum Berg, eine schöne Wiese ohne Zäune und gleich nebenan eine wunderbar geteerte Straße. Der Verfolger steht bereits gelassen am Rand der Wiese.

Der Wind weht vom Tal zum Berg. Wird von der Landschaft also gezwungen nach oben »abzubiegen«. Deshalb ist damit zu rechnen, daß die Geschwindigkeit am Boden zunehmen wird. Der »Düseneffekt«. So werden die losen Gegenstände festgebunden, Passagiere und Pilot sehen der Landung »offen ins Auge«, das heißt wir stehen in Fahrtrichtung. Nicht etwa, weil wir einer Notlandung entgegensehen, sonder weil man das einfach so macht. Auch aus Sicherheitsgründen.

Es kommt ein kurzer Plumps, eine kurze Schleiffahrt und die übliche Arbeit des Einpackens – alles ganz unspektakulär. Als wir dann abends in Bischofsheim bei Hilde in der Kneipe zu Abend aßen haben wir uns natürlich über den Reiz des Ballonfahrens unterhalten und über den einen oder anderen Kniff. Über Sicherheit sprach niemand. Die wird vorausgesetzt.

F-GOOR
CAMERON BALLOONS

# Aufrüsten zum Start

Zum Aufbau eines Ballons braucht es kein großes Team, aber verantwortungsbewußte und geschulte Menschen

Da hat der Wecker geklingelt, wahrscheinlich ist es draußen noch dunkel, und es ist sehr früh. Ballonfahrer sind entweder passionierte Frühaufsteher oder so sehr vom Ballonfahrerbazillus befallen, daß ihnen ohnehin nicht mehr zu helfen ist. Zu früher Stunde also muß sich der Pilot und Enthusiast entscheiden.

Er kann aus dem Fenster blicken, oder, weil es ja noch dunkel ist, mit der nächsten Wetterstation telefonieren, um sich hernach sofort wieder ins Bett zu begeben. Dann ist das Wetter ungeeignet. Er sollte somit an diesem Tag das Ballonfahren auch sein lassen. Erfahrene Piloten meistern auf diesem Weg und durch diese schlichte Methode den größten Teil gefährlicher Situationen. Nicht jeder Tag ist ein Ballontag. Da kann man nichts machen – außer weiterzuschlafen.

Hat er, oder natürlich auch die Pilotin, sich aber entschlossen zu fahren, weil die Witterungsbedingungen sich gut entwickeln, dann kann er oder sie meist den Startplatz selbst suchen. Erfahrene Piloten haben Reviere, die sie sehr gut kennen. Da waren sie schon einmal auf »fast« jedem Feldweg, sie kennen die Waldränder, die Verkehrsverbindungen und auch Hindernisse wie Stromleitungen, unangenehme Zäune und Sendemasten. Sie kennen natürlich auch Berge und Hügel, den Verlauf der Täler und auch das Kleinklima. Winde hängen oft von Kleinigkeiten ab. Dann greifen sie in den großen Erfahrungsschatz und gehen im Kopf den voraussichtlichen Verlauf der Reise durch.

Wer die Erfahrung nicht besitzt, der sollte sich eine Zeitlang an einen solchen »alten Hasen« dranhängen. Das kommt seiner Gesundheit und seinen

Nerven zugute. Unter Ballonfahrern gilt es übrigens als unkollegial, Erfahrungen nicht weiterzugeben. Aus allem kann man lernen. Besonders aus den Fehlern anderer. Und kein Fehler wäre dumm genug, daß nicht auch mal ein Erfahrener darauf hereinfallen könnte. Also gilt es, mit anderen Piloten zu reden und ihnen zuzuschauen.

Am Startplatz angekommen, gebietet es nicht nur die Höflichkeit, sondern auch das Gesetz den Bauern zu fragen, ob man denn von seiner Wiese starten dürfe. Wir haben noch nie erlebt, daß dabei Probleme auftraten, außer vielleicht, daß der Bauer zuerst seine Frau und die Kinder holen wollte, um sich dieses seltene Spektakel nicht entgehen zu lassen. Dann muß man vielleicht noch ein paar Minuten warten. Dafür schließt dann aber der Eigentümer auch das Tor auf, beruhigt seine Kühe und erzählt die neuesten Geschichten aus dem Dorf.

Aber eigentlich fing die Geschichte bereits vorher an. Denn zum Ballonfahren bedarf es nicht allein eines Gefährts, einer Crew, eines Autos und eines Fahrers, sondern man braucht auch Heizmaterial. Früher wurde dazu Stroh und Holz genommen, diese Zeiten sind aber, Gott sei Dank, lange vorbei. Die Reise würde sonst ein wenig kurz ausfallen. Dafür kaufen wir heute Propan– oder Butangas. Das ist das gleiche Gas, das für Campingkocher oder Autos verwendet wird. Das Gas ist flüssig und deshalb kann viel Energie auf kleinem Platz untergebracht werden. So ist es das ideale Treibmittel für die Brenner. Es hat zudem noch den Vorteil, fast rückstandsfrei zu verbrennen und ist fast überall zu kaufen. Natürlich kennen wir die nächste Tankstelle, wir haben alle Verbindungsstücke, Anschlußschläuche und selbst für das Ausland die richtigen Adapter.

Das Tanken selbst bringt keine Schwierigkeiten. Nur die Raucher müssen zurücktreten, weit zurücktreten. Jetzt kann man natürlich nicht jede herumstehende Flasche nehmen, um sich beziehungsweise die Brenner mit Flüssiggas zu versorgen. Aber keine Sorge: die gehören zum Lieferprogramm des Ballonherstellers. Sie sind genormt, passen zueinander und genügen der Sicherheit. Die Norm ist sehr hoch angesetzt. Höher noch als beim Gasherd zu Hause. Denn kein geprüfter Installateur hilft beim Anschließen. Flaschen und Anschlüsse müssen »amateursicher« sein. Hinzu kommt, daß sie nach jeder Fahrt herausgenommen, neu betankt und später wieder angeschlossen werden müssen. Gasherde zu Hause sind darauf nicht eingerichtet. Der Verschleiß der empfindlichen Teile ist weit höher als beim Standgerät in der Küche. Dafür kostet die Ausrüstung aber auch mehr. Zudem muß der Aufbau schnell gehen. Niemand will lange mit kompliziertem Werkzeug herumdoktern. Die Piloten überlassen, trotz relativ einfacher Handhabung, dennoch nicht anderen das Anschließen und Festzurren von Flaschen und Brenner. Verantwortlich ist der Pilot. Wie der Kapitän zur See. Der Hinweis »die anderen hätten ja« gilt nicht. Deshalb übernimmt der Verantwortliche auch gleich selbst die Arbeit. Das vereinfacht vieles.

**An der Gastankstelle: Rauchen ist hier verständlicherweise strikt verboten.**

Die Hersteller schreiben für den Betrieb von Brennern und Flaschen bestimmte Regeln bindend vor. Kein verantwortungsbewußter Pilot wird versuchen, Änderungen vorzunehmen oder das Gerät selbst zu reparieren, wenn ein Defekt auftritt. Das muß man wirklich den Fachleuten überlassen.

Verschiedene schwere Unfälle sind nur deshalb passiert, weil einzelne Piloten selbst Änderungen an der Gasanlage und an den Brennern vorgenommen haben. Auch kam es zu Unfällen, weil Geräte aus Ländern benutzt wurden, in denen die Sicherheitsnormen weniger streng sind. Verantwortungsbewußte Ballonbetreiber kaufen solches Zeug aber erst gar nicht ein.

Trotzdem kann es beim Tanken, beim Aufrichten und auch beim Fahren zu Störungen kommen. Hat ein Pilot jedoch eine gute Ausbildung und behält er die Nerven, dann gehen diese Störungen einigermaßen glimpflich ab. Feuer an Bord ist nämlich eine heikle Angelegenheit. Im voll besetzten Korb ist es eng. Die Passagiere stehen dicht gedrängt. Panik kann ausbrechen. Wenn sich dann eine kleine Undichtigkeit im System einstellt, muß schnell gehandelt werden. In einem solchen Fall wird der Pilot zuerst alle Ventile schließen und gegebenenfalls den Feuerlöscher benutzen. Die umgekehrte Reihenfolge ist ungünstig. Bei funktionierendem Gerät kann die Flamme nicht in die Flasche zurückschlagen. Und wenn das wenige Gas in den Leitungen verbrannt ist, dann geht das Feuer von selbst aus. Vielleicht ist die Jacke dann angekokelt, aber der Schaden hält sich in Grenzen. Voraussetzung ist aber natürlich: gewartetes, funktionsfähiges und zugelassenes Gerät sowie überlegtes Handeln. Das eines Könners eben. Aber zu anderen gehen wir ja sowieso nicht in den Korb.

Jetzt aber ist der Sack mit der Hülle ausgeladen, jetzt steht der Korb neben dem Hänger. Rahmen, Brenner und Flaschen sind montiert. Jetzt ist die Zeit des Checkens gekommen. Die Ventile werden geöffnet und alle Verbindungen auf Dichtigkeit geprüft. Erst wenn feststeht, daß kein Gas entweichen kann, wird die Pilotflamme gezündet und der Brenner ausprobiert. Dazu gibt es im Handbuch des Herstellers genaue Vorschriften, die dem Piloten aber bald in Fleisch und Blut übergehen. Trotzdem empfiehlt es sich, ab und an und besonders nach längeren Pausen noch einmal in den Unterlagen herumzustöbern. Dafür hat man sie ja schließlich.

Dann kommt es zu jenen Tätigkeiten, die beim Publikum so großes Interesse wecken, dem spektakulären Aufbau des interessantesten und wohl auch langsamsten Fluggerätes unserer Zeit. Der Ballon wird zum Leben erweckt.

**Ein Ballonaufbau kann harte Arbeit sein. Hier wird der schwergewichtige Ballonsack zum Startplatz gezogen.**

Natürlich wird niemand versuchen, das Gerät gegen den Wind aufzustellen. Es wäre ohnehin ein unmögliches Unterfangen. Diese fragile Hülle liegt in ihrer Größe weit über der eines Spinnackers beim Segelboot. Mit einem solchen Segel erreicht eine Jacht beachtliche Geschwindigkeiten und kein Segler bildet sich ein, sein Boot gegen diese Kraft irgendwie festhalten zu können. Deshalb hält der erfahrene Ballonpilot am Startplatz seine Nase in den Wind und entscheidet sich dann nicht zu selten, den Ballon gar nicht erst aufzubauen. Bei einer Windgeschwindigkeit von über 10 Knoten ist sowieso dringend davon abzuraten, überhaupt aufzusteigen.

Und damit wir wissen, wie schnell das ist, gleich ein Rechenbeispiel:

10 Knoten sind 10 sm/Std. Weil 1 Seemeile 1,852 Kilometer lang ist, darf die Windgeschwindigkeit deshalb 18,52 Km/h nicht überschreiten. So einfach ist das. Natürlich wird niemand fahren, wenn das Limit fast erreicht ist. Die Grenze zum Fahren ist nämlich kein fester Wert. Er ist abhängig besonders von der Bauart des Ballons, den Fähigkeiten des Piloten und der Crew und auch von den Windgeschwindigkeiten, die ein wenig höher oder gleich um die nächste Ecke für die nächste Zeit zu erwarten sind. Kein verantwortungsvoller Pilot wird seine Passagiere und seinen Ballon in Gefahr bringen, nur weil er jetzt unbedingt und unter allen Umständen fahren will. Geduld ist ein fester Bestandteil im Leben von Ballonfreaks.

Ganz nebenbei: Die Messung von Geschwindigkeit und Entfernungen in Knoten bzw. Seemeilen kommt aus der Seefahrt. Da stellt sich natürlich die Frage, warum Ballonfahrer so etwas Kompliziertes übernommen haben. Die Antwort ist einfach. In der Luft gibt es – zumindest sind sie uns noch nicht begegnet – weder Wegweiser noch Ortsschilder. Natürlich könnte jedesmal, wenn am Boden so ein schönes Schild gesichtet wird, der Ballon sinken, elegant knapp darüber hinweggleiten und so die Information über den Standort liefern. In der Praxis aber wird das Schild in erheblicher Entfernung vorbeigleiten und niemand kann den Standort bestimmen. Das ist dann ähnlich wie auf hoher See. Deshalb haben sich die Seefahrer schon früh etwas einfallen lassen. Die hatten nämlich den Kompaß und eine Karte. Und die hat der Ballonfahrer natürlich auch. Auf dieser Karte sind nicht nur Längen– und Breitengrade eingezeichnet, da könnte man ja gleich den Schulatlas mitnehmen, auf diesen Karten ist alles drauf. Ortschaften, Straßen, Feldwege, Berge, markante Punkte und natürlich auch Längen– und Breitenangaben im Minutentakt. In unserem Schulatlas sind Längen und Breiten in Grad angegeben. Wenn wir Glück haben. Um aber die Punkte dazwischen auch noch bestimmen zu können, gibt es die »Bogenminuten«. Und da ist es wieder wie bei der Uhr: Ein Bogengrad hat 60 Bogenminuten. Die sind auf den Luftfahrtkarten der Ballonfahrer eingezeichnet. Und dann: Achtung, jetzt kommt die Auflösung des Rätsels – eine Bogenminute auf einem Längengrad ist genau eine Seemeile lang, also 1,852 Kilometer. Daher also die Seemeilen.

Anhand des Startpunktes, der ja sicherlich bekannt ist, der Richtung, einfacher Landmarken auf der Karte und einer Uhr kann der Pilot seine Geschwindigkeit bestimmen. Er kann, da er ja ohnehin nur auf Sicht fahren darf, seine Position an den Verfolger weitergeben und auch die weitere Fahrt planen. Denn irgendwo will er ja ohne Bruch wieder herunterkommen. Und außerdem soll der Verfolger nicht abgehängt werden. Sonst verliert der nämlich die Lust und kommt das nächste Mal nicht mehr mit. Das wäre doch schade.

Aber wir haben ja noch nicht einmal aufgebaut. Die Hülle wird also mit dem Wind ausgelegt, der Korb wird aufgestellt und schon zeigt dieser schöne Sport, daß er auch harte Seiten besitzt.

Vorsichtig, ganz vorsichtig wird die Hülle auseinandergezogen. Und dann liegt sie wie ein großer Pfannkuchen auf der Wiese. Ballonfahrer bevorzugen übrigens einen feinen Rasen mit festem Untergrund. Da wird die Hülle nämlich nicht beschädigt und sie wird auch nicht von Staub oder Matsch völlig verdreckt.

Wer einmal versucht hat, seinen Ballon zu waschen, der wird an dieser Stelle ein echtes Problembewußsein entwickeln. Franz Taucher aus Hamburg hatte dieses Erlebnis mehrmals in den USA. Nach einigen Fahrten in der Wüste trug sein schönes »Phantom der Oper« das eine oder andere Kilo Staub mit sich herum, was der schönen Farbe ausgesprochen abträglich war. Also galt es zu waschen.

Jetzt ist so eine Hülle aber ein recht unhandliches Gerät. Waschmaschinen in dieser Größenordnung exsistieren nicht, auf dem Boden ausbreiten und schrubben zerstört die Hülle und würde sie ohnehin nur noch schmutziger machen. Es galt also, etwas neues zu erfinden.

Aufstellen und Abspritzen war sein Entschluß. Der Versuch, mit dem Wasserstrahl aus dem Gartenschlauch bis zum Topring zu gelangen, konnte von vorneherein als nicht machbar erklärt werden. Schließlich ist so ein Ballon aufgestellt so hoch wie ein fünfstöckiges Haus. Franz sollte aber eine Möglichkeit finden.

Die amerikanische Feuerwehr hilft ihm dabei. An einem ruhigen Tag, früh noch am Morgen, herrscht ungewöhnliches Treiben auf dem Hof des Feuerwehrstützpunktes in der Nähe von Albuquerque. Gleich neben dem Turm, in dem normalerweise die Schläuche getrocknet werden und die »Firefighter« ihre Kletterkünste üben, erhebt sich langsam ein etwas angeschmutztes Phantom aus dem fernen Germany. Die Männer haben die Schläuche den Turm hinaufgezogen und auf der anderen Seite hat sich der Leiterwagen aufgebaut. Franz steht im Korb – heute allerdings in etwas ungewöhnlicher Kleidung. Er trägt nämlich eine Badehose.

Dann geht der Spaß los, von dem die Firefighters wohl heute noch sprechen. Es ist ein ungewöhnlicher Einsatz, und dazu noch völlig ohne Komplikationen. Das Phantom wird geduscht. Von unten, von oben, von den Seiten. Und weil Franz im Korb vorsichtig feuern muß, schließlich soll die Hülle zwar gespannt sein, der Ballon darf aber nicht abheben, bekommt auch er die ganze Dusche natürlich ab. Es ist anzunehmen, daß dies das aufwendigste Bad war, das Franz jemals zuteil wurde.

So also reinigt man einen Ballon, und weil es so aufwendig ist, hält man ihn besser sauber. Deshalb der feine Rasen mit festem Untergrund.

Irgendwann also liegt die Hülle wie gebügelt auf dem (hoffentlich) sauberen Grund, der Korb liegt auf der Seite, eingehängt und gesichert an seinem Platz am Ballonmaul. Dann wird es laut. Übrigens ist dies der einzige laute Zeitraum der Reise. Die Hülle wird mit Kaltluft angeblasen. Ein großer Ventilator bläst Luft ins Innere. Zwei Mitglieder des Teams halten das Ballonmaul auf, der Mann oder die Frau an der Topleine versucht die Hülle flach zu halten und der Pilot läuft wie ein Tiger um sein Gefährt herum. Nie, wirklich nie, darf sich die Hülle an irgendwas am Boden festhaken. Nie darf der Faltenwurf das Aufstellen behindern. Anderen Ballonen darf man nicht in die Quere kommen und natürlich dürfen sich die Steuerseile nicht verheddern. Das erfordert die ganze Aufmerksamkeit der Crew. Und natürlich besonders die des Piloten, denn der ist am Ende ja verantwortlich. Aber das hatten wir schon.

Auch die Helfer sollten nun wach sein. Das Aufstellen birgt nämlich nicht nur für das Gerät Gefahren, sondern auch für die Mannschaft.

Da gibt es Piloten, die zählen zu der stillen Sorte. Das sind aber nur wenige. Denn dieses Verhalten können sie sich nur leisten, wenn eine excellente Crew ihnen Wünsche und Bedürfnisse quasi von den Augen abliest. Wer aber kann das immer?

**Oben: Das Hüllenmaul muß möglichst weit aufgehalten werden, damit die Helfer sich an der Gasflamme nicht die Hände verbrennen und die Kaltluft im Ballon zügig erhitzt werden kann. Rechts: Vor jedem Aufrüsten des Ballons wird der Brenner auf seine Funktionstüchtigkeit überprüft**

Dann gibt es welche, die schreien nur herum. Das sind auch nur wenige. Nach kurzer Zeit haben sie nämlich keine Mannschaft mehr. Die Crew verliert die Lust angesichts des Schreihalses. Außerdem verliert ein solcher Mensch blitzschnell das Vertrauen der Passagiere. Und immer alleine zu fahren wird langweilig, besonders, wenn einen keiner mehr abholt. Irgendwo dort draußen.

Die meisten sind bedacht und werden nur laut, wenn es gegen den Ventilator anzuschreien gilt. Oder wenn das Teammitglied an der Topleine zu weit weg ist. Oder wenn der Fahrer des Begleitwagens ganz schnell noch irgendwas besorgen muß, der aber schon im Auto sitzt. Ballonfahrer sind nicht vornehm. Sie verteilen lediglich vornehme Namen an die Frischlinge. Sie duzen alle und jeden und wem das nicht paßt, der sollte Golf lernen, oder Tontaubenschießen. Oder irgendetwas anderes Exklusives.

Denn Ballonfahren ist zwar ein seltener Sport, aber kein exklusiver. Jeder kann mitspielen bei dem Spiel. Auch wenn er kein, oder nur wenig Geld hat.

Aber: Zeit muß der Interessent mitbringen. Die Wochenenden sind dahin. Und der Grund ist einfach: Jeder Ballonpilot braucht eine Crew. Eine Begleitmannschaft. Ohne die geht nichts. Da kann noch nicht einmal der Korb ausgeladen werden. Aber auch das hatten wir bereits.

Übrigens: Die Damen sind auf dem Vormarsch. Denn körperliche Kraft allein wird nicht gebraucht. Auch die sogenannten »zarten Hände« schaffen Korb und Hülle hin und auch wieder zurück. Und wenn zwischen Ballon und Verfolger leider eine kleine Mauer gemauert wurde, dann wird es ohnehin schwierig. Da hilft auch Kraftmeierei nichts.

Aber noch wird das Ding aufgebaut. Den beiden, die das Ballonmaul aufhalten, sind inzwischen die Arme schwer geworden. Kraft wird zwar nur wenig benötigt, um das Tuch hochzuhalten, aber bis der Ballon mit Kaltluft vollständig gefüllt ist, dauert das schon seine Zeit.

Irgendwann aber kommt, im wahrsten Sinne des Wortes, die »heiße Phase«. Dann klettert der Pilot nämlich vor den noch liegenden Korb und läßt die

**Links: Trotz Scheuerleisten am Boden wird der Korb bei Schnee und Eis mit Hilfe eines Schlittens bewegt.**
**Unten: Der Wind hat die Hülle erfaßt und erschwert den Aufbau beträchtlich.**

Feuerzunge des Brenners in das Innere des Ballons blecken. Jetzt geht alles sehr schnell. Deshalb wird auch diese Beschreibung länger als der Prozeß des Aufrichtens.

Betrachten wir uns also diese Phase quasi in Zeitlupe, denn man kann in diesen paar Sekunden viel Blödsinn anstellen, man kann sich bei Unachtsamkeiten schnell verletzen und man kann den Ballon gefährden.

Ruhigen Schrittes also tritt unser erfahrener Pilot, oder lassen wir es jetzt einmal eine Pilotin sein, vor den noch liegenden Korb mit dem aufgebauten Brenner und der angeschäkelten, mit kalter Luft gefüllten Hülle. Bereits vorher war die Pilotflamme, ein kleines Flämmchen, das dazu dient, das ausströmende Gas für die Heizflamme zu zünden, entfacht worden. Entfacht ist vielleicht zu hoch gegriffen. Denn es genügt das Öffnen eines kleinen Ventils und das Drücken auf einen kleinen Knopf. Ein piezoelektrisches Instrument erzeugt einen kleinen Funken und schon brennt's. In Ballonfahrerkreisen wird aber gemunkelt, daß alle, angeblich alle, auch noch Streichhölzer in der Tasche hätten. Das aber wird ein böses Gerücht sein. Denn selbstverständlich ist das Gerät gut gewartet, geprüft und in seinen Funktionen auf die Reise vorbereitet.

Die Crewmitglieder am Ballonmaul ächzen inzwischen ein wenig, denn langsam wird die Angelegenheit schwer. Unsere Pilotin aber weiß genau, was jetzt passiert und brüllt allen zu, daß es jetzt losginge. Schließlich muß man sich auf diesen Augenblick auch vorbereiten können.

Die Damen und Herren am Ballonmaul müssen jetzt aufpassen. Mit einer Hand halten sie bereits einige Zeit das Maul hoch, mit einem Fuß stehen sie seit Beginn der Operation auf dem Tuch, um das Maul auch unten spreizen zu können. Jetzt wird schnell noch einmal der Fuß kontrolliert. Er darf nämlich nur ein wenig auf dem Rand stehen. Der Absatz ist schon auf der Wiese. Würde man nämlich schlicht auf das Tuch latschen, dann könnte es Probleme bereiten, seinen Fuß aus dem Gewirr der Halteseile wieder herauszubekommen. Also, den Fuß eine Idee zurück, den »Fluchtweg« beachten und: auf das Maul. Jetzt nämlich jagt die große Flamme in längeren Stößen hinein in die Hülle. Nun beginnt die heiße, die »leichtere« Luft die kalte aus dem Inneren zu verdrängen. Damit die Flamme nicht die Hülle verbruzzelt, muß das Maul immer noch gespreizt werden. Denn noch reicht der Auftrieb nicht, den Ballon aufzurichten. Dann aber wird aus dem »halben Ei« am Boden so langsam ein runder Ballon. Die Hülle hebt ab. Sie schwenkt, zuerst langsam, dann immer schneller, nach oben. Jetzt sieht das Ding tatsächlich auch so aus, wie man sich einen Ballon vorstellt. Und dann geht alles sehr schnell und es bekommt auch Züge von Akrobatik.

Unsere Ballonfahrerin steigt, trotz aller Eile ganz ruhig, rückwärtsschreitend in den sich aufrichtenden Korb, beide Hände an den Ventilen des Brenners. Die Augen sind nach oben und überallhin gerichtet. Nur feuern, wenn das Maul frei ist. Sonst ist die Hülle hin, für direkte Feuerbestrahlung ist sie nicht gefertigt. Aber auch nicht zu wenig Feuer, sonst bleibt das Ding eine müde Ente und gerät ständig in die Vertikale. Und immer das Auge auch darauf gerichtet, ob nicht irgendein unbeachteter Wind Beulen in die Hülle treibt. Kommt das ganze Gespann aus der Richtung, knickt die gerade Achse an den Halteseilen unmittelbar am Korb ab und, ganz wichtig, kommt die Crew auch vom Ballonmaul weg?

In Albuquerque haben wir es nämlich einmal beobachtet. Ein Helfer bekam den Fuß nicht schnell genug aus den Halteseilen und schon hing er, fast kopfüber, senkrecht am unteren Ballonrand. Andere Crewmitglieder konnten ihn auffangen, der Pilot hörte sofort auf zu feuern, der Helfer konnte gerade noch seinen Fuß aus den Drähten befreien. Er hatte Glück, passiert war ihm nichts. Der Adrenalinspiegel der Beteiligten war jedoch gewaltig. Das Ganze spielte sich in einer Zeit von vielleicht drei Sekunden ab.

Unserer Pilotin ist das natürlich nicht passiert. Denn sie und die Crew arbeiten wunderbar zusammen.

Jetzt hätten wir doch fast die Menschen an der Topleine vergessen. Warum gibt es die überhaupt?

Wäre so ein Ballon aus Stahl, dann könnte er zwar nicht aufsteigen, aber er bräuchte auch niemanden an der Topleine. Dieses nützliche Seil ist am Topring befestigt und der befindet sich am Nordpol des Ballons. Die Topleine ist so lang, daß sie bei aufgerichtetem Ballon immer noch gut zur Erde reicht. Damit ist zwar immer noch nicht geklärt, was die Topleine soll, aber zumindest kann man sich unter dieser wertvollen Hilfe etwas vorstellen. Das macht die trockene Beschreibung vielleicht spannender.

An dieser Stelle sei den armen Menschen an eben jenem Seil einmal ein besonderes, ein aufmunterndes Wort gewidmet. In dem Moment nämlich, an dem die Hülle ausgebreitet (wie ein Pfannkuchen eben) am Boden liegt, treten sie beherzt hinzu und nehmen das Seil in die Hand, um es bis auf weiteres auch nicht mehr loszulassen.

Zu Beginn gestaltet sich diese Übung einfach.

Das aber soll sich bald ändern. Das Temperament eines Ballons schwankt nämlich zwischen Bahnschranke und Rennpferd. Erst kommt die Bahnschranke und dann das Rennpferd.

Die Bahnschranke ist der Pfannkuchen. Der zugegebenermaßen große Pfannkuchen. Kommt dann aber die erste Luft in die Hülle, dann wird das Ding langsam lebendig. Und dann bekommt die Topleine ihre Funktion.

»Wäre so ein Ding aus Stahl ...« Dieser zugegebenermaßen überraschende Vergleich wurde natürlich in weiser Voraussicht in den Text genommen, weil der Autor bereits weiß, was kommen wird. Sonst nämlich hätte der Ballon im nicht aufgerichteten Zustand, flach liegend eben, eine eigene Statik, wäre ein fester Körper, ein starres Ding. Da wir aber die Hülle aus dem Sack geholt haben, wissen wir: Mit Starrheit hat das Gerät nichts im Sinn. Erst der höhere Innendruck macht aus dem Lappen einen Ballon, ein filigran wirkendes, eigenstabiles Kunstwerk. Nun muß aber beim Aufbau eine gewisse Starrheit sein, denn sonst flattert das Tuch im Wind wie ein Fähnlein. Und das wollen wir natürlich nicht. Deshalb ziehen die Menschen an der Topleine das ganze Gerät stramm. Der Korb ist schwer, zudem oft mit einem Seil am Auto befestigt und dient so als Anker. Das Gegenstück an der Topleine ist weniger schwer und hat deshalb die größere Belastung zu tragen.

Bereits kurz nach dem Anblasen mit kalter Luft geht der Sichtkontakt zum Korb verloren. Das macht nichts, denn die Topleinenanhänger sind ohnehin jetzt auf sich selbst gestellt. Natürlich kommt ausgerechnet jetzt ein leises Lüftchen aus der falschen Ecke. 90 Grad von rechts zum Beispiel. Sofort versucht die Hülle nachzugeben, im Bemühen dem Wind hinterherzuflattern. Noch aber darf der Ballon nicht das machen, was der Wind will, das kommt später. Jetzt legen sich die Topleinenleute ins Zeug, also ins Seil. Bei kleinen Lüftchen ist das kein Problem, aber im nächsten Momment kommt der Wind von links und die Hülle hüpft umher wie ein junges Fohlen.

Je größer der Ballon wird, um so größer wird auch die Angriffsfläche für den Wind. Jetzt beginnt die Truppe langsam zu schwitzen. Würde sie jetzt nachlassen, das Tuch könnte Falten schlagen, Beulen könnten angebrannt werden, die Hülle wäre hin.

Irgendwann hört die Flatterei auf, dafür beginnt das liegende Dreiviertelei zu rollen. An sich wäre das kein Problem, aber auf der Gegenseite müßte ein starker Goliath dauernd den Korb mitdrehen, sonst verheddern oder verdrehen sich die Halteseile. Leider ist der Korb zu schwer, meist viereckig und deshalb für lockeres Mitdrehen ungeeignet. Deshalb muß die Topleine gehalten werden, komme da was wolle.

Ein schlauer Mensch könnte jetzt auf die Idee kommen, das Seil einfach festzubinden. Ein freundlicher Baum könnte da vielleicht hilfreich sein. Leider aber spricht schlichte Physik dagegen. Richtet sich nämlich langsam der Ballon auf, dann müssen die »Topseilanker« auch dichter an den Ballon heran. Bäume scheiden somit als Mitarbeiter aus.

So hängen wir an der Topleine, zerren gegen die Kraft, die unser Rennpferd nun entwickelt und hoffen, daß der Seitenwind nicht an Stärke gewinnt. Sich selbst daran festzubinden, ist Unsinn. Irgendwann wird sich unser Kunstwerk nämlich blitzschnell aufrichten und dann würden wir auf dem Bauch rutschend uns in flotter Schleiffahrt dem Korb nähern. Schleiffahrten finden aber erst am Ende der Reise statt. Deshalb ist es auch ratsam, Handschuhe zu tragen und das Seil nur um den Rücken herumzuführen. Loslassen ist im Extremfall die beste Lösung, wenn der Wind einen sonst fürchterlich davonblasen würde.

Davor aber ist der Stolz gesetzt. Die Topleinencrew will natürlich, wie der Rest auch, den Ballon sicher zum Stand bringen. So eilen die anderen herbei und zerren mit. Gegen den Wind, gegen das Rollen, gegen den Rest der Welt. Und meistens klappt das.

Die letzten Sekunden der Aufgabe der Topleute gehen einfach in Rennen über. Zu halten ist da nicht mehr viel. Man bringt das Ende einfach zum Korb. Dort wartet, leicht angespannt aber glücklich, unsere Pilotin. Manchmal soll es auch ein Pilot sein.

Normalerweise wird es jetzt erst mal gemütlich. Alle kommen gemächlich zum Korb und hängen sich dran. Außenstehende könnten nun annehmen, die hingen nur so am Korbrand, weil sie völlig erschöpft seien. Selbst wenn es so wäre, zugeben würden die es nie. Der Grund ist ein anderer: Wir hindern dieses junge Rennpferd daran, einfach davonzueilen. Denn das macht er gerne, der Ballon.

Im Korb ist unsere Pilotin nämlich immer noch allein. Und die ist für die Auftriebskraft, die die Hülle jetzt entwickelt, einfach zu leicht. So dicke Menschen, die den Ballon alleine am Boden halten könnten, gibt es gar nicht. Auch das weiß der Ballonfahrer (und natürlich auch unsere Pilotin). Niemals, schließlich ist ja das Handwerk gelernt, niemals unterschätzt der Ballonpilot die Kraft, die eine aufgestellte Hülle entwickeln kann. Den Auftrieb und auch die Kraft der seitlichen Versetzung durch den Wind.

Den »Mann« an der Topleine darf bis zuletzt seine Kraft nicht verlassen.

Deshalb also ruhen sich alle dekorativ am Korb aus und halten ihn dabei fest. Bei Festivals kann es vorkommen, daß das Startzeichen noch nicht gegeben wurde, daß die Kollegen noch nicht so weit sind, oder daß der Wind sich erstmal abflauen muß. Kurzum, es gibt viele Gründe, sich am Ballon festzuhalten. Einer davon ist, daß die Passagiere einsteigen.

Nun ist so ein Ballonkorb kein Musikdampfer mit breiter Gangway und eifrigen Stewards. Ein wenig rustikaler geht es schon zu. Früher nannte man das »zünftig«, was mit »ein wenig primitiv« gleichzusetzen war, heute nennt man das »funktional«. Körbe mit breiten Durchgängen oder geräumigen Einstiegsluken wurden aus Sicherheitsgründen noch nicht erfunden.

Apropos Korb: Natürlich gibt es auf dem Markt fein gestylte Behältnisse aus Aluminium und anderen wunderbaren Materialien. Die aber haben einen entscheidenden Nachteil gegenüber den schon fast altmodisch anmutenden geflochtenen Ballonkörben: Sie sind zu starr. Knallt nämlich so ein Ding bei der Landung hart auf den Boden, schleift er flott quer zur Furche über den Acker, dann wird dieses modern aussehende, gestylte Ding zum Marterinstrument. Jeder Stoß wird unerbittlich weitergegeben. Weniger zur Freude des Reisenden. Der Korb hingegen gibt nach, verformt sich ein wenig, dehnt sich wieder aus und absorbiert auf diesem Wege so manchen harten Schlag. Der geht dann nicht mehr an unsere Knochen und das erfreut uns, wenn wir den Unterschied kennen.

So ein Korb hält viel länger als eine Hülle. Die Scheuerleisten lassen sich auswechseln, die Lederbespannung des Randes kann geflickt werden, das Ding selbst aber bleibt stabil.

Unsere Passagiere, die heute zum ersten Mal mitfahren, in banger Erwartung nun im Korb, hoffend, daß alles gut gehen möge, werden sich zu Beginn der Fahrt natürlich fragen, ob denn dieses hölzerne Gefäß auch tatsächlich hält. Bricht der Boden durch? Stürzen alle rettungslos in die Tiefe? Werden wir elend umkommen, weil dieser Korb nicht richtig vernagelt ist? Die Antwort ist ein schlichtes »Nein« und außerdem: Körbe werden nicht genagelt. Sie sind ein handwerkliches Kunstwerk, allein der Sicherheit verpflichtet. Ein »Durchkrachen« ist aufgrund der Konstruktion überhaupt nicht möglich. Herunterfallen kann man nur, wenn man über die hohe Bordwand klettert. Wer aber macht das schon?

Gesehen hat man das allerdings schon. Dann aber hatten diese Aspiranten einen Fallschirm dabei, waren genügend hoch und taten dies mit Vorsatz. Das Springen von einem Ballon soll nämlich einen besonderen Kick haben. Das Flugzeug, hier hüpft man ja normalerweise heraus, hat Geschwindigkeit. Der Springer ist sofort im Wind. Der Ballon aber schwebt scheinbar im windstillen Raum. Schließlich bewegt sich der ganze Apparat mit dem Wind. In gleicher Geschwindigkeit. Deshalb kann der Springer zuerst einmal nicht mit dem Wind spielen, hat es schwerer, eine stabile Lage zu erhalten. Und dann, ganz langsam erst, fühlt er den Gegendruck der Luft, fühlt dieses Medium, hat endlich das Gegenüber für seine Art von Sport. Blickte er zurück, der Ballon wäre dann schon weit über ihm. Das aber ist eine ganz andere Geschichte. Darüber müßte man ein ganz anderes Buch schreiben.

G-BWJS

# Die Jagd nach dem Fuchs

Der Trieb zum Jagen, Verfolgen, Überlisten ist tief in der menschlichen Natur verwurzelt. Daß er aber auch im zivilisierten Leben seine Geltung hat, erleben wir beim Sport. Auch die Ballonfahrer haben ihren Spaß daran

Wieder ist es ein sehr früher Morgen. An den Fenstern haben sich Eisblumen gebildet, unsere Nasen fühlen sich beim Aufwachen eiskalt an. Die Nacht hatten wir mit unseren Gasflaschen im Zimmer verbracht, um sie vor der großen Kälte der Nacht zu schützen.

Es war schon mühselig, jeden Abend die Flaschen aus dem Korb auszubauen, ins Zimmer zu schleppen und morgens dann die ganze Prozedur wieder in umgekehrter Reihenfolge durchzuführen. Das alles nur um den Druck in den Flaschen zu erhalten. Stickstoff, der sonst dazu eingesetzt wird, war in Südafrika nicht zu erhalten. Der feine Geruch nach Gas im Zimmer erinnerte dabei immer an den explosiven Geist, der in diesen Flaschen sitzt. Der Vorteil dabei war allerdings, daß niemand wagte, eine Zigarette zu rauchen.

Die Nächte in der Nähe der Drakensberge im südafrikanischen Herbst Anfang April können schon empfindlich kalt sein, die Tage fast noch sommerlich warm. Vor der Tür wuchteten Caroline und Andy ihre Flaschen in einen uralten, schiefen Korb. Die beiden jungen Studenten aus Johannesburg hatten erst vor wenigen Tagen ihren Ballonfahrerschein bestanden und fuhren bereits die südafrikanischen Meisterschaften mit. Das noch fehlende Fachwissen steuerte Tracey bei, die uns bereits in Filzmoos begegnet war.

Dort hatte sie eine spektakuläre Fahrt hoch auf einen Berg geführt. Nach der Notlandung auf einem kleinen zugefrorenen Bergsee war der Ballon später von einem Hubschrauber ins Tal geflogen worden. Tracey war mit ihren Passagieren durch meterhohen Schnee ins Tal gestolpert. Dabei hatte sie Todesängste ausgestanden, denn nie zuvor hatte die südafrikanische Pilotin Schnee gesehen.

Als wir mit unseren Fahrzeugen auf das Flugfeld des Bethlehemer Flughafens rollen, geht gerade die Sonne am Horizont auf und taucht die Landschaft in ein fast unwirkliches Gelb. Es ist ein bitter kalter, aber klarer Herbstmorgen. Später wird die Temperatur bis auf etwa 20 Grad steigen, jetzt lassen uns minus 10 Grad auf die ersten wärmenden Sonnenstrahlen hoffen.

Im morgendlichen Briefing wird festgelegt, daß wir heute bei der geplanten Fuchsjagd die Ehre des vorauseilenden Fuchses hätten. Nach 10 Minuten würde uns dann die Meute der Ballone verfolgen. Über Tons Gesicht eilte ein verschmitztes Lächeln, er hatte einen Plan. Beim Briefing sind wir neben einem Engländer, die einzigen Nicht-Südafrikaner. Wir waren von Tracey und ihrer Freundin Eleonore nach Südafrika eingeladen worden, nachdem wir Tracey in Filzmoos aus einer schwierigen finanziellen Situation geholfen hatten. Die Kosten der unfreiwilligen Hubschrauber-Rettungsaktion hatten ihre Möglichkeiten weit überschritten und nur der Aufruf zu einer gemeinsamen finanziellen Hilfsaktion der internationalen Ballonwoche in Filzmoos hatte sie gerettet.

Unsere Ballonausrüstung war an Bord einer Maschine der Austrian Airlines nach Südafrika gereist und eröffnete uns nun den Blick auf eines der schönsten Länder der Erde aus der Vogelperspektive.

Wir ziehen unseren Korb aus dem Hänger und bauen den Brenner mit dem Gestänge auf den Korb. Dann schließt Ton den Brenner an die Gaszylinder an.

Er drückt den Knopf des Zünders und das Zischen des entweichenden Gases ändert sich in das gleichmäßige Geräusch der brennenden Flamme. Um die Funktionsfähigkeit des Brenners zu überprüfen, läßt Ton eine riesige, gelbe Stichflamme in den morgendlichen Himmel schießen.

Nachdem dieser Test abgeschloßen ist, wird der Korb gekippt. Dann holen wir die Hülle aus dem Hänger. Die Verschnürung wird gelöst und die Hülle am Gestänge des Korbes befestigt.

Zwei von uns ziehen den Sack mit der Hülle über das gefrorene Gras, wobei die Hülle wie ein Schlauch in die Länge gezogen wird.

Ton und Angelika breiten die Ballonhülle zu einem überdimensionalen Pfannkuchen aus, dann wird der Ventilator angeworfen. Knatternd wird Luft in die Hülle gepreßt, die sich wie Meereswellen darin ausbreitet.

Ton läuft in die Balonhülle hinein und beginnt den Parachute mit den Klettverschlüssen am Ballontop zu befestigen.

Die Sonne ist inzwischen über den Horizont gestiegen und erzeugt innen auf dem Ballonstoff ein Farbenspiel. Dann bewegt sich der Schatten eines vorbeilaufenden Menschen die Ballonhülle entlang. Überall um uns herum werden Ballonkörbe aus den Fahrzeugen geholt. Spannung kommt auf, denn keiner möchte den Anschluß an den vorauseilenden Ballon verlieren.

Ton ist jetzt ganz Pilot, hochkonzentriert und geschäftig. Er kniet sich in den liegenden Korb und der erste Feuerstoß schießt in die Ballonhülle. Vorher hatte er sich davon überzeugt, daß der Mann an der Topleine in Position war.

Nach einigen kräftigen Feuerstößen beginnt sich die Ballonhülle aufzurichten. Der Mann an der Topleine stemmt sich mit seinem ganzen Gewicht dagegen. Damit wird verhindert, daß sich die Hülle zu schnell aufrichtet und der Flamme entgegensinkt.

Die Sonne hat die Luft um einige Grad erwärmt, der heiße Brenner tut ein übriges, um die Temperatur rund um den Startplatz angenehmer zu gestalten.

Die Topleine wird sorgfältig am Ballonkorb befestigt. Ton überprüft den Sitz des Parachutes. Wir machen einen Radio-Check mit dem Verfolger und bitten die Flugleitung um Startgenehmigung.

Wieder schlägt die Flamme in die aufrechte Ballonhülle und langsam schwebt unser Ballon in den morgendlichen Himmel. Die Zurückbleibenden winken uns zu und werden rasch kleiner. Erst steigen wir senkrecht in die Höhe. Dann, in ungefähr 200 Metern Höhe werden wir sanft nach Westen getragen. In der Ferne blicken wir auf die Stadt Bethlehem. Die südafrikanische Landschaft wirkt fast mondähnlich. Scharfe Falten unterbrechen das Braun der abgeernteten Felder. Völlige Stille umgibt uns.

Mit einem Böllerschuß wird die Verfolgermeute gestartet. Es dauert nur eine kurze Zeit und die ersten Ballone schweben in den Himmel. Wir ziehen mit unserem Ballon auf einen canyonartigen Einschnitt in der Landschaft zu, den in Jahrtausenden ein Fluß in die Landschaft geschliffen hat.

Ton hat ein verschmitztes Lächeln auf dem Ge-

**Oben: Start in den frühen Morgen Südafrikas Richtung Pilanesberge – im See lauern Krokodile und Flußpferde. Rechts: Ton Kurvers und Frank Franke als »Füchse« unterwegs.**

sicht. Der erfahrene Ballonpilot weiß, wie er die verfolgende Meute austricksen kann. Er wird einen Effekt nutzen, den das unter uns fließende Wasser auslöst. Unser Ballon beginnt zu sinken, wir sind nur noch wenige Meter über dem dahineilenden Wasser. Für die uns verfolgenden Ballone sind wir inzwischen unsichtbar geworden. Dann erfaßt uns die mit dem Wasser ziehende Luftströmung.

Als wir wieder Höhe gewinnen und für die uns verfolgenden Ballone sichtbar werden, sind wir etwa 600 Meter nach Süden gewandert. Für die meisten der uns verfolgenden Ballone ist es inzwischen zu spät, durch den gleichen Trick ihre Richtung zu ändern. Sie ziehen weit an dem Kreuz vorbei, daß wir nach der Landung auslegen werden. Wir sind inzwischen über den Rand des Canyons gestiegen und landen unmittelbar dahinter auf einem Feld.

Unser Korb setzt auf einer, wie mit dem Lineal gezogenen Ackerfurche auf. Wir breiten das rote Zielkreuz aus. Wenige Minuten später nähert sich der erste der uns verfolgenden Ballone. Er hat unseren Trick früh genug erkannt und wirft seinen Marker wenige Meter über dem Ziel schwebend genau auf's Kreuz.

AUSTRIAN
AIRLINES

# Menschen, die sich dem Wind anvertrauen

Was sind das für Typen, die fahren? Was wollen sie? Was sollten sie wollen? Das Kapitel fragt auch nach der Philosophie der Piloten, ihrer »mentalen« Einstellung

Zum Ballonfahren gehören, so sagte uns eine amerikanische Lady, Champagner, schöne Autos und elegante Frauen. Ballone natürlich auch. Lange haben wir darüber nachgedacht, wie die Lady das wohl gemeint haben könnte. Schließlich haben wir in der aktuellen Modeliteratur entscheidende Hinweise bekommen. Denen sind wir dann nachgegangen.

Der Starfotograf hatte den Ballon geordert, die Truppe war gekommen, aber sie durfte noch nicht aufbauen. Die Models wurden noch hergerichtet. Der Ballonfahrer hatte inzwischen die Hülle am Boden ausgelegt, der Korb war in Position und der Ventilator stand noch still. Die Models waren zwar jetzt so weit, aber das Licht mußte noch besser werden. Scheinwerfer und Blitzanlagen standen herum, die Transformatoren brummten. Es wurde Kaffee gereicht.

Zwei Stunden später stand endlich der Ballon, festgebunden am Auto, denn das Ballonwetter war schon vorbei. Im Korb hockte der Ballonfahrer und sein Assistent. Zu sehen sollten sie natürlich nicht sein, denn Schönheit und Eleganz hatten nun Vorfahrt. Das edle Auto stand herum, die edlen Models standen herum und der Starfotograf mußte arbeiten. Und dann Ende der Vorstellung, es wurde abgebaut.

Wenig später konnten wir die Produktion eines Werbeclips mit Ballon verfolgen. In einer großen Filmhalle wurde der Korb aufgebaut. Ideale Verhältnisse zum Ballonfahren: Kein Wind, keine Thermik, taghell. Leider aber war die Halle nicht hoch genug. Deshalb hatten die Filmmenschen einen großen Ring besorgt, und der hing nun mit der unteren Halbkugel des Ballons unter der Hallendecke. Das ganze, Verzeihung, das halbe hing und stand vor und auf einer großen grünen Fläche. »Chroma Key« nennt man das. Denn im Hintergrund sollten doch Landschaft und Wolken zu sehen sein, nicht die schlichte Hallenwand.

In der Regie ist dann das komplette Bild zu sehen. Ein fahrender Ballon, dicht vorbei an Hochhäusern und Brücken, dicht über dem Boden. All das, was normalerweise nur bei Idealbedingungen möglich ist. Die Bilder waren vom Hubschrauber gedreht worden, das ging schneller. Und dazwischen wurden immer wieder Einstellungen von einem richtigen Ballonfest geschnitten.

Die Models, elegant gewandet versteht sich, standen lässig im Korb und blickten gespannt hinab auf den grünen Teppich. Offiziell ging's ja dort abwärts.

Ein kleiner Fehler hatte sich dann doch eingeschlichen. Damit die wunderbaren Haare der Damen auch richtig im Wind spielten, war eine Windmaschine aufgebaut worden und die pustete dann auch dekorativ in der Gegend herum. Leider aber kam niemand auf die Idee, daß in Ballonkörben Haare normalerweise nicht wehen können. Es gibt nämlich keinen Wind im Korb. Der Ballon treibt ja mit der gleichen Geschwindigkeit. Aber ein bißchen Tribut an die Kunst muß schon sein. Auch wenn's nicht der Wahrheitsfindung dient.

So entstehen Bilder in den Köpfen der Menschen. Gleichgültig, ob sie richtig oder falsch sind. Die Welt von heute ist eine Medienwelt. Was in den Medien nicht stattfindet, hat leider nie stattgefunden. Wir sind virtuell geworden. Wir basteln uns scheinbare Wirklichkeiten im Computer. Es bedeutet nun vorsichtig zu werden mit den Bildern, die scheinbare Wahrheiten vortäuschen.

Normale Menschen, unsere Nachbarn, vielleicht sogar unsere Freunde können das nicht erkennen. Wie auch? Sie finden ja auch nicht in Computern statt. Obwohl man da bisweilen seine Zweifel haben kann. Die Welt, die uns so tagtäglich erzählt wird, sie ist künstlich. Da brauchen wir keinen Computer. Nur einen Markt. Ein Bereich des täglichen Lebens, wo man irgendwas verkaufen kann. Ideen, Überzeugungen, Dinge. Unsere Wirtschaft lebt davon Güter zu verbreiten, den Konsum zu fördern. Deshalb haben wir die schönen Bilder von edlen Klamotten in wunderbarer Ballonatmosphäre. Es bleibt aber ein schlichter Verkaufstrick. Mit der Realität hat das gar nichts zu tun. Es ist lediglich das »Ambiente«, die Umgebung, der Ruf, die Idee, die dahintersteckt, von der man glaubt, daß sie eine bestimmte Zielgruppe erreicht. Leider, oder besser glücklicherweise, haben die Werbeleute eines noch nicht begriffen: »Ballonfahrer haben andere Interessen«, sprich: Sie geben ihr Geld für was anderes aus. Für Hüllen, für Körbe, für Ausrüstung. Nicht für Konsum. Nicht für Klamotten. Die Reklame produziert eine Lüge. Neu ist das aber nicht. Sie werden keinen Gewinn haben, sie werden versagen.

Die Leute, Damen und Herren, die wir auf den Ballonplätzen kennengelernt haben, sahen nämlich anders aus und sie hatten völlig andere Interessen: Die Piloten und ihre Mannschaften rennen in Overalls herum, darunter dicke Pullover und an den Händen haben sie Handschuhe. Das Zeug, das es zu transportieren gilt, ist nämlich schwer und morgens, im ersten Dämmerlicht ist es noch empfindlich kalt. Ein wenig verschlafen sind sie fast alle und für's morgendliche Make-Up hatte die Zeit nicht gereicht. Sie investieren ihr Geld in Ausrüstung. Die nämlich schenkt ihnen Erfahrungen und Einblicke, die mit Geld nur schwer zu erlangen sind. Mit immateriellem Gut ist schlecht ein Geschäft zu machen.

Ballonfahrer wollen nämlich etwas ganz anderes: Sie wollen Grenzbereiche »erfahren«. Nicht hart an der Grenze des Überlebens, hart an der Gefahr, dicht am Tod. Ballonfahrer sind keine Selbstmörder, ganz im Gegenteil. Sicherheit ist angesagt. Die Werbung, sollte sie jemals den Ballonfahrer verstehen, wird sich auf das Wesentliche reduzieren müssen. Auf Freude. Diese Truppe ist nämlich immun. Sie steht darüber. Das nämlich ist die Aufgabe: Darüber zu stehen, über der Erde zu schweben, Wichtiges von Unwichtigem zu unterscheiden. Nicht einfach, aber Ballonfahren fördert diese Fähigkeit.

Zudem gliedert sich der »gemeine Ballonfahrer« – das Wortspiel sei gestattet, und gemeint ist natürlich der »allgemeine« also »normale« Ballonfahrer – in zwei Gruppen. In Ruhige und weniger Ruhige. Damit wären wir bei der Mentalität des Ballonfahrers. Spätestens seit Boris Becker hat der intelligente Sportbeobachter begriffen, daß die mentale und die körperliche Einstellung des Sportlers eine immens große Rolle spielen. Vorbei an den Bemühungen der Funktionäre und Sponsoren, der Geräte-

**Oben: Die Spannung steigt. Es werden letzte Vorbereitungen zum Start getroffen. Die mitfahrenden Gäste werden in den Korb gebeten. Rechts: Bitte um höheren Beistand. Ein neuer Ballon wird vor dem ersten offiziellen Start geweiht.**

hersteller und natürlich auch der Fachpresse, gibt das »Mentale« den entscheidenden Kick im Leben eines Sportlers. Er muß vorbereitet sein auf den Sieg, ihn innerlich wollen. Der Gegner wird zum Feind, die innere Spannung ist unendlich. Der Sportler hat trainiert, seine Betreuer haben ihn vorbereitet, das Feindbild ist klar gezeichnet. Und dann ist der Sportler alleine.

Beim Ballonfahrer ist das ganz anders. Er will nämlich in aller Regel nicht gegen die anderen Mannschaften gewinnen. Hier findet kein Kampf statt. Zumindest nicht gegeneinander. Es ist der Wettbewerb mit den Regeln der Natur, die Vorbereitung eines großen Erlebnisses – Spaß eben. So ist die mentale Einstellung gegen »Gegner« eher gelassen.

Zudem ist der Pilot jetzt mit was ganz anderem beschäftigt. Er überwacht den Aufbau des Geräts.

**Spaß muß sein und ist beim Ballonfahren nicht wegzudenken: Zur Freude der Kinder rüstet ein Clown seinen Ein-Mann-Ballon auf.**

Aber da ist ja die gute Crew, Anweisungen halten sich deshalb in Grenzen. Natürlich geht der Pilot, oder die Pilotin Aufbau und Fahrt schon einmal durch. Im Briefing ist das Wetter bekannt gemacht geworden, Windrichtung und Themenstellung wissen nun alle, die landschaftlichen Gegebenheiten haben alle gesehen. Die Karten sind verteilt.

Auf der Wiese liegen die noch schlaffen Hüllen. Die Mannschaften unterhalten sich, der »Launcher«, der Mann, der für den Start zuständig ist, läuft noch gelassen von Ballon zu Ballon.

Nur die Gäste sind aufgeregt. Die nämlich, die zum ersten Mal fahren und auch die, die schon lange dabei sind. Ein paar haben noch keine Mitfahrgelegenheit und eilen nun herum, um einen Piloten mit freien Plätzen zu finden. Selten werden die Ballone gleichzeitig aufgestellt. Jeder Pilot hat seine eigene Methode, an Aufgaben heranzugehen. Natürlich unterscheiden sie sich auch in ihrem Können. Fähigkeiten in der Hohen Kunst des Ballonfahrens werden nur langsam erworben. Naturtalente sind selten, Erfahrung muß erworben werden.

Kein vernünftiger Pilot wird mit seinem Wissen hinter dem Berg halten. Betriebsgeheimnisse kennen sie nicht. So fährt häufig der alte Crack mit seinem Kollegen, der gerade den Schein gemacht hat und berät ihn. Er steht mit im Korb und beobachtet, gibt Hinweise, hilft weiter, wenn bessere Herangehensweisen an »Probleme« gefragt sind. Die »Neuen« sind dafür dankbar, aber es ist ein Verhältnis unter Gleichen.

Vor der Fahrt muß festgelegt werden, wer der oder die verantwortliche Pilot/in ist. Eine Frage des Luftrechts. Der alte Hase hat dann im Zweifelsfalle nur noch beratende Funktion.

Auch der Aufbau geht gelassen vonstatten. Da wird mal dem Nachbarn geholfen, da wird mal angepackt, wenn es anzupacken gilt. Die Teams helfen einander. Und wenn ein Pilot von weither dabei ist, eine Ehre für jede Veranstaltung, dann sorgen die Mannschaften dafür, daß auch dieser Gast mit seinem Gefährt gut in die Luft und auch wieder zurückkommt.

Beim Ballonfest in Bischofsheim in der Rhön kam zum Beispiel ein »Miniteam« aus Südafrika. »Simba«, der Löwe. Außer dem Piloten war nur seine Ehefrau dabei. Für eine größere Mannschaft reichte das Geld nicht. So wurde von den anderen ein Auto besorgt, die Mannschaften halfen aus und der Verfolger wurde auch besetzt.

»Die Frequenz ist eins, zwei, drei, vier, fünf!« Wenn alle die Anweisung der Wettbewerbsleitung hören wollen, ist eine gemeinsame Funkfrequenz bitter notwendig. Deshalb werden meist einfache Kombinationen gewählt. Denn alle sollen die Anweisungen und Ratschläge hören können. Zwischendurch gehen die einzelnen Teams dann häufig auf eine andere Frequenz, um sich mit ihrem Verfolger verständigen zu können. Der Funksalat wird nämlich gegen Ende der Reise oft etwas chaotisch.

»SAAB-Ballon ruft SAAB-Verfolger. Ich kann Dich nicht mehr sehen. Wo bist Du?« »Hier SAAB-Verfolger. Ich bin im Dorf unter Dir. Da ist aber eine Umleitung, wir kommen nicht so schnell durch.« »SAAB-Verfolger, fahr die Hauptstraße rund 1 Kilometer weiter nach Osten, da biegt ein befestigter Feldweg ab. Ich versuche dort zu landen.« »SAAB-Verfolger, verstanden!« So, oder so ähnlich sind dann die Gespräche. Wenn aber 20 oder 30 Ballone im Pulk daherkommen, versteht niemand mehr was und das ist unangenehm. Sind die Ballone nämlich erst einmal am Boden, dann ist es mit der Reichweite der Funkgeräte nicht mehr weit her. Da muß der Verfolger schon in der Nähe sein.

Aber auch da ist Kollegialität eine Selbstverständlichkeit. Ist der Ballon erst einmal unten, vom Verfolger nichts zu sehen und die Reichweite begrenzt, dann können nur noch die anderen helfen. Die nämlich können die am Boden noch gut empfangen. Die UKW-Geräte funktionieren im Prinzip nur dann, wenn sich die Partner auch sehen können. Verschwindet ein Teilnehmer hinter dem Horizont oder einem großen Berg, dann bricht die Verbindung ab. Also werden die letzten in der Luft oft zu Relaisstationen. Sie geben die Informationen für die anderen weiter.

Damit hätten wir also was über die Zusammenarbeit gesagt. Natürlich ist da aber auch Wettbewerb. Es geht darum, mit großer Erfahrung, ein wenig Glück und der berühmten Nase, den anderen eben eine solche zu drehen. Querdenker sind jetzt gefragt.

Die grundsätzliche Schwierigkeit beim Ballonfahren liegt darin, dreidimensional denken zu müssen. Der Luftraum besteht nicht nur aus vorne und hinten, rechts und links, sondern auch aus oben und unten. Würde man so einen Würfel aus Landschaft und Luftraum ausschneiden, hätte man so etwas ähnliches wie ein überdimensionales Terrarium. Den Boden kann man leicht erkennen, schwierig wird es allerdings mit dem Luftraum. Der ist nämlich nicht ein homogenes Gebilde aus Luft, sondern hier liegen übereinander und nebeneinander Schichten unterschiedlicher Dichte, unterschiedlicher Temperatur und unterschiedlicher Windrichtung. Diese Schichten aber sind nicht zu erkennen, Luft ist schließlich durchsichtig. Das verkompliziert die Situation.

Natürlich wäre es nun schön, wenn man wüßte, wie Luftströmung, Richtung und Temperatur an jeder Stelle dieses »Würfels«, in dem man fahren will, aussehen. Diese Informationen liegen dem Ballonfahrer aber natürlich nicht vor. Außerdem könnte er sie sich ohnehin nicht merken. Und selbst wenn er sie in einen Computer füttern könnte, jeden Moment müßte er die Daten ändern. Also muß sich der Pilot etwas anderes einfallen lassen.

Da unten, wenige Meter über dem Boden, steht ein Häuschen. Es muß bewohnt sein, denn Rauch kommt aus dem Schornstein. Ballonfahrer lieben bewohnte Häuser, die rauchen. An diesem bißchen Qualm erkennen sie nämlich in welche Richtung sich da unten die Luft bewegt. Vielleicht 100 Meter nebenan bewegt sich der Rauch in eine völlig andere Richtung. Komisch, spinnt der Wind?

Also steigen wir doch mal hoch, um ein wenig Übersicht zu bekommen. Beobachtung ist nun erste Ballonfahrerpflicht. Bei Wettbewerben ist das übrigens häufig zu beobachten. Schnell rauf, schnell runter. Flott durch die verschiedenen Luftschichten hindurch. Übersicht schaffen. Detailkenntnis kommt später. Eigentlich müßte man mitschreiben. Links auf dem Zettel die Höhe, rechts, immer passend dazu, Windrichtung und geschätzte Geschwindigkeit. Für eine gewisse Zeit sind dann die Verhältnisse präzise über der Bodenmarke, die muß man sich natürlich auch noch suchen, einigermaßen bekannt.

Warum aber reisen Ballonfahrer nicht mit solchen Zetteln? Ich habe es nicht versucht, weil mir schlichtweg egal war, wo ich runterkomme. Ich habe auch keinen gesehen, der es versucht hätte. Als ich fragte, erntete ich nur Unverständnis. Also war diese Herangehensweise an das Problem der Navigation schlicht unbekannt. Warum das so war, sollte ich erst später erfahren. Die Beobachtung wäre schlicht unsinnig gewesen. Nichts in diesem Luftmeer ist nämlich beständig. Wandel ist die Regel. Aber: Ballonfahrer sehen darin den Reiz. Sind die Piloten vielleicht ein wenig verrückt?

Die Antwort lautet: Ja. Allerdings aus ganz anderen Gründen. Die Mehrzahl von ihnen verzichtet bewußt auf übertriebene technische Unterstützung. Man muß es fühlen, sagen sie, erspüren, ahnen, wissen. Dazu muß man sich selbst »verrücken«, an eine andere Stelle bringen und darf dabei natürlich nicht neben sich stehen. Sind Ballonfahrer deshalb besondere Menschen?

Auch hier wieder eine klare Antwort. Nein! Sie haben einfach nur gelernt, aufmerksamer zu sein, haben gelernt, genau zu beobachten. Sie müssen dichter dran sein. Das muß man natürlich wollen. Der Preis, den sie dafür bezahlen, ist hoch. Sie verlieren ihre Unbefangenheit im Ballon. Sie werden nur unter idealen Bedingungen unbeschwert fahren können. Immer achten sie auf kleine Anzeichen, die für die Fahrt wichtig sind, stets sind sie auf der Lauer nach einer neuen Erfahrung. Immer aufmerksam. Die Mitfahrer haben es da viel einfacher. Sie bekommen meist solch wichtige Details gar nicht mit. Das hat den Vorteil, daß sie die Fahrt genießen können. Von Fachkenntnis völlig unbeschwert, versteht sich.

Was aber hat das mit den unterschiedlichen Typen von Piloten zu tun?

Das Temperament, an die Aufgabe heranzugehen, ist unterschiedlich. Aber so ist das bei Menschen. Piloten sind da nicht anders. Aber: Für Draufgänger ist da kein Platz. Schließlich fährt ein Pilot nicht allein, er hat die Verantwortung für seine Passagiere und für sein Gerät. Aber da sind natürlich Unterschiede. Besuchen wir doch einfach mal ein Ballonfest und sehen zu.

Da gibt es den Unruhigen: Franz aus Hamburg ist so einer. Mit Sicherheit zählt er zu den besten seiner Zunft, bisweilen allerdings ist er ungeduldig. Am liebsten würde er alles alleine machen, aber das geht natürlich nicht. Er liebt seine Ballone, er hat davon mehrere. Wenn die Hülle auf dem Boden ausgebreitet ist, untersucht er jeden Quadratzentimeter. Fände er einen Fehler, einen Schaden, er würde den Aufbau sofort abbrechen. Franz ist sein eigener Unternehmer, sein guter Ruf aber kommt nicht nur durch sein Können, sondern auch durch die Sicherheit seines Geräts.

Beim Aufbau erscheint er manchmal wie der Hütehund, der seine Herde umkreist. Er ist überall, glättet Falten, rückt Ventilatoren zurecht, ordnet die Steuerseile. Das macht zwar jeder Pilot, bei Franz aber geht das unter großer Anspannung vor sich. Wenn mal irgendwas nicht klappt, dann schreit er auch schon mal wild um sich. Aber so ganz ernst darf man das nicht nehmen.

Ton aus Holland ist da eher zurückhaltend. Seine Schritte sind ruhiger, aber auch er hat die Augen überall. Auch er ist Ballonunternehmer, ebenso wie Franz, weil er damit seine Leidenschaft zum Beruf machen konnte. Nun könnte das Schreien der Piloten aber falsch verstanden werden. Am Ballonmaul dröhnt der Ventilator, die Helfer stehen an den wichtigen Punkten weit verteilt und der Mensch an der Topleine ist schon bald hinter der geblähten Hülle verborgen. Wie sollten da Kommandos weitergegeben werden, wenn nicht durch Schreien.

Es gilt, die Mannschaft zu koordinieren. Mehr nicht. Alle müssen, im wahren Sinn des Wortes, an einem Strick ziehen. Viele Menschen müssen beim Aufbau zwar nicht vertreten sein, mit drei Helfern kann der Pilot bei guten Bedingungen auskommen, sie müssen aber die Handgriffe und die Gefahren kennen. Es geht immer um die Sicherheit der Crew und die des Geräts. Die meterlange Gasflamme des Brenners kann Menschen verletzen, die Hülle beschädigen, sie ist also mit Vorsicht zu genießen. Deshalb ist es alleine dem Piloten vorbehalten, den Brenner zu bedienen.

Die Mannschaft arbeitet zu. Ohne sie gelänge kein Aufbau. Das wissen natürlich auch die Piloten. So sucht sich jeder Ballonfahrer eine Crew, die mit seinen Eigenheiten auskommt. Da ergeben sich manchmal lustige Kombinationen.

Nach der Reise sind die größten Unterschiede im Temperament zu beobachten. Fast alle Piloten gehen erst einmal ein wenig abseits. Die Fahrt und die Landung erfordern größte Aufmerksamkeit. In komplizierten Situationen steigt der Adrenalinspiegel, der Puls geht hoch und dennoch muß Ruhe bewahrt werden. Konzentration trotz Streßsituation. Sich dann allein auf die Erfahrung zu verlassen, wäre sträflich. Zu leicht könnten sich Fehler einschleichen.

Bei Windstille, einer wunderbaren Landewiese und wartendem Verfolger passiert das natürlich nicht. Da wird der Korb sanft hingesetzt, der Ballon bleibt noch eine Weile gebläht, die Crew setzt das Gefährt locker neben den Transporter. Unter Idealbedingungen hat kein Ballonfahrer ein Problem.

Anders wird es, wenn die Bedingungen eng werden. Der Wind frischt auf, unten ist ein nahezu geschlossenes Waldgebiet in Sicht und die letzte Gasflasche ist angebrochen. Vor dem Wald geht noch eine Hochspannungsleitung vorbei und rechts und links der Wiese drohen Stacheldrahtzäune die Hülle zu zerreißen. Vom Verfolger ist natürlich weit und breit nichts zu sehen. Da geht dem Piloten der Puls hoch und er muß gelernt haben, mit seinem Streß umzugehen.

Natürlich wird der geübte Pilot den Ballon und die Fahrgäste auch jetzt noch heil herunterbringen. Dann aber, die Mitfahrer beginnen schon, die Hülle zusammenzulegen, ziehen sich viele Piloten zurück.

Franz setzt sich auf einen großen Stein und sieht in die Luft. Langsam, ganz langsam läßt die Anspannung nach. Langsam, ganz langsam beruhigt sich der Kreislauf. Die Muskeln entspannen sich. Ruhe kehrt ein.

Ton geht dann oft Blumen pflücken. Die schenkt er dann später seiner Frau. Als gelernter Gartenbauarchitekt schreitet er durch die Wiese, kennt jede Blume mit Namen, pflückt sie, stellt Sträuße zusammen.

Piloten sind einsam. Nicht alleine, einsam. Niemand kann ihnen ihre Verantwortung abnehmen. Nur wenige der Mitfahrer können die Schwierigkeiten der Fahrt und der Landung erkennen. Helfen können sie ohnehin kaum. Es ist nicht wie auf einem großen Schiff, bei dem der Kapitän die Kommandos gibt, die dann andere ausführen und so dem Chef den Kopf für weitere Anweisungen freihalten. Beim Ballonfahren gibt der Pilot die Anweisungen und führt sie auch gleich aus. Theorie und Handwerk gehen unmittelbar ineinander über. Das hat Vor- und Nachteile. Der Vorteil: Zeitverzögerungen und Mißverständnisse gibt es nicht. Der Nachteil: Einen Rat, eine zusätzliche Information, Warnungen vor »Nicht-Gesehenem« gibt es kaum. Die Passagiere sind zu diesem Zeitpunkt meist mit sich selbst beschäftigt.

Übrigens Passagiere: Die gibt es ja auch noch. Auch sie unterscheiden sich. Da sind die »Neuen«, jene, die noch nie gefahren sind und die »Alten«, die ein wenig Erfahrung haben.

Bevor die Fahrt losgeht, laufen die »Neuen« mehr oder weniger aufgeregt herum. Sie fürchten, sie könnten die Fahrt verpassen und wenn sie irgendwo helfen, könnten sie etwas kaputt machen. Dann klettern sie mit einiger Mühe in den Korb und haben zuerst ein leicht mulmiges Gefühl im Bauch. Die Stillen schweigen und schauen, einige erzählen wild vor sich hin, verstecken die eigene Nervosität. Aber auch die werden irgendwann mal still. Dann gibt es ein bißchen Geschiebe im Korb. Der Pilot prüft Ausrüstung, Steuerseile, Brenner und Hülle noch einmal nach. Dazu muß er sich im Korb bewegen. Draußen hängt die Crew, scheinbar gelangweilt, am Korbrand und hindert das Gefährt daran, frühzeitig loszupreschen. Dann quakt das Funkgerät, der Pilot spürt den leisen Wind um die Nase und läßt die Flamme in die Hülle blecken. Wer jetzt glaubt, es ginge endlich los, der irrt. Jeder der Piloten hat nämlich seine eigene Technik, den Punkt zu bestimmen, »wann der Ballon gerade eben so die Last trägt,« Lift bekommt. Einige hüpfen leicht auf der Stelle. Andere schütteln den Korb leicht. Dann: Die Tragseile beginnen sich zu straffen, der Korb dehnt sich ein wenig, die Weide knarrt. Oben an der Hülle, die Passagiere im Korb aber können das nicht sehen, schneiden die Lastbänder leicht in die runde Form ein. Es wirkt, als hole der Ballon tief Luft, bevor er die Erde verläßt.

Auch die Passagiere holen jetzt tief Luft. Alte und Neue. Kaum aber hat der Korb die Berührung mit dem Boden verloren, kommt die Entspannung. Wenige Meter über dem Boden muß dann irgendwie die Spannung raus. Irgendwie müssen sich Menschen wohl äußern, wenn sie loslassen. Dann wird gebrüllt. »Juchu!« und was auch immer. Nur laut muß es sein. Es muß raus. Warum eigentlich?

Vielleicht müssen wir uns erst an die neue Situation gewöhnen. Vielleicht müssen wir den »Luftraum« erobern, ihn für uns selbst gewinnen. Erst aber muß wohl das Hemmende heraus. Deshalb schreien wir erst mal herum wie kleine Kinder. Vielleicht sind wir das auch, vielleicht würden wir das auch gerne wieder sein. Glücklicherweise sind wir ja weit weg von Fremden, wir sind unter anderen, denen es ebenso ergeht. Sogar der Pilot hat gebrüllt. Wunderbar, dann können ja auch wir diesem Druck nachgeben.

Nach dem »Juchu!«, oder was auch immer, sind wir dann viel stiller geworden. So schnell geht das. Jetzt erst können wir in Ruhe hinunterschauen. Aber da geht es steil abwärts. Das ist gewöhnungsbedürftig. Also schauen wir erst einmal in die Horizontale.

Da sind noch weitere Ballone. Klein wie Spielzeug die einen, andere ganz nah. Und dann, direkt unter uns, furchtbar dicht, noch ein anderer Ballon. Schön bunt, wunderbare Farben, aber viel zu dicht.

Da wäre es doch an der Zeit, ihm einfach mal Bescheid zu sagen. Der Pilot aber würdigt ihn nur eines knappen Blickes. Wie kann es kommen, daß dieser Mensch nicht darauf reagiert, nicht im Funk herumschreit, der andere möge sich entfernen? Aber er bleibt gelassen.

Im Pulk zu fahren, ist für Anfänger gewöhnungsbedürftig. Aber auch spannend. Glücklicherweise ist man als »Mitfahrer« für die Sicherheit nicht verantwortlich. Sonst müßte man ja nervös werden. Ein wenig nervös darf man aber werden. Und irgendwann kommt des Rätsels Lösung. Da geht der Pilot gemächlich ans Funkgerät, setzt seine Kennung ab und fragt den Nachbarballon, ob über ihm der Luftraum frei sei. »Kein Problem«. Die Antwort ist knapp und nun geht's aufwärts. Endlich wurde in diesem Punkt unsere Unklarheit beseitigt. Es wird nicht die Letzte sein. Da entschließen wir uns, noch öfter in den Ballonkorb zu steigen. Der B-Virus zeigt seine Symptome. Wieder einmal.

Es gibt Menschen, die können nur schwer auf einem Balkon stehen und hinunter auf die Straße sehen, ohne ein beklemmendes Gefühl zu bekommen. Leichter Schwindel und manchmal auch ein wenig Übelkeit stellt sich ein. Und immer ist das Gefühl: Gleich bricht das Geländer und man stürzt hinab in die Tiefe. Das ist kein besonders angenehmes Gefühl.

Es gibt Menschen, die haben dieses Gefühl auch beim Ballonfahren. Sie werden es nie los, nie verläßt sie diese Angst. Diese Menschen sind zu bedauern, denn sie werden das »Erlebnis Ballonfahren« nicht genießen können. Sie können aber von unten zuschauen und sich an den fragilen Laternen am Himmel erfreuen.

Die meisten aber werden dieses flaue Gefühl bald verlieren. Wir haben lange darüber nachgedacht, warum wir im Korb das Schwindelgefühl verlieren. Genau beantworten können wir das auch nicht. Vielleicht liegt es daran, daß wir den Kontakt mit der Erde abbrechen, langsam loslassen, die Vorstellung am Boden zu stehen, verlieren. Man muß sich darauf einlassen, »mental« wie die Sportler sagen. Man muß es einfach geschehen lassen.

Am Anfang, aber das ist schnell überwunden, besteht immer noch die Angst der Korb könne brechen. Davon aber wurde noch nie berichtet. Es passiert zwar einiges beim Ballonfahren, Körbe aber brechen nicht. Dazu sind sie zu stabil verarbeitet. Rausfallen kann man auch nicht, dazu ist das Bord zu hoch. Man kann sich höchstens die Haare ansengen.

Damit wären wir wieder bei den Mode-Models vom Anfang. Was nämlich soll man anziehen?

Die elegante Designer-Jacke und das »kleine Schwarze« sind leider ebenso ungeeignet wie der Winterpelz. Morgens, ist es meist noch recht kalt. Zwar ist das Aufrichten eine schweißtreibende Angelegenheit, aber man holt sich so zwischen Schwitzen und Frieren leicht eine Erkältung. Deshalb sollten er und sie sich darauf einrichten. Jacke und Hose, auch Röcke sind also ungünstig, sollten auch nicht gerade fabrikneu sein. Manchmal macht man sich schon ein wenig schmutzig. Und weil wir schon dabei sind, die Schuhe sind besonders wichtig. Sie sollten stabil sein und warm und die Füße des Trägers schützen. Es muß ja nicht gerade die letzte Generation von Springerstiefeln sein, obwohl schon mancher bei härteren Landungen froh war, stabiles Schuwerk getragen zu haben. Die Schuhe müssen dann nämlich Knöchel und Füße des Trägers vor dem harten Schlag schützen. Vor der Landung wird der Pilot ohnehin seine Gäste darauf aufmerksam machen, leicht in die Knie zu gehen und die Landung abzufedern. Steif wie ein Ladestock darf niemand im Korb stehen. Aber warum sollte man das auch?

Also: Edelklamotten sind bei der Reise ungünstig. Piloten tragen oft einen Overall. Der ist günstig für die Arbeit, schützt vor Kälte und – aber das hören die meisten nicht gerne – er dokumentiert auch gegenüber anderen die Zugehörigkeit zum Team. Denn stolz darauf, Ballonfahrer zu sein, sind sie alle. Aber lassen wir diese kleinen Eitelkeiten.

Eine Mütze ist sinnvoll. Der Brenner befindet sich nämlich, das betrifft besonders lange Menschen, direkt über den Köpfen. Manchmal wird es dann warm um die Ohren. Aber dagegen kann man ja was machen. Im Winter und bei unruhigem Wetter, und weil man dies im vorhinein ja nie wissen kann, also eigentlich immer, sind Handschuhe sinnvoll. Manchmal hinterläßt eine wilde Schleiffahrt Schrammen an den Händen. Aber auch dagegen kann man sich schützen.

Zu warm sollte die Kleidung nicht sein. Im Winter aber sollte auch daran gedacht werden, daß irgendwann die Reise auch mal zu Ende geht. Dann ist der Ofen über dem Kopf gelöscht, die Sonne versinkt hinter dem nächsten Hügel und es wird bitter kalt. Denn wie gesagt: Nicht immer ist der Verfolger mit dem wärmenden Mantel gleich zur Stelle. Ein wenig Nachdenken aber reicht völlig aus. Kurzum: In Bekleidungsfragen sind Ballonfahrer relativ offen.

Wichtig aber ist, das Einfachste nicht zu vergessen: Kleidung schützt nicht nur vor Kälte und Sonne, sie schützt auch vor Schrammen und Prellungen. Deshalb sind T-Shirt, Badehose und Turnschlappen zum Ballonfahren ungeeignet.

**Auch die Prominenz gibt sich ein Stelldichein: Roger Moore, alias James Bond, zusammen mit der russischen »Miss World« des Jahres 1994.**

Was aber lernen wir daraus? Ballonfahren ist keine Modenschau. Das schönste bei den Festen sind immer noch die Ballone. Das sollten sie vielleicht auch bleiben.

Bei dem Festival in der Rhön hat ein Fernsehteam des Hessischen Rundfunks so seine eigenen Erfahrungen mit Kleidung gemacht: Der Beginn des Festes war eher naß. Es regnete ohne Unterlaß. Die Kollegen vom Hörfunk waren da und berichteten über den Regen und so langsam versank der schöne Startplatz im Matsch. Darauf war natürlich niemand eingerichtet. Die Schuhe begannen einen erdfarbenen Ton anzunehmen, die Hosen auch und die Regenjacken wurden plötzlich auch von innen feucht. Im Zelt der Piloten kamen die Interessierten zusammen, um zu vernehmen, daß allein in Bischofsheim Regen fiel, drumherum aber die Sonne schien.

Das war jetzt sehr schade, denn eigentlich waren ja alle gekommen, um hier mit den Ballonen aufzusteigen. Schließlich hatte der Wettergott aber ein Einsehen. Die Wolken verschwanden, der Nieselregen hörte auf und die Menschen kamen aus dem Festzelt, um endlich Ballone zu sehen.

Das gute Wetter hatte sich dann auch schnell herumgesprochen. Ab Gersfeld brach der Verkehr zusammen, in der Stadt Bischofsheim war kein Durchkommen. Alle blieben stehen und wollten Ballone sehen. Nur ein paar Autofahrer sollen sich aufgeregt haben, die hatten wohl nicht den rechten Zugang zu dieser Sportart. Aber noch am Ende des Festivals liefen die Menschen mit verschmutzten Schuhen und erdfarbenen Hosenbeinen herum. Wir haben daraus gelernt. Das nächste Mal nehmen wir einfach Gummistiefel mit. Vielleicht die, die bis zur Hüfte reichen.

Jetzt aber ist die Bekleidungsfrage wirklich geklärt. Jetzt sind wir also bei den Zuschauern gelandet. Irgendwie vertrauen auch sie sich dem Wind an. Ein wenig passiv zwar, aber das Schicksal teilen sie mit den Ballonfahrern. Der klassische Zuschauer steht unten, blickt hinauf zum Ballon und träumt davon, auch einmal mitfahren zu können. Welche Gefühle mögen ihn wohl bewegen? Hat er Angst vor diesem großen Ding dort oben, wie mögen seine Träume aussehen? Zu schweben wie ein Vogel, wie im Hubschrauber, oder so wie es Kinder im Traum können. Ein paar von uns können sich diese Träume erhalten, schweben auch später noch unter den Wolken.

Wie kommt es, daß sich völlig unterschiedliche Menschen mit den verschiedensten Berufen, den eigenartigsten Träumen, passiv oder aktiv dem Ballonfahren widmen?

Der Traum ist uralt, vielleicht sogar so alt wie die Menschheit. Dädalos soll Flügel für Menschen erfunden haben, Leonardo hat Flugmaschinen gezeichnet, das Fliegen in der Luft aber blieb Göttern und Engeln vorbehalten. Die längste Zeit wenigstens.

Die ersten Versuche in Frankreich mit heißluftgetriebenen Ballonen zu fahren, lockten Tausende auf Straßen und Plätze. Noch war die genaue Funktionsweise unklar. Die Erfinder glaubten, der Rauch, möglichst schmutziger Rauch, trage den Ballon. Daß es die hohe Temperatur der Luft war, wurde erst später entdeckt. Damals hatte das Schauspiel noch etwas mit Lebensgefahr für die Passagiere zu tun. Aufregend war die Angelegenheit und so manche Katastrophe unterstützte diese Meinung. Tatsächlich waren die ersten Versuche auch Spiele mit dem Tod. Viele sind verunglückt. Aber, sie wollten es den Göttern gleichtun, gleichgültig wie hoch der Preis sein sollte.

Heute wird darüber nicht mehr nachgedacht. Über das: Es den Göttern gleich zu tun. Warum aber ist der Traum so wichtig gewesen, was reizt uns daran zu schweben, durch die Lüfte zu fahren?

Für jeden von uns mag die Faszination anders sein. Es gibt verschiedene Standpunke, Überzeugungen, Sichtweisen. Und dabei ist es noch nicht einmal wichtig, ob man sich in den Korb begibt oder unten bleibt. Mit mentaler Verfassung hat diese Faszination nichts zu tun, eher schon mit Mentalität, mit Charakter, mit Bescheidenheit gegenüber der Natur.

Denn wie kein anderer Luftfahrer ist der Ballonist eben dieser Natur ausgesetzt. Der Flugzeugpilot zieht den Gashebel und dann interessiert ihn Windrichtung und Außentemperatur nur noch wenig. Selbst der Segelflieger kann, aufgrund moderner Technik, kurzfristig Wind und Wetter »überlisten«. Der Ballonfahrer kann das nicht. Er kann sich nur darauf einlassen, kann nur akzeptieren.

Durch Jumbo-Jets und Ferienflieger sind wir verdorben. Wir fliegen von A nach B. Wir bewegen uns ohne Unterlaß. Wir sind häufig in der Luft, klimatisiert und wohl betreut. Stewardessen sind da, ein ganzer Stab steht uns zur Verfügung. Und jetzt gehen wir einfach so in einen schlichten Ballonkorb. Keine erlesenen Speisen, keine Getränke und die Gang-Way fehlt auch. Ein wenig »verrückt« sind wir schon.

Die Schlichtheit der Beförderung sagt noch nichts aus über ihre Qualität. Der Ballon ist eine der wenigen Möglichkeiten »Bodenhaftung« zu verlieren. Aber Zweck des Fahrens mit dem Ballon ist nicht von A nach B zu kommen. Ballonfahren hat keinen Selbstzweck. Nur einen Sinn. Und der beruht darin, sich selbst zu erkennen.

Oberflächliche Beobachter meinen jetzt: Nun spinnt er und erzählt die »Geschichte vom Pferd«. Einfach nur so, um Zeilen zu schinden, das Buch voll zu bekommen, allein um Geld zu verdienen. Der Meinung kann man natürlich sein. Sie ist jedoch unzutreffend.

Ballonfahren ist nicht allein eine physikalische Angelegenheit, nicht allein das Spielen mit dem Wind. Es ist eine Frage der Philosophie. Zugegebenermaßen ein starkes Wort. Ballonfahren aber ist auch eine »einfache«, eine »bescheidene« Sache. Nur schwer zu erklären. Wir wollen darüber nachdenken und die Menschen, die es machen, nicht aus den Augen verlieren.

Erkenntnis über uns selbst ist eine feine Sache. Aber man muß sie erst einmal erlangen. Und da soll es Leute geben, die hierfür einen Psychiater brauchen. Vielleicht sollten sie Ballon fahren. Aber das Wichtigste wird ihnen fehlen. Ballonfahren geht nicht im Eiltempo, dafür braucht man Zeit, man muß sich »einlassen«.

»Einlassen«, das Wort, das in diesem Abschnitt häufig gebraucht wurde. Und natürlich meinen wir auch etwas damit. Das vielleicht Schwierigste, was wir geben können. Nämlich: loslassen, annehmen, lernen, erfahren. An allen Erfahrungen vorbei, an Negativem und Schlechtem. An Überkommenem. Wir wollen lernen. Erfahren. Erleben.

Wir erfahren Grenzen. Wir überschreiten sie. Wir leben in Grenzbereichen dahinter. Wir fahren in der Luft. Das ist leicht. Die Philosophie des Dahinter-Seins ist dagegen schwer zu fassen. Sie überfordert uns. Piloten und Mitfahrer.

Buchautoren haben es da leichter als »Nichtschreiber«. Sie müssen sich quasi berufsmäßig mit solchen Phänomenen beschäftigen. Mit einer Philo-

**Ballonfahrer halten mit ihrer Besessenheit gewöhnlich nicht hinter dem Berg.**

sophie. Vielleicht können ja sogar Autoren aus ihren Büchern lernen. Auch wenn sie Gedanken nur anreißen, nicht »fertigdenken« können.

Deshalb ist das Fahren mit dem Wind eine Sache, es den »Göttern gleichzutun«. Das Fahren ist in seiner Konsequenz nur schwer zu begreifen. Menschen sind nicht darauf eingerichtet, sich in die Luft zu erheben, davonzuschweben. Keine »Balken unter sich zu fühlen«. Ballonfahren ist eine Kunst. Nicht etwa, weil es so schwer ist, es zu tun. Viele können es lernen. Nur wenige aber können es begreifen. Viele beherrschen die Technik. Wenige nur können es verkraften.

Ich kenne nur ein paar Ballonfahrer, die sich darüber Gedanken machen. Die aber haben die Lust an Wettbewerben, an Siegen, an Erfolgen verloren. Sie haben es nicht mehr nötig. Darüber sind sie hinweg. Ballonfahren ist eine Kunst. Die nämlich, sich selbst zu verstehen, zu begreifen, was es bedeutet Grenzen zu überschreiten, die uns allen anscheinend bindend vorgegeben sind.

So sind diese Ballonfahrer, auch wenn sie mal laut werden, meist stille Menschen. Oft in sich gekehrt, der Natur sehr nahe. Sie kommen nicht selten aus Berufen, die viel mit eben dieser Natur zu tun haben: Gärtner und Schiffskapitäne, Ingenieure und Bauern. Und auch die, die mit der Natur beruflich nichts zu tun haben, die Kaufleute, Bankangestellten und Handwerker, auch sie bekommen einen anderen Zugang. Sie verändern sich, finden ein anderes Selbstverständnis. Natürlich muß bezweifelt werden, daß es allen so ergeht. Die aber , die Bescheidenheit nicht erfahren, sie sind zu bedauern. Sie haben die Hohe Kunst des Ballonfahrens einfach noch nicht begriffen.Es ist einfach ein Buch zu machen, das die Techniken des Ballonfahrens be-schreibt. Es ist einfach sich über Luftströmungen und Bauarten auszulassen.

Menschen zu beschreiben, macht dagegen Probleme. Die Hintergründe zu schildern ist schwer. Vielleicht kann man nicht von jedem und jeder verlangen, Ballonfahren in diesem Sinn zu verstehen. Vielleicht auch sehen wir alles viel zu kompliziert. Gedanken aber dürfen manchmal auch kompliziert sein.

33
CHATEAU-D'OEX
CAMERON
BRISTOL ENGLAND

# Betrachtungen

Unterwegs im Ballon beginnt fast jeder zu sinnieren – über sich und die Welt oder einfach über das Ballonfahren

Beim Frühstück sehen sie aus wie ganz normale Menschen. Da haben sie ihre Arbeit aber auch bereits hinter sich. Jetzt sind sie zufrieden oder unzufrieden, gelassen oder aufgeregt. Wir haben sie erwischt. Irgendwo draußen auf dem Land. Irgendwo, weitab von den großen Städten. Wir sind in Spanien, Mallorca.

Draußen stehen Fahrzeuge, hintendrauf Ballonkörbe. Davor stehen die aufgeregten Kinder des Dorfes und erzählen sich gegenseitig, was sie eben gesehen haben. Ballone in der Luft. Gondeln am Himmel. Leuchtende Fackeln neben der Sonne.

Jetzt hat die Thermik eingesetzt und, das war das Ende der Reise. Deshalb sitzen sie in der Kneipe neben der Kirche und frühstücken. Männer und ein paar Frauen. Noch sind sie in der Minderzahl, noch haben die Männer einen zahlenmäßigen Vorsprung. Das aber wird sich ändern. Wir sind gerade mitten drin.

Gaby ist dabei. Sie kommt aus Bremen und hat gerade ihren Schein bekommen. Heute ist sie zwar nicht das erste Mal als verantwortliche Pilotin gefahren, aber Mallorca hat seine eigenen Gesetze. Wiesen zum Landen gibt es hier kaum. Wenn überhaupt etwas Ebenes unter den Korbboden kommt, dann sind es Geröllfelder. Meist aber sind es Haine: Olivenhaine, Obstbaumhaine, Orangenhaine, Nadelhölzer. Landen ist hier eine Sache von Millimetern. Zumindest sieht das von oben so aus, wenn der Pilot auf so ein Handtuch zufährt, nebenan eine freundliche Mauer zur Kollision einlädt und weiter hinten der nette Stacheldrahtzaun.

Mit elegantem Schwung wird das Gefährt auf das Handtuch gesetzt, genau in die Mitte versteht sich, und dann wird abgebaut. So einfach ist das. Ist es das? Natürlich nicht. Aber es sieht so einfach aus.

Bevor ein Pilot oder eine Pilotin alleine fährt, hat er oder sie schon eine lange Zeit des Lernens hinter sich. Die Theorie hat man schnell drauf. Dazu muß man nur ein paar Bücher lesen und sie irgendwann auch verstehen. Der praktische Teil dagegen ist schwieriger. Ballonfahren kann man nämlich nicht so einfach lernen wie Radfahren oder das Herumkutschieren mit einem Auto. Ein Auto hat schließlich vier Räder, ein Lenkrad, Gashebel und Bremse. Die Handhabung des Geräts wurde über 100 Jahre lang vereinfacht und automatisiert. Die Straßen wurden besser und an jeder Ecke steht ohnehin ein Wegweiser.

Die sind am Himmel weniger zu finden. Deshalb entwickelt der Ballonfahrer (und natürlich auch die Ballonfahrerin) andere Fähigkeiten. Piloten von kleinen Flugzeugen behaupten immer, sie flögen nicht allein nach ihren Instrumenten, sondern auch mit ihrem Gesäß. Sie benutzen nur ein anderes Wort dafür. Auch der Ballonfahrer fährt mit seinem Gleichgewichtssinn. Stehend im Korb, leicht in die Knie gebeugt, sind die Auf- und Abwärtsbewegungen bei einiger Erfahrung zu bemerken. Dazu muß man natürlich kein Mann sein, Frauen können das genauso. Überhaupt gibt es keine vernünftige Begründung Frauen von diesem Sport auszuschließen. Gewiß, Korb und Hülle sind schwer, aber es soll auch unter den Männern schwache Gestalten geben. Die fahren auch Ballone und es stört niemanden.

So sind die Damen auf den Ballonplätzen einfach da und sie gewinnen auch Preise und Wettbewerbe. Damit hätten wir den vermeindlichen Geschlechterkonflikt also endgültig vom Tisch.

Wir sitzen also in der spanischen Kneipe und frühstücken. Die Patronin residiert hinter der Theke, schneidet Kuchen, bereitet Kaffee und beaufsichtigt ihre Truppe. Die besteht aus einem rund 13 Jahre alten Jungen, der mit sichtlichem Stolz die Gäste aus dem fernen Land bedient. Touristen sind hier nämlich selten, verirren sich kaum ins Landesinnere und wenn sie denn kommen, dann fahren sie hier vorbei. Gegenüber sitzt eine alte Dame, die wohl irgendwann mal in Südengland gelebt hat und hier ihren Lebensabend verbringt. Sie spricht wunderbar Spanisch mit einem leichten Oxford-Dialekt. Gleich neben der Tür ein spanischer Herr, der früher einmal Lehrer gewesen sein könnte. Zwar hat er eine Zeitung vor sich, die Anwesenheit der fremden Gäste aber raubt ihm die Aufmerksamkeit.

Draußen schreien sich die Kinder immer noch die Neuigkeit von den Ballonen entgegen. Die Piloten aber nehmen es nicht wahr. Bei der Landung gab es nämlich ein paar kleine Probleme. Der SAAB-Ballon mußte neben einer Hochspannungsleitung auf engstem Raum landen und der Tiger war bei der Landung auf einen Olivenbaum geraten und hatte sich ein Bodenbrett des Korbes angeknickt. Jetzt waren die Piloten dabei, das Problem zu analysieren. Ihr Adrenalinstoß war wieder verflogen, Kaffee und Brötchen hatten gewonnen.

Sie hatten herunterkommen müssen, Thermik war aufgekommen und hinter dem Landeplatz lag nur unendlich scheinender Wald. Dort zu landen, wäre Unsinn gewesen. Die Plätze waren deshalb die letzte Gelegenheit gewesen. Längst ging es nicht mehr um das zerbrochene Brett, um den knappen Abstand. Jetzt stand zur Debatte, wie kann man beim nächsten Mal eine solche Situation verhindern, wie kann man sich geschickter verhalten.

Piloten sind also keine Jammerlappen, die Brettern und Rissen nachtrauern, sondern Menschen, die es das nächste Mal besser machen wollen. Sie lernen, ihr ganzes Ballonfahrerleben lang. Und wenn sie eines Tages, aus Altersgründen versteht sich, nur noch unten sitzen und beobachten können, auch dann werden sie noch die Fehler der anderen analysieren.

Aber so weit sind wir noch nicht. Wir sind immer noch in der Kneipe. Später wird uns Gaby erzählen, daß sie so ziemlich alles fliegen und fahren möchte, was sich in der Luft bewegen kann. Im Flugzeug sitzt sie schon lange. Inzwischen wurde sie Fluglehrerin und sagt so manchem Aspiranten, daß er es besser lassen sollte. Nicht jeder ist als Luftfahrer und Pilot geeignet. Vielleicht kann man sich das Handwerk aneignen, ein guter Pilot zu sein, bedeutet jedoch mehr.

Viele haben wir getroffen und nicht alle waren gut. Damit ist nicht geübt gemeint, es wird nicht große Erfahrung verlangt, es ist Talent und Fähigkeit. Vielleicht hört es sich profan an, aber zum Ballonfahren gehört eine Portion Demut und Gelassenheit. Wie das?

Ballonfahren stellt von allen Luftsportarten die engste Verbindung mit der Natur. Auch wenn wir es uns eine Zeitlang mal eingebildet haben, Natur läßt sich nicht beherrschen. Wir müssen uns mit ihr arrangieren. Wir können nichts erzwingen. Wir müssen mit und von ihr leben, uns anpassen. Dem Ballonfahrer bleibt nicht die Entscheidung des Wohin-Fahrens, sondern allein das »Wie« und das »Wie weit«. Mehr nicht. Der Pilot kann sich zur Reise entschließen, er kann sie wagen oder er bleibt zu Hause.

Hans Albers hat in seinem berühmten »Fliegerlied« mal die Strophe gesungen: »Piloten ist nichts verboten ...«. Die Zeiten sind lange vorbei in der Luftfahrt. Ein paar kleine Freiräume gibt es noch beim Ballonfahren. Niemandem außer ihnen ist es gestattet, so tief zu fahren, Außenlandungen bei Flugzeugen sind sehr selten geworden. Selbst Segelflieger versuchen heute, dank ausgefeilter Technik und guten Gleiteigenschaften, Flugplätze anzufliegen. Der Ballonist startet, wo er will und landet ebenso. Kleine Freiheiten in einem zugebauten Land.

Vielleicht unterscheiden sich deshalb auch die Typen von Menschen, die diesen Sport ausüben von denen in anderen Flugsportarten. Die, die ihnen wohl am nächsten stehen, sind die Segelflieger. Auch sie unterstehen der Willkür der Natur. Dort aber ist die Technik ausgefeilt, sie können Richtung und Geschwindigkeit ihrer Reise bestimmen. Lediglich um Höhe zu gewinnen, brauchen sie die Unterstützung der Natur. Und dazu brauchen sie Thermik. Eben das, was Ballonfahrer fürchten, wie der Teufel das Weihwasser. Zwei verschiedene Techniken, sich im Luftraum zu bewegen. Die Philosophie jedoch ist ähnlich.

Über ihnen blubbert die Pilotflamme ihr stilles Lied. Unter ihnen rauschte das Meer. Franz Taucher bewegt sich über dem Element, das er früher auch befahren hatte, als Kapitän auf einem großen Schiff. Auch damals den Naturgewalten ausgeliefert. Allein auf Erfahrung und Können gestellt. Auch heute ist das nicht anders. Nur steht er heute höher als damals auf der Brücke. Weit entfernt rauscht die Großstadt in scheinbarer Monotonie. Hier draußen sind sie alleine.

Die Wellen schlagen merkwürdige Muster ins Wasser. Nie sind sie gleich, immer verändern sie sich. Nichts wiederholt sich. Das Blickfeld schränkt sich ein auf eben diese Muster. Scheinbares Chaos wird zu einem zusammengehörenden Ganzen. Das Meer. Wellen inmitten von Wellen. Sie überlagern sich, brechen, stoßen gegeneinander. Spiele des Zufalls. Muster, die wir nicht begreifen können. Zu kompliziert sind die Zusammenhänge.

Es ist schade, daß die verschiedenen Luftstömungen, die verschiedenen Geschwindigkeiten, die verschiedenen Luftdrücke, die verschiedenen Richtungen des Windes nicht unterschiedliche Farben und Muster tragen. Vielleicht könnten wir dann besser verstehen, was Wetter ist.

Aber vielleicht können wir es uns einfach vorstellen. Unten, in Dunkelblau, dichte, kalte Luft, die von den Bergen kommt. Dazwischen, gelb vielleicht, eine Querstömung. Sie kommt über die Stadt am Ufer herein. Und dann, in der Höhe des Ballons, rote Schichten. Sie kommen vom Meer. Aufgeheizt von der wachsenden Kraft der Sonne. Wie feine, durchsichtige Nebel ziehen sie in ihre vorbestimmten Richtungen.

**Nächste Seite: Ballone über Petra, Mallorca. Die elektrischen Leitungen werden von den Piloten sehr genau im Auge behalten.**

An den Stellen, an denen sie sich berühren, entstehen feine Verwirbelungen. Richtungen und Temperaturen beginnen sich anzupassen. Unruhige Räume in denen keine Sicherheit besteht über Temperatur und Windrichtung. Dünn sind diese Zwischenschichten. Luft aber ist überall.

Und nun versuchen wir die Regeln zu begreifen, die das Chaos regieren. Entfernen wir uns weiter nach oben, dann sehen wir Wirbel. Hoch und Tiefdruckgebiete. Millionen von Faktoren, die sich gegenseitig beeinflussen, die, jede für sich, Veränderungen bewirken. Und vielleicht beginnen wir ganz langsam zu begreifen. Dann aber fällt in Moskau eine Schaufel um und alles wird anders. So entsteht Wetter. Und deshalb sind Vorhersagen »Glücksache«.

Mit und von dieser »Glücksache« lebt der Ballonfahrer. Von Wind, Temperatur, von Wetter eben. Wenn er diese Zusammenhänge sieht – verstehen kann er sie ohnehin nicht – dann ergreift ihn Demut. So war das zu verstehen.

So stellt sich die Frage, was sind das für Menschen, die Ballon fahren.

Sie müssen also die Natur akzeptieren und viele von ihnen kommen auch aus Berufen, die mit der Natur zu tun haben. Ton Kurvers ist Landschaftsgärtner, Franz Taucher war Seefahrer. Andere sind Ingenieure und Piloten. Bei aller Technik mit der sie täglich zu tun haben: im Vordergrund steht die Natur.

Hinter dem Haus von Franz Taucher ist ein großer Garten. Ton Kurvers lebt in einem alten Wasserschloß kurz hinter der holländischen Grenze. Und dann streifen sie durch die Natur und betrachten den Wechsel der Jahreszeiten.

Das Wasser ist inzwischen unter dem Ballon weitergezogen. Unten taucht eine kleine Boje auf. Ein kleines Glöckchen, betrieben von den Wellen den Meeres, signalisiert den Seefahrern die Gefahr einer Untiefe. Hier oben aber gibt es keine Gefahrenzeichen und Wegweiser. Der Luftfahrer muß seinen Weg ohne diese Hilfsmittel finden.

Abends im Ballonfahrerzelt beim Festival in Bischofsheim, saßen sie zusammen und sahen sich Videos an. Von Ballonfahrten versteht sich. Die einen tranken ein Bier, um später besser einschlafen zu können, die anderen Limonade. Sie hatten ein wenig Suppe gegessen und wollten bald in die Quartiere gehen. Im Zelt nebenan spielte eine Blaskapelle »Dicke Backen Musi«. Hier waren die Menschen ausgelassen und tranken viel. Auf den Bän-

remiere
Prem

SAAB
CARRER
LA NIÑA

ken, an den Tischen schunkelten sie im Takt und ein Gassenhauer jagte den anderen. Als im Ballonfahrerzelt schon lange das Licht gelöscht war, feierten die anderen immer noch.

Noch heute ist mir unklar, ob ich zu spät ins Bett gegangen, oder zu früh aufgestanden war. Irgendwie war ich müde. Das war aber nicht in Bischofsheim, sondern in Nevada. Draußen war es stockfinster und trotzdem hatte irgendwer an der Türe gerüttelt, es sei nun Aufstehenszeit. Als Berichterstatter in Sachen Ballon muß man sich aber an nachtschlafende Zeiten gewöhnen. Also freudig aufgestanden und an den Ort der Tat geeilt, zu berichten was wundersames sich ereignen möge. Das mit dem »freudig« war ein wenig übertrieben.

Man kann schon ahnen, daß im Osten bald die Sonne aufgehen wird. Niemand aber hat ein Auge dafür. Mit geübten Griffen wird der Korb vom Pick-Up heruntergezogen, die Hülle ausgelegt, der Ventilator herangebracht. Fast unmerklich hebt sich nun der schwarze Asphalt der Landebahn von der Wüste ab. In der Entfernung, undeutlich wie Gespenster, Kakteen und niedrige Büsche. Scheinwerfer schneiden wie Messer hinein die Dunkelheit, beleuchten ein Detail um danach weiterzuhuschen.

Fahles, blaues Licht liegt über dem Land. Weit weg heulen Kojoten ihren schaurigen Gesang. Der Wind ruht. Keine Bewegung in der Luft. Die bunte Hülle des Hilton-Ballons liegt nun ausgebreitet, der Ballonmeister kontrolliert noch einmal die letzten Details vor dem Anblasen und dann hören alle auf zu arbeiten. Niemand bewegt sich mehr, es scheint, als sei die Zeit eingefroren.

Der Bergkamm im Osten bekommt einen zarten, rosa Saum. Der Himmel darüber wird tief rot. Dann, wie mit einer Nadel in Papier gestochen, ein winziger Punkt mit ungeheurer Leuchtkraft. Hier lodert das Feuer, das unser Leben hervorbrachte und erhält. Die Sonne geht auf. Nun scheint der ganze Bergkamm zu brennen. Die Schatten kleiner Büsche wachsen. Gräser scheinen den Boden ins Unendliche hinein zu schwärzen. Der obere Teil der Sonne ist zu sehen, vertreibt das Frösteln aus den müden Gliedern, leuchtet hinein bis ins Innerste. Wie ein Rad steht sie nun über dem Berg. Der Tag hat begonnen.

»Das Geschenk Gottes«, sagt einer, »jeden Morgen«. Und dann knattert der Ventilator, ruft der Ballonpilot Kommandos.

Die Männer, die hier arbeiten, sie wären in der Großstadt verloren. Hier sind sie Cowboys, Hubschrauberpiloten, Mädchen für alles. Manchmal reiten sie durch unwegsame Wüsten, dann wieder fahren sie komplizierte Maschinen. Ihre Werkzeuge sind unterschiedlich, Archaisches neben High-Tech. Und am wohlsten fühlen sie sich, wenn sie draußen sind und dem Gesang der Natur lauschen können. Arbeiter auf einer Ranch.

Wir kommen aus Städten. Natur ist uns entfremdet. Wir kennen sie in erster Linie aus Kühlregalen und Milchtüten. Wir kennen nur die Übersetzung der Natur in unsere städtische Sprache, die nur so wenig beschreiben kann. Wir kennen eigentlich in erster Linie Technik.

Vielleicht brauchen wir auch deshalb ein technisches Medium, um uns der Natur irgendwie wieder zu nähern. Den Ballon zum Beispiel. Andere nehmen das Auto oder das Fahrrad. Nur wenige schaffen die Annäherung zu Fuß. Langsam. Mit Rücksicht. Durch eigene Muskelkraft.

Vielleicht haben Bergsteiger ähnliche Träume wie Ballonfahrer. Ein leiser Sport, behutsam, beschwerlich auch. Und immer steht die Entscheidung aus, ob das Ziel erreicht werden kann oder nicht? Wenn die Natur ihre Unterstützung versagt, kann gegen sie angekämpft werden, manchmal gewinnt der Streiter. Sein Einsatz aber ist hoch. Er geht Risiken ein. Deshalb Demut. Rücksicht auf sich und seine Umgebung.

Der Ballon steht. Langsam löst er sich vom Boden, wenige Meter nur. Die Mannschaft unten sitzt auf der nun warmen Asphaltdecke. Schaut hoch auf die bunte Hülle, auf den geflochtenen Korb mit dem stilisierten H am Boden.

Von oben sieht man Pünktchen mit der langen schwarzen Fahne des Schattens. Die Menschen werden senkrecht von oben gesehen, sie werden klein durch ihren aufrechten Gang. Kühe, Pferde, Hunde. Sie sind leicht zu erkennen. Der Ablauf ihrer Bewegungen, ihre Farbe, ihre Gestalt definiert sie als Tier. Menschen erkennt man lediglich an dem Abbild ihres Schattens, an dem vergänglichen Begleiter am Boden. Wäre also die Sonne nicht am Himmel sichtbar, Menschen würden kaum auffallen. So ist der Einzelne nur durch seinen Mittler zu finden, er selbst scheint völlig unbedeutend.

Die Landebahn verändert ihre Lage, wird zum schmalen schwarzen Strich unter dem Berge. Die Wüste hat ihn verschlungen. So, wie sie in kurzer Zeit verschwunden sein wird, würde der Mensch nicht immer an seinen Bauten arbeiten. Auch die Kakteen, die wir sehen, werden irgendwann verschwunden sein, die kleinen Büsche, die Gräser. An ihrer Stelle aber werden andere Pflanzen wachsen. Neue Gestalten sich in der Morgensonne erheben, ohne des Menschen Zutun. Hoffentlich ohne sein Zutun. Sonst nämlich könnte es sein, daß nur noch Steine hier Schatten werfen. Und die Natur braucht lange, diesen Schaden zu reparieren. Menschen werden auf dieser Welt zum Weiterbestand nicht gebraucht. Vielleicht sind sie deshalb von höherer Warte betrachtet auch so unscheinbar.

Hoch über uns der Mount Grant. Ein mächtiger Berg. Aber auch er würde klein, könnten wir uns noch weiter von ihm nach oben entfernen. Mit der Distanz gewinnt man den Überblick über das Ganze, sagt die Chaostheorie. Vielleicht ist deshalb der Traum des Menschen so alt, sich in die Luft zu entfernen, Abstand zu gewinnen, Übersicht zu gewinnen, eine höhere Ordnung festzustellen. Und wenn wir uns noch weiter entfernen könnten, dann würden wir unsere eigene Belanglosigkeit registrieren.

Auf diese Höhen aber kommt das Hilfsmittel Ballon natürlich nicht. Die Höhenreise ist dann zu Ende, wenn das Atmen schwerfällt. Die Grenze ist dann erreicht. So müssen wir zu unserer Selbsterkenntnis andere Wege gehen.

Unter uns nun der Walker River. Ein kleines Flüßchen, ein besserer Bach. Forellen leben in ihm

**Nevada, USA: Vorbereitungen zum Start auf einem Wüstenflughafen, der zur Ranch des Hotelkönigs Barron Hilton gehört.**

und andere Fische. Morgens kommen die Kojoten an sein Ufer, um zu trinken. Den Rindern wird das Wasser heute mit Lastwagen gebracht. Früher mußten sie zum Wasser geleitet werden. Die alten Arbeiter aber sagen, es sei umgekehrt gewesen. Die Cowboys seien den Rindern nachgeritten. Die hätten das Wasser selbstständig gefunden.

Neben dem Fluß ist es grün. Als blättriger Pfad schlängelt er sich durch das Tal. Auch dazu haben Menschen nichts beigetragen. Ihr grün ist viereckig, häßlich, technisch. Künstlich angelegte Beregnung macht den Acker gewinnbringend. Hineingezwängt in die Landschaft. Der Bach aber darf noch nach eigenen Regeln durch das Land sprudeln. Immer wieder im Frühjahr verändert er seinen Lauf. So hat sich eine weite Aue gebildet, fruchtbare Erde wird angeschwemmt und weitergetragen. Seit Jahrtausenden ein immerwährendes, gleichbleibendes Gesetz. Auch hier sind die Regeln für uns nicht zu erkennen. Wie beim Wetter.

Man nennt es wohl »ordentlich«. Das, was Menschen in langer Mühe angelegt haben. Generationen mußten daran arbeiten und werden es auch noch länger müssen. Die Ranch, ein großer landwirtschaftlicher Betrieb. Ein Unternehmen, das Geld zu erwirtschaften hat. Unter uns liegen die Ranchhäuser. Ein kleines Dorf. Denkt man sich die modernen Fahrzeuge weg, so könnte es auch vor 100 Jahren hier ausgesehen haben. In diesem Landstrich sind Veränderungen leise. Weil die Menschen hier es so wollen. Weil sie ihre Natur lieben. Ein ideales Gebiet, im Ballon zu meditieren.

Vielleicht es es ja das, was Ballonpiloten immer wieder suchen. Die Meditation. Die Möglichkeit, Abstand zu gewinnen. Gewiß, da gibt es auch einige, die wollen Ruhm und Ehre, jagen mit Ballonen dem Geld nach, vermieten den Abklatsch einer Illusion im Sammelpack. Sie werden die Faszination des Fahrens mit dem Wind nicht erleben. Sie werden nur Geld verdienen.

Ton sitzt an seinem Schreibtisch und malt Ballone. Er soll für Horst Wahl in Fulda einen Entwurf machen. Horst will sich einen Ballon zulegen. Der Ballon soll an vergessene Kinder in aller Welt erinnern. Wer mitfahren will, soll dafür Geld spenden. Das soll dann an Hilfsorganisationen weitergegeben werden.

Ton denkt lange nach und dann kommt ihm eine Idee. Der Weltballon. Heute fährt er in Europa Geld für Kinder ein. Horst war von der Idee sehr angetan und weil die beiden inzwischen auch freundschaftlich verbunden sind, sieht man den Weltballon von Horst und Tons Kinderballon häufig zusammen für einen guten Zweck fahren. Vielleicht muß man sich entfernen, um andere besser erkennen zu können.

**Meisterhaft: Punktlandung auf der Ladefläche eines Pick-Up.**

Freude teilen: Sie sind nicht reich, aber sie nehmen sich Zeit. Alleine könnten sie keinen Ballon kaufen und unterhalten, zusammen aber sind sie stark. Ballonfahren im Verein. Inzwischen wissen wir, Ballonfahren ist ein Mannschaftssport. Selbst wenn irgendwer das Geld hätte, er müßte noch viel mehr davon haben, um sich seine Crew einkaufen zu können. Das können nur wenige.

Für jeden Interessenten am Ballonfahren ist deshalb ein Ballonverein eine gute Adresse. Da kann erst einmal getestet werden, ob über das Interesse am Mitfahren hinaus auch der Wunsch ein Pilot zu werden kommt. Vielleicht wollen einige ja gar nicht die Verantwortung für Passagiere und Gerät übernehmen, vielleicht wollen einige nur am Rande mitarbeiten, weil ihnen »noch« die Zeit fehlt. Einige wollen auch nur zuschauen. Ein paar aber werden übrig bleiben, die wollen »es« lernen.

Wir wissen, lernen kann man alles, Talent zu haben ist dagegen ein Geschenk. So klemmen sich die Neulinge normalerweise hinter einen »alten Hasen«. Und weil so ein Verein ja meist mehrere alte Hasen hat, kann man sich den sympathischsten einfach aussuchen. Nach einer gewissen Zeit wird sich ein Vertrauensverhältnis bilden. Der Lehrer vertraut dem Schüler, der Schüler nimmt den Lehrer an. Irgendwann darf dann der Schüler die Handschuhe anziehen und den Ballon »fahren«. Lehrer oder Lehrerin wird zwar noch neben ihm stehen, genauso aufgeregt, wie der Schüler, aber nur eingreifen, wenn es unbedingt sein muß. Die erste eigene Fahrt ist halt die zweitschwerste.

Richtig alleine gelassen ist der junge Pilot und die junge Pilotin bei der ersten Alleinfahrt. Sie sind wirklich alleine. Keine Gäste, keine Lehrer, kein Prüfer. Völlig alleine. Nur das Funkgerät schafft eine kleine Verbindung zu den anderen. Die aber fahren natürlich unten mit und der Lehrer hat wohl den größten Bammel vor dieser Fahrt. Sicher kann er sich noch an seine erste eigene Fahrt erinnern. Handlungen, die bei ihm normalerweise völlig automatisch kommen, jetzt ruft er sie sich einzeln in Erinnerung, gibt Kommandos, die die oben natürlich nicht hören können: Jetzt mußt Du dies tun, und nun das!

Irgendwo, auf einem schönen Platz, bei gutem Wetter und wenig Wind setzt der Korb sanft auf. Parachute gezogen, die Hülle neigt sich behäbig zur Erde, die heiße Luft entströmt, die erste Alleinfahrt ist zu Ende. Wie die wilde Meute kommt dann der halbe Verein um die Ecke, zu gratulieren, sich zu freuen und zu helfen. Die Welt hat einen Piloten mehr.

Eigentlich ist es ja komisch: Nie haben wir nachgefragt, ob so ein frischgebackener Pilot, die junge Pilotin noch einmal getauft werden muß. Schließlich haben sie mit der ersten Alleinfahrt die »höheren Weihen« erhalten, wurden aufgenommen in die große Familie der Ballonfahrer. Wir werden da mal nachfragen müssen.

# Wenn einer eine Reise tut...

Ballonfahren ist international und Freunde finden sich überall

Viel hatten wir von der Schönheit Südafrikas vor unserer Reise gelesen und gehört. Die Naturschönheiten, die Parks mit den vielen wilden Tieren, den Big Five: Löwe, Elefant, Nashorn, Giraffe und Flußpferd. Von den phantastischen Sonnenauf- und untergängen, der Freundlichkeit der Menschen.

Aber wir waren auch gewarnt worden. Nach der Öffnung des Landes, der Möglichkeit des freien Reisens, der steigenden politischen Vernunft, habe auch die Kriminalität stark zugenommen. Besonders in der Nähe der großen Städte wie Johannesburg, Kapstadt, Durban oder Port Elizabeth heiße das, seine Sachen gut festzuhalten und nicht etwa mit großen Kameras durch die Gegend zu spazieren. Die aber hatten wir ja dabei und brauchten sie auch. So nahmen wir unsere technischen Geräte immer mit, sogar nachts ins Bett, steckten das Geld in den Strumpf und beförderten den Paß in einer Gürteltasche.

Auf dem Weg von den Pilanesbergen nach Bethlehem begleitet uns Eleonore, eine südafrikanische Ballonfahrerin, die wir schon im österreichischen Filzmoos kennengelernt hatten. Aus Sicherheitsgründen meinte auch sie, sei es besser zusammen zu reisen. Kurz hinter dem Hotel Sun City wartete sie an einer Straßenkreuzung auf uns, dann eilte sie mit ihrem Auto unserem Bus mit dem Ballonanhänger voraus.

Die Reise führt durch eine schöne, abwechslungsreiche Landschaft, dann nähern wir uns dem Gebiet um Johannesburg.

Immer wieder fahren wir an leuchtenden, gelb-

**Wilder Westen über Südafrika: Ballonfahren ist multikulturell und international.**

lich-künstlichen Hügeln vorbei, dem Abraumgestein der über 30 Goldminen vorbei. Schlote qualmen und in der Ferne hängt der Smog aus den Kohleöfen und brennendem Müll aus Soweto.

Wahrscheinlich würde es ohne das Gold weniger Spannungen und Gewalt in Südafrika geben. Denn Gold hat zum Ende des 19. Jahrhunderts britische Begehrlichkeit geweckt und zwei Kriege ausgelöst.

Im Ballungsgebiet von Soweto wohnen inzwischen drei Millionen Menschen in 32 zusammengewachsenen Townships.

Alleine sollte man hier nicht auf Erkundungsfahrt gehen, eine geführte Tour allerdings ermöglicht einen Einblick in die Wirklichkeit.

Hinter uns holpert der Anhänger, vor uns fährt Eleonore als plötzlich unser Motor anfängt zu stottern.

Wir zuckeln noch ein paar hundert Meter über die Straße, dann stehen wir.

Das Benzin ist uns ausgegangen.

Eleonore bemerkt, daß wir nicht mehr folgen können und hält ebenfalls an. Sie steigt aus und kommt an unser Auto.

»Ihr solltet hier das Auto nicht verlassen, mit all euren Kameras«, stellt sie fest. »Zu gefährlich hier, ich werde Sprit besorgen.«

Dann entfernt sie sich.

Wir sitzen im Auto. Draußen ist es ziemlich warm geworden, wir öffnen die Scheiben unseres Busses.

Ein junger schwarzer Mann nähert sich unserem Gespann. Er mustert genau Auto und Hänger, geht um das Auto herum und starrt zu uns herein.

Wir denken besorgt an die vielen Geräte, Fernseh- und Fotokameras an sowie unser Reisegepäck.

Vorsichtig drehen wir die Scheiben etwas höher. Der junge Mann kommt näher.

Ist er vielleicht Vorposten einer Gang, die gleich unsere Sachen beanspruchen wird, fragen wir uns besorgt und drehen die Scheiben weiter hoch.

Der junge Schwarze schaut jetzt noch intensiver durch die Fenster des Busses.

Wir schließen die Scheiben nun völlig und drücken auffällig die Türverriegelungsknöpfe.

Der junge Mann geht hinter das Auto und setzt sich auf den Hänger mit dem Ballon. Das finden wir ziemlich dreist und blicken ihn finster an.

Wir beginnen über einen Fluchtplan nachzudenken. Aber da bleibt das Problem, daß wir kein Benzin haben.

Im Auto wird es immer heißer. Endlich kommt Eleonore mit dem Treibstoff zurück.

Schnell öffnen wir die Tür, ich steige aus und sofort werden alle Türen wieder fest verschlossen.

»Eine merkwürdige Gestalt schleicht um unser Auto«, erzähle ich unserer südafrikanischen Freundin.

Die fängt unvermittelt an sich vor Lachen fast auszuschütten. Verdutzt blicken wir auf Eleonore.

»Der Räuber ist mein Rückholer, den habe ich eigens für Euch zurückgelassen, als Beschützer!«

Die Sache ist uns nun ziemlich peinlich. Angst vor unserem eigenen Wächter. Am Abend sitzen wir alle zusammen. Der junge Mann ist ein Rechtsanwalt aus Namibia, macht gerade seinen Ballonfahrerschein und ist ausgesprochen sympathisch.

Er erzählt uns, wie sehr er sich über die merkwürdigen Deutschen gewundert hat, die so abweisend im Auto saßen.

SCHROEDER
fire balloons

# Die Spannung der Verfolger

Ohne den Verfolger ist eine Ballon-crew lediglich ein verlassener Haufen

Wer von uns hat denn schon einmal im Wagen des Verfolgers gesessen? Das ist doch ein armer Hund. Er fährt diesem wunderbaren Gefährt am Himmel hinterher und guckt ansonsten in die Röhre. Am Boden muß er hart arbeiten, nach der Landung schleppt er schweres Zeug in der Gegend herum und den Weisungen des Chefs muß er folgen. Ein wirklich armer Kerl. Denkt man.

Wie so oft sieht die Wirklichkeit auch hier anders aus. Jetzt ist der Verfolger aber auch nicht der Strahlemann, der hingebungsvoll sich dem Autofahren widmet. Er oder natürlich auch sie, ist ballonbegeistert. Und wenn sich jemand dem »Verfolgen« widmet, dann gibt es dafür zwei Gründe. Der erste: Er/Sie wollen Ballonfahren kennenlernen, vielleicht sogar lernen. Der zweite: Er/Sie kennen Ballone und sie wollen ihnen nahe sein. Der dritte Grund, aber darüber reden wir hier überhaupt nicht, ist der, Journalist zu sein und über Ballonfahren berichten zu wollen. Das ist eine angenehme Aufgabe.

Aber auch diese Einschätzung ist natürlich ein wenig platt. Widmen wir uns also den Verfolgern.

Da sitzen wir nun in einem Auto und hinten hängt ein Anhänger mit der Ausrüstung dran. Wir fahren zum Startplatz. Mein Begleiter ist Holländer, oder besser Niederländer, er spricht deutsch mit einem besonderen Akzent. Er ist schwer zu verstehen. Ich bin mit Sicherheit auch für ihn schwer zu verstehen. Das aber ist jetzt nebensächlich. Alk ist Tons Verfolger. Er arbeitet ihm zu. Verfolger sind die guten Seelen des Unternehmens. Ohne sie ist der Pilot ein armer Hund. Er versauert mitsamt Ausrüstung und Passagieren irgendwo im Hinterland. Niemand holt ihn ab. Da hatten wir doch mal so einen Fall:

Wir saßen auf der Mauer, dauernd fuhren irgendwelche Verfolger an uns vorbei und niemand fand jemanden. Jeder suchte seinen Ballon, aber der Funkkontakt war weg. Da hatten wir schlechte Karten. Auch unser Verfolger war nicht zu finden, aber das war auch nicht Alk. Vielleicht hätte der uns gefunden, aber er war in Holland zurückgeblieben.

So saßen wir auf der Mauer, hatten bereits in schwerer körperlicher Arbeit Korb, Flaschen, Brenner und Hülle an die Mauer herangeschleppt, sie mit großer Mühe darüber hinweggehoben und waren trotz der Hitze immer noch guter Laune. Wir wechselten uns ab. Ton und ich. Mit dem Funkgerät in der Hand versuchten wir den Verfolger zu erreichen. Ansprache, auf Empfang gehen und dann das Gerät hochhalten. Vielleicht bringt der knappe Meter ja was beim Empfang. Wir stehen auf der Mauer, jeder Zentimeter kann etwas bringen.

Zwischendurch halten immer wieder Verfolger bei uns an. Habt ihr vielleicht den oder jenen gesehen, jenen Ballon und den. Wir haben gerade das Chaos erfunden. Merkwürdigerweise wird es aber sehr gelassen hingenommen. Mallorca hat seine eigenen Gesetze.

Natürlich haben wir uns irgendwann gefunden. Es war ziemlich spät. Aber wir haben uns gefunden. Und obwohl es schon spät war, wir waren glücklich darüber. Verfolger sollten es sich eigentlich zur Gewohnheit machen, immer zu spät zu kommen. Immer werden die Passagiere glücklich sein, ihn zu sehen. Aber lassen wir diese Spekulation.

Was sind denn nun die Aufgaben des Verfolgers?

Beim Aufbau soll er dem Piloten hilfreich zu Seite stehen, dann soll er am Platz sein, bevor der Ballon landet, und er soll beim Einpacken dem Piloten hilfreich sein. Hernach fährt er Mannschaft und Passagiere wohlbehalten zurück zur Unterkunft und widmet sich ansonsten der Wartung des Geräts. Das ist eine Idealvorstellung und deshalb ist sie natürlich nicht zu erfüllen. Kommen wir also von der Träumerei weg und begeben wir uns in die Realität. In die des Verfolgers. Und die unterscheidet sich ein wenig von den Vorstellungen mancher Piloten. Denen aber sollte das bekannt sein, schließlich waren auch sie einmal »Verfolger« gewesen.

Starten wir also den dritten, den realistischen Versuch einer Beschreibung: Normalerweise helfen natürlich die Damen und Herren, die im Verfolger sitzen, beim Aufbau. Hebt dann das Gefährt vom Boden ab, bekommen sie ihre eigenständige Rolle. Bei Wettkämpfen und Ballonfesten gibt der Veranstalter allen Beteiligten eine Funkfrequenz vor. Eine gemeinsame Kommunikationsebene. Starten allerdings 20 oder mehr Ballone, da geht es im Radio oft zu wie auf einem orientalischen Markt. Zu viele Anfragen kommen auf einmal, zu viele Antworten müssen gegeben werden. Deshalb verabreden viele Piloten mit ihren Verfolgern eigene Frequenzen für einen breiteren Informationsaustausch. Sie springen dann bei Bedarf zwischen den Kanälen hin und her, kehren allerdings immer auf die Veranstalterfrequenz zurück.

Bevor die Ballone bei Veranstaltungen aufgebaut werden, gibt es das übliche »Briefing«, die Informationsweitergabe für die Piloten und ihre Crews. Dort werden nicht nur Wetterlage und Aussichten behandelt, es werden auch die Funkfrequenzen ausgegeben und auf besondere Gegebenheiten hingewiesen. Wettkampfregeln können dazu gehören aber auch gesperrte Gebiete für Außenstarts oder Landungen. Die Verfolger sind dabei, denn auch sie müssen Bescheid wissen.

So sitzt nun Herr oder Frau Verfolger im Auto, hat das Funkgerät angeschaltet und macht erst einmal nichts. Über dem Startplatz versuchen die Piloten nämlich zuerst einmal herauszufinden, wie Wind und Luftströmungen sind, sie beginnen, ihren Raum zu erkunden. Solange die Ballone noch zögerlich über dem Platz verharren, ist wenig zu tun. Dann aber beginnt die Reise.

Von unten kann man die grobe Richtung erkennen, von oben kommen vorerst geschätzte Hinweise. Natürlich liegt im Auto die gleiche Karte, die auch der Pilot dabei hat und es bietet sich an, auch auf eine genaue Straßenkarte, mit Autobahnen, Feldwegen und Bahnübergängen zurückgreifen zu können. Dabei ist es sinnvoll, die aktuellste Ausgabe zu haben. Mancher Verfolger stand schon auf einem Feldweg vor verschlossenem Bahnübergang, wenige Meter vom noch prächtig stehenden Ballon entfernt und konnte ihn nicht erreichen.

Pilot und Verfolger arbeiten eng zusammen. Solange der Pilot nämlich noch nicht beabsichtigt zu landen, wird er seinen Verfolger nicht in das Labyrinth der Wirtschaftswege locken. Gibt es dort nämlich Sperrungen, eilt der Verfolgte davon und der Verfolger muß wilde Haken schlagen, um wieder auf eine größere Straße zurückzukommen.

Autobahnen sind für das Begleitfahrzeug völlig unbrauchbar. So schnell und so zielgerichtet reisen Ballone nicht. Landstraßen sind wunderbar, und wenn sie nicht ausgebaut zum Schnellfahren anregen, dann sind sie noch besser. Im Prinzip ist ein Ballon nämlich ein Verkehrshindernis. Der Faszination eines fahrenden Heißluftballons kann sich kaum jemand entziehen. Auch Autofahrer unterliegen

Rechts: Unmittelbar nach dem Start der Ballone machen sich auch die Verfolger auf den Weg. Über Funk wird Kontakt gehalten – so gut es eben geht.
Nächste Seite: Hier ist die Bergung schwierig. Die Ballone sind weit ins Tal hineingetrieben worden und gute Zufahrtsstraßen gibt es nicht.

dieser Ablenkung. Normalerweise aber fährt ein Wagen nicht gemächlich hinter den schwebenden Gondeln her, sondern hat ein Ziel, der Fahrer wenig Zeit. Taucht dann so ein Ding unvermittelt hinter einer Waldecke auf, so halten die Beobachter selten an, meist wird geschaut und weitergefahren. Die Aufmerksamkeit richtet sich dann nicht auf den Verkehr, sondern nach oben.

Währendessen schaukelt das Begleitfahrzeug in besserem Schrittempo hinter seinem Ballon her und alle sehen nach oben. Was dann passieren kann, läßt sich leicht vorstellen. Es kracht. Das aber muß nicht sein.

Bewegen sich Ballone nämlich alleine oder im Pulk vorwärts, dann kann der Pilot markante Punkte und Orte nach unten durchsagen. Der Verfolger wird dann in kurzen Etappen hinterherfahren, an sicherer Stelle kurz anhalten, den Motor abstellen, um danach den nächsten Schritt zu tun. Das ist nicht nur eine Frage des Umweltschutzes, sondern vor allem der Sicherheit im Straßenverkehr. Der Verfolger wird in sein Verhalten die absehbare Unaufmerksamkeit der Autofahrer durch diese Begegnung der ungewöhnlichen Art von vornherein einbeziehen. Außerdem kann er dann zwischendurch mal aussteigen und sich den Verlauf des Wettbewerbs oder der Reise genauer ansehen.

Ballone sind ja selten Rennpferde, so schnell geht es bei diesem Sport so gut wie nie zu. Trotzdem kann der Verfolger schon mal in Zeitnot kommen. Nämlich dann, wenn der Funkkontakt abzureißen droht.

Im Zeitalter der Handys wird kaum noch daran gedacht. Die Funkwellen der kleinen Handgeräte, die beim Ballonfahren eingesetzt werden, verbreiten sich geradlinig. Solange der Ballon zu sehen ist, ist er auch noch mit dem Radio zu erreichen. Verschwindet er aber hinter Bergen, dann kann man nur noch hoffen, über gestreute Wellen an ihn heranzukommen, eigentlich aber ist er weg. Deshalb muß Sichtkontakt gehalten werden oder man braucht eine Relaisstation, die beide »sehen« kann, Sender und Empfänger. Natürlich ist es unter Ballonfahrern üblich, sich gegenseitig zu helfen, so viel Sportlichkeit muß auch im Wettkampf sein. Aber im Sprachgewirr von vielen Ballonen, die im Pulk fahren und in erster Linie damit beschäftigt sind, sich gegenseitig über ihre Position zu informieren, geht vieles verschütt.

Bei Außenlandungen ohne Funkkontakt zum Verfolger haben beide, Pilot und Begleitmannschaft, zunächst einmal ein Problem. Wer ist wo? Und wie bekommen wir die Information an die richtige Adresse?

Bei eingespielten Teams ist das kein Problem. Der Pilot sucht sich ein Telefon. Für ihn ist das unangenehm, denn er muß hinlaufen. Dann ruft er eine vorher ausgemachte Telefonnummer an. Das kann die Wettkampfleitung sein oder seine Oma und er gibt seine genaue Position durch. Auch der Verfolger sucht sich ein Telefon. Für ihn ist das leichter, denn er kann mit dem Auto hinfahren. Die Wettkampfleitung (oder die Oma) gibt dann die Position durch und er kann den Ballon und seine Crew abholen. Das ist die verschärfte Fassung.

Um es noch einmal zu sagen: An dieser Stelle ist es angebracht, daß Pilot und Verfolger die gleichen Landkarten haben. Landet der Ballon nämlich nicht genau neben dem Dorfgemeinschaftshaus von Adorf, sondern geschickt versteckt in einer Waldlichtung, dann hat der Verfolger ein Problem. Zur Not können Treffpunkte ausgemacht werden, oder dem Verfolger sind die Koordinaten bekannt. Wie aber kann es zu einer solchen »Unpäßlichkeit« kommen? Da hatten wir doch Beispiele. Filzmoos in den österreichischen Alpen etwa:

hego
H. GOLINSK
ISOLIERBAUSTOF

Wunderbar steigen die Ballone empor, heben vom Platz ab und entschweben in Richtung Bischofsmütze. Zur Ehrenrettung der Crew wollen wir weder Jahr noch die Mannschaft nennen. Das Fest in Filzmoos ist im Winter ein ideales Ereignis zum Ballonfahren, die Aussicht auf die schneebedeckten Berge, kleine Spielzeugdörfer in den Tälern. Braune Striche am Boden signalisieren: Hier ist eine Straße. Und irgendwo dort ist der Verfolger.

Für den Verfolger ist Filzmoos ein kompliziertes Revier. Ihn stören nämlich die Berge. Unversehens verschwinden Ballone hinter Bergflanken und Hügeln. Straßen enden unvermittelt vor Steilhängen und an viele Stellen kann man mit Hänger ohnehin nicht gelangen. Das weiß natürlich auch der Pilot, der Korb und Hülle ja nicht kilometerweit schleppen will, um ihn zu bergen.

Der Wind treibt also unser Gefährt Richtung Bischofsmütze. Kontakt zwischen Pilot und Verfolger ist gut. Am Himmel ist die strahlende Hülle leicht auszumachen. Dann aber wird die Straße schmaler, geht in Wirtschaftswege über. Das Ende des Tales kommt immer näher. Unser Pilot ist zum ersten Male hier, kennt sich noch nicht so gut aus und fährt somit in seine eigene Falle. Was als kurzes Hinterherfahren gedacht war, es wird zum Tagesausflug.

Der Verfolger steht am Ende der Straße, der Ballon weit vor ihm am Himmel. Da können nur noch kurze Informationen über die voraussichtliche Richtung der Reise und die geplante Dauer ausgetauscht werden. Während der Verfolger mühsam auf engstem Raum wendet, verschwindet das Luftgefährt hinter dem nächsten Bergrücken. Nun gibt das Radio keinen Mucks mehr von sich.

Der Verfolger muß nun zurück nach Filzmoos, um den ganzen Bergrücken herum und hat nur die Hoffnung, daß irgendwie ein Funkkontakt mit seinem Piloten wieder zustande kommt.

Abends hatten sie sich dann mit viel Mühe gefunden und waren eigentlich alle ein wenig traurig. Es hätte nämlich besser laufen können.

Erfahrene Piloten sprechen mit ihrer Verfolgercrew. Natürlich hat jeder gerne seine Begleitmannschaft unter sich. Im flachen Land treten dabei auch selten Probleme auf. Verstellen Berge allerdings den direkten Weg, dann ist strategisches Denken gefordert.

Frühzeitig muß der Pilot erkennen, wohin der Wind ihn schiebt. Frühzeitig muß er entscheiden, ob er diesen Weg will, ob er durchfährt, abbricht oder sich eine andere Windrichtung sucht. Dann schickt er seinen Verfolger in eine neue Ausgangssituation. Natürlich ist es unangenehm für alle Beteiligten, wenn der Funkkontakt kurzzeitig abreißt. Es fehlt dann das beruhigende Band der Kommunikation, aber vorausschauendes Denken ist dann hilfreich.

Der Verfolger bekommt die Gelegenheit um den Berg herumzufahren. Das Radio sagt nichts mehr, denn zwischen Sender und Empfänger liegt ja der hohe Berg. Auf der anderen Seite wird der Kontakt wieder gesucht. Der Ballon ist noch in der Luft, das bedeutet, das Radio kann wieder funktionieren. Dann sind wir wieder bei den Karten. Aus der Luft kann der Pilot sehr genau erkennen, wo er ist. Mit diesen Informationen holt er sich seinen Verfolger wieder unter den Korbboden. Wir haben es erlebt. Es funktioniert. Und zum Mittagessen waren alle wieder in Filzmoos.

Zum guten Verfolger gehören also immer zwei: Ein guter, vorausschauender Verfolger und ein guter, vorausschauender Pilot. Zusammen sind sie ein starkes Team, alleine sind sie traurige Gestalten.

Für Zuschauer sind Massenstarts von besonderem Reiz. Albuquerque mit über 600 gleichzeitig startenden Ballonen ist da wohl das größte Erlebnis. Die Stadt, die Umgebung sie sind eher langweilig. Es gibt in den USA schönere Plätze. Was den Reiz ausmacht sind die vielen bunten Hüllen am Himmel und die vielen bunten Tulpen am Boden. Steht man zwischen den Ballonen beim Start, und das ist den Zuschauern durchaus gestattet, so verschwindet der Himmel, man sieht nur Ballone. Massenstarts sind schön.

Aber sie bergen auch Gefahren, über die sich Piloten und Verfolger im klaren sind. Die Mannschaft im Korb ist nämlich an einer Stelle blind. Sie kann nicht sehen, ob sich genau über ihrem Ballon noch ein Ballon befindet. Würde sie in flotte Steigfahrt gehen, sie würde die eigene Hülle in den Korb darüber hineinfahren. Schließlich ist die eigene Hülle nicht durchsichtig, aber das wäre von der Ansicht her auch langweilig.

Der einzige Weg – außer der gefährlichen Probe auf's Exempel – ist, andere »sehen zu lassen«. Der erste Ansprechpartner ist dabei der Verfolger. Der sieht ja ohnehin die ganze Zeit »seinem« Ballon hinterher, weiß wo er ihn findet und kann mögliche Gefahren schnell erkunden. Bisweilen gibt es dann Schwierigkeiten mit der Perspektive, die aber durch Informationsaustausch behoben werden können. Da fragt zum Beispiel Ton Kurvers mit seinem SAAB-Ballon seinen Verfolger ob der Luftraum über ihm frei sei. Für den ist das aber eine schwierige Angelegenheit, denn von unten gesehen, auf eine Entfernung von rund einem Kilometer, schwebt genau über dem SAAB der Weltballon von Horst Wahl aus Fulda. Oder schwebt er daneben? Auf jeden

Fall aber ist er höher. Das wird er nun Ton genauso durchgeben.

Normalerweise passieren jetzt zwei Dinge gleichzeitig. Ton sieht aus seinem Korb heraus und sucht den Weltballon. Findet er ihn, dann steht der Weltballon neben ihm. Findet er ihn nicht, dann muß er über ihm sein. Steigen ist also im Moment verboten.

Gleichzeitig wird natürlich der Pilot des Weltballons aus seinem Korb herausschauen und den SAAB suchen. Besteht Gefahr für beide, dann wird er es Ton mitteilen: »Weltballon steht über SAAB, bitte nicht steigen.« Steht er neben ihm, dann fällt die Information anders aus: »Ton komm rauf!«

Meist allerdings ist die Lage in der Luft für den Verfolger klar zu erkennen. Und bei Einzelfahrten tritt das Problem ohnehin nicht auf.

Die Autos, die die Verfolger mit sich führen, sehen völlig unterschiedlich aus. Als wir mit Franz Taucher und seinem »Phantom der Oper« in den USA gedreht hatten, mußten wir ein Fahrzeug mieten. Ursprünglich wollten wir einen Pick-Up haben. Der aber war nicht zu bekommen. Dann wollten wir ein Fahrzeug mit Anhänger für den Korb, der aber darf nach amerikanischem Recht nicht an Ausländer vermietet werden. Kaufen wollten wir ihn damals nicht. So sind wir an einen elfsitzigen Bus gekommen. Die Rückbänke wurden ausgebaut und gleich beim Vermieter gelassen. Dann ging es zum Flughafen und dort mußten noch die Befestigungselemente für die Sitze raus, sonst wäre der Korb nicht hineingegangen. Es war Millimeterarbeit.

Später mußten wir feststellen, daß der Bus die Ideallösung nicht war, denn er zeigte sich als nur begrenzt geländegängig. Franz mußte immer gleich neben der Straße landen. Hinein in die Wüste haben wir uns nur selten getraut, und da haben wir viele Steine bewegt, um dem Auto den Weg zu ebnen. Die Ölwanne sollte ja nicht leckgeschlagen werden.

Viele unserer Ballonfahrerfreunde haben deshalb einen geländegängigen Zugwagen mit einem Anhänger. Den kann man – es wird ja nicht unbedingt und immer Ballon gefahren – auf dem Parkplatz abstellen und losgelöst von jedem Anhang herumfahren. Der Verfolger sollte jedoch vor der ersten großen Reise mit eben diesem Ding mal üben.

Das Vorwärtsfahren bereitet keine Schwierigkeiten. Aber schon die Fahrt in der Kurve kann kleine Probleme mit sich bringen. Der nacheilende Hänger fährt nämlich einen etwas engeren Radius als der Zugwagen. Und beim Rückwärtsfahren ist schon so mancher Anfänger gescheitert. Zwar erweisen sich die kleinen Dinger als relativ spurtreu, üben sollte man aber trotzdem. Rückwärts einparken gehört zur Pflicht, rückwärts vorgegebene Hindernisse zu umschiffen zur Kür. Bei Festivals, bei denen es oft eng zugeht, es hektisch werden kann und wenn zudem viele Leute zuschauen, die nervös machen können, sollte man dieses Training bereits hinter sich haben. Die Kenntnis, daß der Hänger breiter sein kann als der Zugwagen, erweist sich spätestens bei engen Ortsdurchfahrten als hilfreich. Mit einem Anhänger zu fahren ist keine Geheimwissenschaft, es ist lediglich eine Frage der Ausbildung und des Trainings. Der leere Parkplatz eines Supermarktes am Wochenende kann ein ideales Übungsfeld für den Anfang sein. Später geht man dann raus auf Feldwege und übt das Fahren im »Gelände«. Es bietet sich an, die ersten Versuche ohne die Zuladung des Ballons zu versuchen. Sitzt nämlich der vollbeladene Hänger erst einmal im Graben, könnte auch der geländegängigste Zugwagen Probleme bekommen. Nicht immer ist dann ein hilfreicher Bauer mit seinem Traktor in der Nähe.

Jetzt kann also unser Verfolger mit dem Auto umgehen. Er weiß, wie der Ballon auf- und abgebaut wird, er kennt sein Team und daß die Passagiere manchmal ein wenig nervös sind. Er verträgt sich mit allen.

Jetzt ist er ein guter Handwerker, zum guten Verfolger fehlt noch ein kleiner Schritt. Ein wenig Psychologie gehört nämlich auch zu seinen Aufgaben.

Jeder Pilot ist unterschiedlich, das versteht sich von selbst. Jeder Pilot geht anders mit der Anspannung vor und nach der Fahrt um. Darauf muß sich das Team, also auch der Verfolger einlassen. Wir hatten es schon beschrieben: Franz Taucher setzt sich für einen Moment abseits und versucht sich zu entspannen. Ton Kurvers geht Blumen pflücken. Andere joggen ein wenig um den Landeplatz herum. Wieder andere stehen einfach da. Die wenigsten packen gleich mit an, geben Kommandos, kümmern sich um die Passagiere. Das aber ist auch überflüssig, die nämlich sind mit sich selbst beschäftigt. Wir reden hier über vielleicht fünf Minuten, keine lange Zeit.

In dieser Zeit beginnt der Verfolger das Gerät zu ordnen. Achtet darauf, daß der Hülle kein Schaden widerfährt und daß die Passagiere den Abbau nicht stören. Eile, Hektik sind nun überhaupt nicht angebracht. Die Hülle liegt am Boden, passieren kann nichts mehr und alleine fliegt – pardon – fährt der Korb auch nicht davon. Nach der Landung ist Ruhe gefragt. Niemand sollte Pilot und Mitreisende mit Fragen überschütten. Es gilt nun ein Erlebnis zu verdauen.

Es gibt natürlich Piloten und Verfolger, die sind

mehr als faul. Wir kennen da einige. Die arbeiten so gut zusammen, daß der Wagen schon am Landeplatz steht, bevor der Ballon da ist. Bei günstigem Wetter wird der Korb mit noch aufgerichteter Hülle dann locker an den Hänger herangetragen. Pilot und Gäste sind noch im Korb, mit leichten Feuerstößen ist der Ballon gerade so in der Waage, er wiegt nichts für die Mannschaft. Nur ziehen muß man. Gleich neben dem Hänger, auf sauberer Wiese, wird das Gefährt abgesetzt. Der Pilot öffnet den Parachute und leise legt sich die Hülle nieder. Fertig zum einpacken. Das geht natürlich nur bei günstigem Wetter, fehlenden Hochspannungsleitungen und dem Vorhandensein einer Wiese. Eine behäbige Angelegenheit.

Manchmal aber kommt es auch anders, wie zum Beispiel in Albuquerque: Franz hat sein »Phantom« sicher nach unten gebracht. Der Verfolger ist gleich

**Oben: Das Grauen lauert immer und überall. Bei einer Wasserlandung hätten Verfolger und Crew ein echtes Problem.**
**Links: Dieser Verfolger hat ganze Arbeit geleistet. Er hat Ort und Zeit der Landung richtig eingeschätzt.**

da. Die Hülle liegt am Boden. Wir sind mitten in einer großen Sandgrube. Eine sichere Landung. Plötzlich aber kommt Wind auf. Die ersten Anzeichen für Thermik machen sich bemerkbar. Andere Ballone landen um uns herum. Und von weitem sehen wir schon, daß die »Hundefamilie« aus Japan ein Problem bekommt.

Die »Hundefamilie« ist ein wunderschöner »Special Shape«, eine extravagante Form, die einen großen und zwei kleine Hunde darstellt. »Special Shapes« sind meist schwer zu fahren, empfindlich im Wind und leicht zu zerstören. Aber das will ja auch niemand.

Die »Hundefamilie« muße also runter, egal was kommen mochte. Tohru Takahashi, der Pilot, hat seinen Korb auch wunderbar am Anfang der Sandgrube zur Schleiffahrt in den Sand gesetzt, hat den Parachute gezogen, allein die Luft will nicht aus der komplizierten Hülle entweichen. Wie das Segel eines Schiffes wird die Hülle vom Wind aufgebläht, läßt den Ballon nicht zur Ruhe kommen. Der Verfolger der Hundefamilie ist weit und breit nicht zu sehen. Franz sagt nur: »Kümmert Euch drum!« und besorgt die Sicherung seines Phantoms selbst.

Im weichen Sand schnell zu laufen ist anstrengend. Aber wir müssen uns beeilen. Nicht mehr weit von uns entfernt wird die Grube tiefer. Fast senkrecht fällt sie ab. Bis dahin muß der Ballon stehen. Wir hängen am Korb, zerren an der Topleine, versuchen dem Wind Angriffsfläche zu nehmen. Nur langsam kommt der Ballon zur Ruhe.

Als der Verfolger sich mühsam durch den Sand hindurchgewühlt hat, liegt der Ballon. Aber noch immer flattert die Hülle. Pilot und Co-Pilot haben blaue Flecken und einen gehörigen Schreck davongetragen. Nur wenige Meter weiter und sie wären den Abhang hinabgestürzt. Das aber konnte gerade noch einmal verhindert werden.

Wir hatten sie aus den Augen verloren. Es galt mit nur vier Leuten den eigenen Ballon zu verpacken und zu verladen. Uns allen aber wird dieses Erlebnis in Erinnerung bleiben. Hätte hier kein Verfolger, der eigene oder auch ein fremder, eingegriffen, ein schlimmer Unfall wäre möglich gewesen.

Normalerweise ist der Verfolger in seinem Auto alleine. Selten fahren mehrere zusammen. Wenn der Ballon unten liegt, das Verpacken und Laden bevorsteht, dann müssen auch die Fahrgäste mit anpacken. Diese Arbeit ist zwar anstrengend, wird von den Passagieren aber gerne geleistet. Nach dem Erlebnis der Fahrt ist körperliche Arbeit entspannend. Und solange der Pilot sich noch zurückhält, kommen die ersten kleinen Anweisungen zum Zusammenlegen vom Verfolger. Er hat diese Arbeit schon oft geleistet, er ist ein Fachmann oder eine Fachfrau.

Bei großen Special Shapes ist das anders. Hier arbeitet eine ganze Truppe zusammen. Sowohl das Aufrichten als auch das Zusammenlegen ist eine komplizierte Angelegenheit. Zu leicht kann die teure Hülle beschädigt werden. Fachkenntnis und die Befolgung der vom Hersteller vorgeschlagenen Verpackungsregeln sind nun nötig. Die Passagiere dürfen zusehen. Mehr nicht. Deshalb kommen die Begleitteams für diese Ballone auch oft mit mehreren Fahrzeugen. Wenn die Situation brenzlig wird, wenn der genaue Landeplatz kurzfristig nicht zu bestimmen ist, dann können sie sich aufteilen. Diese Ballone fahren oft im Auftrag großer Firmen. Special Shapes haben lustige Formen: Telefone, überdimensionale Kühe, Schlösser und Lokomotiven. Entweder werden dann die Helfer bezahlt oder der Betreiber muß viele Gutgewillte gewinnen.

Da sind wir dann beim Geld gelandet. Ein Verfolger, ein Helfer für Start und Landung bekommt für seine Bemühungen normalerweise nichts bezahlt. Sie machen es, weil es ihnen Freude bereitet. Einige von ihnen werden den Ballonschein erwerben. Als Verfolger und Begleiter anzufangen, ist dabei ein gutes Training. Wichtige Handgriffe und Techniken können beobachtet und damit auch gelernt werden. Aber es gehört schon viel Enthusiasmus dazu. Und viel Zeit, die man mitbringen muß.

# Morgens und abends

Die Kraft, die den Ballon vorwärts bewegt, ist der Wind. Der aber ist von vielen Faktoren abhängig. Deshalb beschäftigt sich dieses Kapitel mit Morphologie, Jahreszeiten, Wetter, Wind, Druckveränderungen, der Frage, wie man eine »Box« fährt und vielem mehr

B

Beim Fernsehen, und manchmal auch bei Büchern, sind die Bilder das Wichtigste, so sagt man. Schließlich sollen die Leute ja was zum Schauen haben. Beim Ballonfahren ist das ähnlich. Und deshalb wünscht sich natürlich jeder Besucher eines Ballonfestivals gutes Wetter. Schließlich will er die bunten Dinger auch am Himmel sehen können.

Aber es soll nicht immer sein und so war das Festival der Rhöner Ballöner leider fast ins Wasser gefallen. Aber fangen wir von vorne an.

Alles war von langer Hand vorbereitet. Der Rundfunk und das Fernsehen hatten sich angesagt und dann war dieser Hammel nicht vor das Mikrophon zu bewegen. Der Vertreter des berühmten Rhönschafes sollte seinen Stand als Abgesandter in der Radiosendung vertreten und dann wollte er nicht. Es goß nämlich in Strömen und das schlaue Schaf sah nun überhaupt keinen Grund, den trockenen, warmen, kleinen Anhänger zu verlassen, um in der Nässe repräsentativen Aufgaben nachzukommen.

Derweil plauderten die beiden Moderatoren live über den Äther, niemand sollte die kleine Verzögerung in der Sendung mitbekommen. Das Fernsehen drehte mit zwei Kameras die Aktion, das Tier von der Stelle zu bewegen. Allen Beteiligten regnete es in den Kragen und im Tal lag dichter Nebel. Ideale Voraussetzungen also für ein Ballonfestival.

Währenddessen stand Ton, der holländische Ballonpilot und technischer Leiter des Festivals, in seinem Korb und jagte ab und zu Feuerstöße in die Luft. Die Ballonhülle war nicht vonnöten, schließlich wurde hier in erster Linie Radio gemacht. Da stören die Bilder nicht. Am Ende der Sendung waren die Radioleute zufrieden. Eine gute Sendung, gute Stimmung und die Fernsehmenschen dachten über Alternativbilder nach.

Bei Hilde zum Beispiel. Jeder, der einmal nach Bischofsheim in die Rhön kommt, muß Hilde kennenlernen. Sie hat ein Lokal, wo überdurchschnittlich große Mahlzeiten verabreicht werden, die es erst einmal zu vertilgen gilt. Im ersten Stock ist ein Saal. Hier wurde früher, aber das ist schon länger her, Beat dargeboten. Die Gruppen wurden von der Wirtin höchstpersönlich in London verpflichtet. Sie gilt hier als Original. Eigentlich aber ist sie eine außergewöhnliche Frau. Doch was wäre Hilde ohne ihren gewichtigen Sohn. Der steht in der Küche und kocht. Und so sieht er auch aus. Zusammen sind sie ein unschlagbares Team.

Bei Hilde wurde auch der Schluß des Fernsehfilms gedreht. Am Anfang der Dreharbeiten versteht sich, denn das Wetter konnte nur besser werden. Vorgezogener Dreh heißt das dann. Dieter, der moderierende Redakteur sollte in einem kleinen Gespräch mit Frank lässig dahinplaudernd erklären, was in Bischofsheim so stattfinden sollte. Leider hatte noch nichts stattgefunden, aber das sollte ja noch kommen. Lässigkeit ist nun aber leider das

**Links: Ein starker Regenguß hat das SAAB-Ballonteam überrascht. Unten: Start bei dichtem Nebel – darüber aber herrscht klare Sicht. Nächste Seite: Bei Kaiserwetter wollen alle hoch hinaus.**

Schwerste, was das Fernsehen zu bieten hat und der Kampf mit dem Text ist Legende. Also alt.

Nachdem sich alle bereit gemacht hatten, das bekannte »Ja bitte« so langsam im Raum verhallt war, kamen beide behende aus Stellwandtüren herausgeschritten und hatten beide, darauf war niemand eingerichtet, wunderbare Hüte auf. Das verzögerte die Angelegenheit ein wenig.

Eine Weile später wurde das Verfahren leicht modifiziert. Anlaß gab es genug. Mit einem lauten »Wir Kommen« schritten die beiden durch die Tür, um sich wenig später entweder im Text zu verheddern, oder sich episch auszubreiten. Weil aber der Regisseur die Probleme vor der Kamera aus eigener Erfahrung kannte und das Team ohnehin Kummer gewöhnt ist, war die Wiederholung kein Problem. Und mit dem berühmten »Das machen wir beim Schnitt« wurden alle wieder beruhigt. Damit aber war noch keine Geschichte gedreht, denn gestartet war noch kein Ballon.

An dieser Stelle kann der Ballonfahrer und auch der ungeübte Ballonmitfahrer eine der wesentlichen Tugenden des Piloten kennenlernen: die Geduld. Immer noch ist das Fahren mit fragilen Hüllen eine enge Anpassung an die Gegebenheiten der Natur. Da aber sind die Regeln einfach: Es geht, oder es geht nicht. Wir sprechen natürlich immer noch über das Ballonfahren.

Damit sind wir, in eleganter Kurve versteht sich, wieder bei dem, was uns alle interessiert. Bei der Hohen Kunst des Ballonfahrens.

Diesem Vergnügen, diesem Sport, dieser Arbeit, dieser Passion nachzukommen ist abhängig von den Gesetzen der Natur. Die aber können Menschen nicht nach ihrem Willen zurechtbiegen und deshalb ist Kenntnis und vielleicht auch Demut bei Ballonfahrern gefragt. Es geht oder es geht nicht.

Darüber soll in diesem Kapitel gesprochen werden. Denn: Natürlich ging es dann irgendwann doch.

Ton Kurvers hatte den Aufbau angesagt. Zwar waren immer noch einige Piloten skeptisch, doch Anreisende hatten behauptet, außerhalb, also nur wenige Kilometer entfernt, sei das Wetter ganz anders. Nur der Startplatz läge in Wolken. Da machte sich Hoffnung breit. Vielleicht gab es ja doch eine Möglichkeit hinaufzukommen, das Licht zu sehen, möglicherweise sogar die Sonne. Es war Vormittag, zehn Uhr, an Thermik war nicht zu denken. Dafür war es zu kalt.

So lärmten die Ventilatoren, fauchten die Brenner, wurde zur Fuchsjagd geblasen.

Sie alle lieben dieses Spiel. Ein Ballon fährt vor, verrät Luftströmungen und Wetter, versucht mit großer Kunst die anderen abzuhängen und legt zu guter letzt ein Zielkreuz aus. Dazu muß der Fuchs natürlich landen, gibt somit ein weit sichtbares Ziel. Die Besatzung stürzt heraus und legt Stoffbahnen als Kreuz aus.

Das ist das Ziel. Die anderen werfen kleine Sandsäcke mit ihrer Nummer aus und wer am dichtesten am Ziel liegt, der hat gewonnen. So einfach ist das.

Aber es ist der Fuchs, der die Spielregeln festlegt. Die Richtung, den Platz, die Landschaft.

Ton ist ein alter Fuchs. Schon oft ist er hinterhergefahren. Schon oft ist er auf die Fahrweise des Fuchses hereingefallen, aber auch schon oft hat er Windströmungen gefunden, die anderen Mitstreitern, verschlossen blieben. Ton ist ein listenreicher Fuchs. Und weil er will, daß auch die jüngeren, die weniger geübten Piloten dazulernen, greift er gerne tief in die Trickkiste.

Wenn in Moskau ein Schmetterling flattert, sagte uns einmal ein Meteorologe, ändert sich bei uns das Wetter. Nichts ist nämlich komplexer, von mehr Einflüssen abhängig und deshalb auch schwerer vorauszusagen, als das Wetter. Für eng begrenzte, kleine, überschaubare Gebiete könnten zwar genauere Vorhersagen erstellt werden, wer aber kann das bezahlen. Die Computer müßten lange rechnen, viele Beobachter müßten viele Meldungen weitergeben. Deshalb sind beim Ballonfahren nur Erfahrung und Beobachtung gefragt. Was aus der Höhe nicht erkannt wird, ist verloren. Die Karte hilft nur selten weiter. Der Pilot muß seinen Weg sehen, erahnen, er muß ihn wagen. Und je größer seine Erfahrung ist, um so kleiner werden die Fehler. Das Ziel rückt heran.

Ton läßt den Ballon hineinfallen, in das Tal. Er geht dicht über Bischofsheim hinweg. Rufweite nach unten. Den Leuten auf dem Marktplatz gefällt das. In kurzer Zeit sind die Parkplätze besetzt, dann bricht der Verkehr zusammen, die Stadt ist voll. Aber niemand beschwert sich. Eile, die Geschwindigkeit des Automobils ist erst später wieder gefragt. Jetzt stehen die Ballone am Himmel. Jetzt wird geschaut, miterlebt, geträumt.

Hinter Bischofsheim wird das Tal enger. Und jetzt muß der Ballonfahrer etwas über Luftströmungen und Flächenflugzeuge gelernt haben. Denn jetzt gelten die Gesetze der Aerodynamik. Die Welt wird zum Windkanal.

Da unten quetscht sich die Luft durch eine Düse. Luftfahrer werden nun lächeln, die Antwort parat haben und Erklärungen geben können. Was aber passiert, wenn wir den Laien fragen. Er kann es nicht wissen. Und weil dieses Buch nicht für die

LIQUIGAS

Cracks in der Luft geschrieben wird, sondern für die Menschen, die sich einfach interessieren, wollen wir nun Erklärungen wagen.

Aerodynamik, das ist, so sagte mir mal einer, genau so, wie im Fluß baden. Das mag ein wenig übertrieben sein, aber es führt uns zu Beginn der Überlegung näher an die Geschehnisse heran. Machen wir uns deshalb noch einmal klar, was der Luftfahrer mit seinem Ballon überhaupt kann: Der Ballon kann sinken und steigen. Das ist auch schon alles, was dem Piloten an Navigationsmöglichkeiten offensteht. Im Prinzip wäre es natürlich traurig, wenn es dabei bliebe, aber der Ballonfahrer hat ja auch noch seinen Kopf. Und der ist natürlich nicht allein dazu da, die Mütze draufzusetzen. Unser Ballonfahrerfreund denkt nun nach und erinnert sich an den Bach.

Jeder von uns hat wohl schon in einem Fluß gebadet. Da kann man sich die ruhigen Stellen aussuchen und gemütlich dahinplätschern, wer's aber lieber wild mag, der geht wenige Schritte weiter, dahin, wo die Strömung ansteigt.

Mit der Luft ist das durchaus vergleichbar und zudem noch viel komplizierter. Da haben wir nämlich noch andere Faktoren, die uns ein wenig herumschütteln können. Der Bach, schließlich gehorcht er der Schwerkraft, will zu Tal. Stellen sich ihm Hindernisse in den Weg, dann staut sich das Wasser ein wenig auf, irgendwo findet es ein Loch und schon geht es weiter. Im Teich scheint das Wasser stillzustehen, an der engsten Stelle jedoch will wohl jeder Wassertropfen schnell weiter. Und weil für die vielen Wassertropfen nur wenig Platz ist, müssen sie sich eben beeilen. Die Strömungsgeschwindigkeit steigt. Das Wasser tobt, wirbelt herum, reißt den Schwimmer mit sich.

In der Luft ist das ganz genauso. Da bewegt sich der Strom gemächlich durch ein weites Tal, behäbig geht's zu in der Höhe, dann aber wird das Tal enger. Hindurch will die Luft trotzdem. Viele Teilchen Luft drücken von hinten. Nun ist Eile angesagt, um an diesen Hindernissen vorbeizukommen. Die Windgeschwindigkeit steigt. Der Düseneffekt.

Wir werden ihm häufig begegnen. Ballonfahrer versuchen ihn zu finden, denn das Ausnutzen der verschiedenen Geschwindigkeiten und Windrichtungen ist ihr Mittel der Navigation. Der Wind bestimmt den Weg des Gefährts, der Pilot muß seinen richtigen Wind nur finden.

Der Blick auf die Karte kann da vor dem Start schon hilfreich sein. Schließlich fährt der Ballonist nicht einfach los, er hat ein Ziel, dem er möglichst nahe kommen will. Wie die einzelnen an die Sache herangehen, ist völlig unterschiedlich.

Die einen steigen zuerst einmal schnell auf große Höhe, um sich die Welt und den Wind von oben anzusehen. An Rauchfahnen, an der Neigung der Bäume, an Wolkenfetzen über ihnen erkennen sie die unterschiedlichen Richtungen. An der Form der Berge und Täler erkennen sie die Windrichtungen in unmittelbarer Nähe des Bodens. Danach gehen sie wieder herunter, um sich der eigentlichen Anforderung zu stellen, nämlich den Weg zu finden.

Andere bleiben tief unten und verlassen sich auf ihre Fähigkeit Windrichtung und -stärke an der Oberflächenbeschaffenheit der Landschaft zu erkennen. Viele praktizieren aber auch die kombinierte Version, je nachdem, ob sie in bekanntem oder unbekanntem Gebiet fahren.

Der Luftraum über uns hat aber bekanntlich drei Dimensionen. Das erwähnen wir hier nicht nur, weil die dritte Dimension eine gewisse Wichtigkeit für das Ballonfahren hat, sondern auch, weil hier das zugegebenermaßen simple Beispiel mit dem Fluß sein vorläufiges Ende findet. Die Luft bewegt sich also nicht nur vorwärts, rückwärts, nach links und nach rechts, sondern auch auf und ab. Die Gründe sind zum einen in der Oberflächenstruktur unserer Erde zu finden, zum anderen aber auch in der unterschiedlichen Temperatur der Luft.

Aus dem Wohnzimmer kennen wir es alle. An der Heizung steigt die Luft erwärmt nach oben, sammelt sich unter der Decke um dann, erkaltet, wieder nach unten zu sinken. Die Füße bleiben kühl, der Kopf wird erwärmt. Als Heizelement bringt so ein Radiator einige Nachteile mit sich. Die Fußbodenheizung ist da geschickter: warme Füße und kühlen Kopf. Aber man kann nicht alles haben.

Als Beispiel zum Ballonfahren ist der Radiator an der Wand aber geradezu ideal. Er läßt nämlich das schlichte Prinzip erkennen, von dem der Ballonfahrer lebt: Warme Luft steigt auf, kühle senkt sich nach unten. In der Natur gibt es »Radiatoren« in Hülle und Fülle.

Morgens, wenn es noch kühl ist, reflektieren helle Flächen das Sonnenlicht, schicken die Wärmeenergie wieder nach oben. Die Luft erwärmt sich. Dort steigt sie nach einer gewissen Zeit auf. Segelflieger achten darauf besonders, denn mit diesen aufsteigenden Luftblasen, der Thermik, fliegen sie.

Ballonfahrer wollen natürlich von Thermik nichts wissen, die können sie nämlich nicht gebrauchen. Trotzdem aber bilden erwärmte und »noch« kalte Flächen Luftströmungen. Und mit denen kann der erfahrene Pilot tolle Sachen machen.

Franz Taucher aus Hamburg zum Beispiel, kam einmal auf eine große Ranch in Nevada und fuhr am ersten Tag seines Besuches eine Box. Eine Box

**Oben: Die Gefahr wurde rechtzeitig erkannt. Der Ballon steigt gemächlich über die Hochspannungsleitung hinweg.**
**Rechts: Im Kombi-Instrument sind Hüllenthermometer, Höhenmesser und Variometer integriert**

ist eine Fahrt, die in alle vier Himmelsrichtungen geht, nahezu einen rechteckigen Kurs beschreibt und – wenn möglich – präzise auf dem gleichen Punkt beendet wird, an dem sie begonnen wurde. Auf der Flying M. Ranch war vorher noch nie eine Box gefahren worden und deshalb mußte Franz seine Strategie auch immer wieder erklären. Franz hatte die Box vorher zwar nicht angesagt, aber es war klar, daß der alte Fuchs irgendwas vorhatte. Dazu war beim Start das Lächeln auf seinen Lippen zu grimmig gewesen.

Zuerst war er auf rund 1000 Fuß gestiegen und hatte sich in Ruhe die Landschaft angesehen. Die Flying M. Ranch liegt in einem weiten Tal, durch den der Walker River fließt. Im Osten erhebt sich majestätisch der Mount Grant. Durch die Quertäler ist, weit entfernt, der Walker Lake zu sehen.

Im Süden wird das Tal enger, steigt in Richtung Bodie an, um sich in den Bergen zu verlieren. Hinter dem Paß, oben auf der Bergkette, liegt die alte, heute verlassene Goldgräberstadt.

Im Westen der Gegend erhebt sich eine langgestreckte, mittelhohe, durchgehende Bergkette. Die Grenze nach Kalifornien.

Nach Norden öffnet sich das Tal und geht in eine weite Ebene über. Aus großer Höhe, wir haben den Platz aus der Linienmaschine Los Angeles - Chicago gesehen, sieht das Revier wie ein überdimensionaler Trichter aus. Dazwischen, klein wie im Spielzeugland, der grüne Lauf des Flusses, die grünen Felder der Ranch und das sanfte Gelb der Wüste. Daneben ein gerader schwarzer Strich. Die 2500 Meter lange Landebahn aus Asphalt.

Es war früh am Morgen als Franz startete. In Wüsten muß man immer früh mit dem Ballon starten, wenn Luftfahrer und Gerät nicht in Gefahr kommen sollen. Thermik entsteht schnell, wenn der Boden sich erwärmt und die ersten Luftblasen von der Erdoberfläche abreißen. Und wir wissen ja: Thermik ist Ballonen nicht zuträglich. Deshalb muß die Fahrt spätestens gegen acht Uhr beendet sein. Morgens.

Wir hatten den Ballon am südlichen Ende der Landebahn aufgebaut. Probleme hatte es nicht gegeben, der Wind schlief noch. So war Franz auf rund 1000 Fuß gestiegen, ließ sich mit dem abfließenden Talwind nach Norden tragen. Die Geschwindigkeit war eher gemächlich und so konnte er sich seine weiteren Schritte gut überlegen. Am Ende der Ranch, nach Norden hin, wurden die Berge im Osten flacher, die Sonne schickte ihre Strahlen schon hinab ins Tal. Da ging Franz ganz nach unten, nur wenige Meter hoch, knapp über dem Boden. Hinter dem Fischteich, noch hinter den Feldern, begann sich jetzt der helle Wüstensand zu erwärmen. Der erste sanfte Aufwind nach Osten setzte ein. Franz ging noch tiefer. Wären wir näher am Ballon gewesen, wir hätten ihn schieben können. Das unwegsame Gelände allerding hat diese unsportliche Geste verhindert.

Mit diesem Aufwind kletterte Franz mit seinem »Phantom« langsam den Berg hinauf. Ein tiefer Taleinschnitt förderte noch dieses Unterfangen, denn der leise Wind mußte sich auch durch dieses Tal quetschen und steigerte deshalb dort die Geschwindigkeit.

Nur knapp über dem Boden, niemals den Grund berühren, galt es nun nach Osten zu kommen. Hinweg über die erste kleine Bergkette. Steil stieg der Hang an, immer wieder kurze Feuerstöße, den Ballon immer wieder ein wenig höher bringen. Konturfahren. Oben aber lauerte eine neue Gefahr. Ein tiefes Zwischental in Nord-Süd-Richtung vor dem Mount Grant. Würde Franz dort in die Leewalze kommen, dann hätten wir ein ernstes Problem.

Franz steht im Korb und ist hoch konzentriert. Natürlich weiß er besser als wir, daß eine Schwierigkeit auf ihn zukommt. Schließlich fährt er schon lange Ballon und ist schon manchem Problem entronnen. Sein Erfahrungsschatz ist groß. Natürlich weiß er, daß es hinter dem Bergkamm erst einmal wieder abwärts geht mit dem Wind. Wohin es ihn dann verwehen wird, niemand kann es vorhersagen. Außerdem – auf der Landkarte ist es unschwer zu erkennen – Wege und Straßen sind in diesem Tal nicht vorhanden. Der Verfolger hätte seine Schwierigkeiten.

Übrigens Verfolger: Mit verschiedenen Fahrzeugen waren wir hinterher gefahren. Im Korb war Beatrice mit der Fernsehkamera. Es sollte ja ein Film gedreht werden. Und Franz war mit seinem Ballon die Hauptperson. Da will man doch schließlich wissen, wie die Story weitergeht. Planbar ist nämlich in diesem Sport nur wenig. Deshalb hingen unsere Augen wie gebannt an dem fragilen Gefährt und wenn es hinter einer Hügelkette verschwand, dann war der schnelle Umbau gefordert. Alle stürzten sich dann mit dem ganzen Gerät wieder in die Autos um hernach auf weiten Umwegen wieder in Blickkontakt zu kommen. Es war also eine aufregende Angelegenheit. Und Franz? Der ließ bei der Fahrt nur wenig von sich hören. Das Radio blieb stumm, verraten wollte er nichts.

Er ist natürlich der Leewalze entronnen. Wir haben es zuerst nur gehört, denn sehen konnten wir den Ballon zu diesem Zeitpunkt überhaupt nicht. Franz hatte sich hinter einem Hügel versteckt.

Weit entfernt brausten die Brenner. Akustisches Zeichen, daß es nun aufwärts ging. Kurz vor dem Kamm hüpfte Franz einfach aus dem niedrigen Aufwind heraus, entging damit der Leewalze und stieg schnell auf größere Höhe. Wir mußten den Kopf weit in den Nacken legen, um den Ballon noch zu sehen. Und dann, ganz langsam, bewegte sich das Gefährt nach Süden. Franz hatte da oben eine Luftschicht gefunden, die sich genau entgegengesetzt zum Talwind bewegte. Zwar nicht schnell, aber die Richtung stimmte.

Nach geraumer Zeit fiel dann der Ballon ebenso schnell, wie er vorher gestiegen war. Franz wagte ein Experiment:

Im Gegensatz zu Aufwinden, die sich morgens bei stärker werdender Kraft der Sonne bilden und die Luftströmung die Berge hochtreibt, gibt es – normalerweise – abends die sogenannten Abwinde. Dann fließt, bei nachlassender Sonnenkraft, die Luft zurück ins Tal. Franz hatte nun einen steilen Hang gesehen, der an diesem Tage noch nicht einen Sonnenstrahl abbekommen hatte und der – zwangsläufig – noch kühl sein mußte. Diesem Hang fuhr er nun entgegen. Hinein in den Schatten, wieder dicht heran an den Boden. Fast, so schien es, wollte er am Steilhang zerschellen. Aber das war natürlich nicht geplant. Dicht am Boden, auch die große Hülle lag im Schatten, ließ er sich den Berg herabgleiten. Die ersterbende Kraft des Abwindes schob ihn sogar noch hinein ins Tal. Dann aber schlief dieser Wind ein und zunächst passierte erst einmal gar nichts. Stille lag über dem Land.

Ganz zart dann eine Bewegung. Die Luftströmung, die ihn am frühen Morgen nach Norden, der Startbahn der Ranch entlang, geschoben hatte, sie war noch da. Allerdings nur dicht am Boden. Wenig höher trieb der frischer werdende Aufwind die Luft bereits nach Süden, hinein in den Trichter der Berge, hinüber nach Bodie, der Goldgräberstadt.

Jetzt mußte sich Franz ganz flach machen, um diesen letzten Wind noch zu erwischen. Nun begann die Reise gegen die Zeit. Immer mehr würde der Aufwind mit der Sonne an Kraft gewinnen, immer langsamer würde die Luftströmung in seine Richtung werden. Sie würde bald einschlafen, um danach mit großer Kraft den Ballon in die falsche Richtung zu entführen. Langsam bewegte sich der Ballon. Mitgehen konnte man. Der Boden des Korbes berührte die Spitzen der Gräser und Büsche. Klein, ganz klein sollte das Gefährt sich unter der oberen Luftströmung hindurchmogeln.

Und dann war da diese läppische Hochspannungsleitung. Vielleicht sechs Meter hoch. Die Verbindung zu einem kleinen Außenposten. Die stand jetzt im Weg. Der Ballon, drei Meter höher, ein Rückschlag, falsche Richtung, also wieder herunter, fast auf den Boden. Und dann ein neuer Versuch, ein neuer Fehlschlag.

Aber wir hatten es ja schon verraten. Franz hatte es schließlich geschafft. Irgendein freundlicher Engel hat ihn dann über die Leitung hinweggeschoben, und mit den letzten Resten des ersterbenden Talwindes traf er den kleinen Punkt, an dem er aufgestiegen war. Als er unten stand, konnten wir noch nicht einmal mehr die Schleifspur erkennen, die durch das Drehen des Korbes beim Aufbau entstanden war. Punktlandung. Genauer geht's nimmer.

Winde sind also »Motor« und »Lenkrad« des Ballonfahrers und die sollte er deshalb auch kennen. Ansonsten wird eine Ballonfahrt ein Zufallsprodukt und das kann gefährlich werden. Viele Piloten sind schon in Schwierigkeiten gekommen, wenn sie Leewalze, Thermik und den Übergang von einer Luftströmung in eine andere unterschätzten. Bei einer hohen Land-Wasser-Zirkulation kann es beim Übertritt aus einer Luftströmung in eine andere erscheinen, als knalle der Ballon gegen eine Betonwand. Eine gefährliche Situation, die aber durch behutsames Herangehen gemeistert werden kann. Lernen kann man das zum Beispiel auf Mallorca.

Nun ist die Ferieninsel zwar nicht gerade das Traumland des Ballonfahrers, eine Disziplin der »Hohen Kunst« kann der Interessierte hier allerdings erleben. Das Fahren über der See.

Nur ein paar Hüllen sind am Strand aufgebaut, wenige Piloten nur wollen die Fahrt wagen. Es geht dem Abend entgegen. In Cala Millor bevölkern hauptsächlich Deutsche und Engländer die Strandkneipen. Sangria fließt in Strömen, es riecht nach Fisch und Schweinebraten. Laut ist die Musik »Oh, du schöner Westerwald«. Hier wird mit Tourismus Geld gemacht.

Eigentlich meiden Ballonfahrer solche Orte. Zum Ballonfest aber sind sie gekommen. Auch um zu sehen, wie Ballone über See fahren können, ohne verschütt zu gehen.

Die einheimischen Fachleute werden es vormachen, nur wenige fremde Piloten versuchen, ihrem Beispiel zu folgen. Fahren mit dem Seewind. Es einfach mal so zu probieren wäre Leichtsinn. Die Piloten müssen das Revier, seine Eigenheiten und die Windverhältnisse genau kennen. Wer zu früh anfängt, kann Gefahr laufen, nicht mehr zurückzukommen, wer zu spät aufhört, verschwindet irgendwo in der Dunkelheit. Fahrten also für Spezialisten.

Nach dem Start gehen die Piloten schnell auf Höhe. Die oberen Luftschichten fließen in ablandiger Richtung. Weit draußen gehen sie herunter. In günstigen Fällen kann der auflandige Wind bis zu 150 Metern »dick« sein. Mit dieser Strömung treiben sie dann zurück zum Strand.

Weit draußen liegen beim Festival Boote, die »unrettbar« abgetriebene Ballone wieder zurückschleppen können. Ohne diese Rückversicherung sollten solche Fahrten nicht unternommen werden. Und außerdem: Wer die Verhältnisse nicht genau kennt, wer von Einheimischen nicht in diese besonderen Wetterverhältnisse eingeweiht wurde, der sollte es lassen.

Da hatten wir doch das Modell vom Baden im Fluß. Und wir hatten auch festgestellt, daß es in der Luft recht ähnlich zugeht. Nun ertrinken bei uns in jedem Jahr mehr Menschen, als durch Unfälle mit Ballonen zu Schaden kommen. Das hat seinen Grund auch darin, daß ja jeder baden und schwimmen darf, noch lange nicht alle aber Ballon fahren dürfen. Das ist gut so. Wüßte nämlich so mancher Schwimmer um die Gefahren seines Tuns, er würde bestimmte Stellen meiden oder große Vorsicht walten lassen. Ballonfahrer werden in ihrer Ausbildung auf diese Gefahren hingewiesen.

Es gibt aber auch Störungen des Luftstroms, die in einem Fluß viel gefährlicher sind. In Filzmoos war Ton Kurvers, unser holländischer Ballonfahrer, aufgestiegen und fuhr mit gutem Talwind am Boden zwischen zwei langgezogenen Bergketten. Es war eine reine Unterhaltungsfahrt. Weil aber im Korb noch ein Schüler und zwei Balloninteressierte waren, sollte die Reise zur Unterrichtsstunde werden.

Das Variometer zeigt beträchtliche Werte nach oben. Ton will erforschen, wie die Luftströmung in der Höhe ist. Langsam versinken Straßen und Dörfer unter uns und bisweilen kann man schon über die Bergketten rechts und links des Ballons schauen. Hier stoppt Ton die Steigfahrt. Zuerst erscheint es, als stünde die Luft still, aber auf dieses Phänomen fallen wir nicht mehr herein. Weil sich ja der Ballon immer mit dem Wind bewegt, die gleiche Geschwindigkeit annimmt, fühlt es sich so an, als stünde er in der Luft. Relativ zur Windmasse gesehen ist das auch richtig, der Wind aber bewegt sich, deshalb machen Hülle und Korb Fahrt über Grund. Dann hängen alle über dem Korbrand, peilen an der unteren Kante des Gefährts vorbei und wollen erkennen, wohin denn nun die Reise geht.

Und siehe da, langsam gleiten unten Zäune und Häuser an den Korbrändern vorbei. Die Richtung: um 90 Grad versetzt zur Fahrtrichtung weiter unten. Die Luftströmung in dieser Höhe kümmert sich im Moment nicht um Berge und Hügel, sie liegt darüber.

Nun wollten wir ja eigentlich nicht über die Bergkette hinweg. Der Verfolger hätte einen großen Umweg fahren müssen, um unseren kleinen Hüpfer nachvollziehen zu können. Also raus aus dieser Strömung, hinunter wieder zu den anderen. Das Vario zeigt »abwärts«.

Durch unseren kleinen Ausflug liegen wir jetzt deutlich vom Weg der anderen versetzt. Wir fahren zwar parallel, aber viel schneller. Ton geht noch tiefer. Die Bäume rücken wieder in greifbare Nähe, der Hang tritt näher an uns heran und plötzlich frischt der Wind spürbar auf. Der Ballon wird schneller. Hier dicht am Abhang trifft der vorher noch schwache Wind auf Widerstand, verdichtet sich die Luft, der Düseneffekt.

In der Mitte des weiten Tales fährt die Hauptgruppe der gestarteten Ballone. Sie versuchen in verschiedenen Höhen Geschwindigkeit und Richtung zu verändern. Weit über uns verschwindet eine der bunten Hüllen über dem Bergkamm. Der Verfolger kann sich auf einen langen Tag einrichten. Vor uns, weit rechts am Talgrund, türmt sich ein kleiner Berg auf. Spitz wie ein junger Vulkan. Ein Hindernis aus dem was zu machen war.

In niedriger Höhe nähern wir uns dem Berg. Immer näher kommt er. Ton hat zwar die Hand am Brenner, könnte jederzeit aufsteigen, über das Hindernis hinweg, aber noch rührt er sich nicht. Er behält die Höhe bei. Auf einmal, wie von Geisterhand, bewegen wir uns schneller über den Grund. Der Kurs verändert sich leicht. Ohne, daß irgendwas getan worden wäre. Es ist eingetreten, was Ton demonstrieren wollte: der Düseneffekt. Luftstrom um Hindernisse. Die anderen bleiben weit hinter uns zurück.

Mitten im Luftstrom, eingeklemmt zwischen Berghang und unserem »Vulkan« werden wir jenseits der Enge hinausgespuckt ins freie Tal. Die Fahrt wird langsamer. Die präzise Richtung, die wir vorher hatten, verliert sich, wir verlieren uns über dem weiten Talgrund. Das Ende eines Hindernisses. Eines beschleunigenden Hindernisses. Bei Wettfahrten kann der Ballonfahrer so seine Chancen erhöhen. Vorausgesetzt, er weiß um diese Geheimnisse der »Hohen Kunst« des Ballonfahrens.

Nun hat Ballonfahren also in erster Linie etwas mit Wind, oder besser mit Luftströmen zu tun. Die sind abhängig vom Wetter, der Jahreszeit, der Bodenformation und – fast hätten wir es vergessen – mit der Uhrzeit. Denn Luft verhält sich morgens anders als abends. Und das hat wieder etwas mit der Temperatur – oder auch hier besser – mit den Temperaturunterschieden zu tun. Man kann sagen: Ballonfahren ist die Kunst mit Temperaturunterschieden umzugehen. Dem Unterschied zwischen der Temperatur innerhalb der Hülle und der außerhalb, den Temperaturunterschieden der Lufthülle am Boden aus denen die Luftbewegungen resultieren. Der Unterschied macht's also. Warum aber ist das »abends« und das »morgens« so verschieden?

Der grundsätzliche Unterschied ist natürlich zuerst einmal die Tageszeit. Das hört sich sehr profan an und ist es natürlich auch. Wer allerdings schon einmal zu nachtschlafener Zeit dem Bette entstiegen ist, mühsam sich und den Ballon zum Startplatz gebracht und dann noch den Ballon aufgebaut hat, der hat die Abendreisen zu schätzen gelernt.

Morgens ist die Fahrtdauer bestimmt von der Entwicklung der Thermik. Setzt die nämlich ein, beginnt der Ballon plötzlich zu rütteln und zu schütteln, dann ist das baldige Ende der Reise angesagt. Abends ist das anders herum. Man beginnt die Fahrt nicht, wenn noch Thermik festzustellen ist, dann aber ist das Ende bestimmt von der hereinbrechenden Dunkelheit.

In Albquerque allerdings ist vieles anders. Dort stehen auch in der Nacht die »Fireballoons« am Himmel. Über der erleuchteten Stadt ab und zu ein

**Die Jagd nach dem Fuchs: Das Zielkreuz ist ausgelegt. Möglichst nahe zur Kreuzmitte versuchen die Verfolger ihren Markierungsstreifen abzuwerfen. Die Sportzeugen messen genau nach.**

Feuerstoß, ab und zu das »Glowing«, wenn auch nicht synchronisiert. Auf den Straßen stehen die Menschen und starren in die Dunkelheit, warten darauf, daß eben diese Dunkelheit für einen kurzen Moment unterbrochen wird. Was alle wissen – ein wenig enttäuschend zwar – die Dinger am Himmel sind fest an der Erde verankert. Sie sollen nicht unbeaufsichtigt in die Dunkelheit enteilen. Amerika, du hast es besser. Oder vielleicht auch nicht, nur ein bißchen verrückter darf es hier zugehen.

Die Damen und Herren dort oben in den Lüften müssen sich allerdings warm anziehen. Nachts wirds hier nämlich ungemütlich kalt. Aber einmal eine Nacht am Himmel, über sich nur den Brenner und die Hülle, viele wollen's haben. Ich habe bisher darauf verzichtet und an der Bar den Geschichten der Piloten gelauscht. Man nennt das »journalistische Arbeit«.

Apropos journalistische Arbeit: Sich mit Ballonfahrern auseinanderzusetzen ist eine feine Sache. Die trifft man an den verrücktesten Stellen und sie haben immer etwas zu erzählen.

Da saßen wir zum Beispiel in Gallup in der Kneipe und trafen »Karl«. Karl ist Lehrer im Indianer-Reservat und natürlich begeisterter Ballonfahrer. Zusammen mit seinem Freund, dem Sheriff, hat er schon einiges hinter sich gebracht und die beiden wollen das auch in Zukunft so halten. Karl erzählte eine Geschichte aus seiner Anfängerzeit als Ballonfahrer und noch immer mußte er über sich selbst lachen.

Er hatte zu Beginn, so viel Geld hatte er schließlich auch nicht, nur einen »Ein-Mann-Ballon«. So ein Ding ist bei uns nicht zugelassen, der Luftfahrtbehörde erscheint das Gerät als zu unsicher für den Piloten. Er besteht nur aus Hülle, Flasche und Brenner. Der Pilot hängt in einem Gurtband schlicht unten dran. Karl erzählte, daß der Ballon eine feine Angelegenheit gewesen sei. Zum Startplatz sei er mit dem Bus gefahren und zurück per Anhalter. Verpackt war das Gerät leicht zu bewegen gewesen.

Nun braucht, nach amerikanischer Gesetzgebung, ein weißer Amerikaner die Genehmigung eines roten Amerikaners, das Reservat betreten zu dürfen. Selbst weiße Polizisten müssen ihre roten Kollegen fragen. Das hat natürlich seinen geschichtlichen Hintergrund. Zudem haben die »Dinee«, so nennen sich inzwischen die Indianerstämme rund um Gallup selbst, großen regionalen Einfluß, auch politisch. Sie bilden ihre Kinder gut aus, lassen sie Mediziner und Anwälte werden, treiben eigenständig Geschäfte mit Öl und Gold aus ihren Gebieten und haben ein eigenes Parlament.

Das war Karl natürlich bekannt. Ein Ballon, betrieben von einem wenig erfahrenen Piloten, macht aber nicht unbedingt das, was im Gesetzbuch steht. Karl war also aufgestiegen, freute sich über die prächtige Fahrt, vorbei an den Red Rocks in der Nähe Gallups und dachte an nichts Böses.

Ballonfahren hat seinen besonderen Reiz wenn der Pilot ganz tief fährt, aber das haben wir schon erzählt. So trieb ihn die Strömung durch das Tal, geschickt hüpfte er immer wieder über alleinstehende

Baumgruppen hinweg, Gas war genug vorhanden, das Wetter ideal.

Über das Reservat hinwegzufahren ist natürlich gestattet. Der Luftraum ist frei, wenigstens ein bißchen. Auch in den USA. Landungen aber sind aus bekannten Gründen verboten.

Da kam also bei flotter Geschwindigkeit ein Hügel auf ihn zu, den es zu »erklettern« galt. Für Thermik war es noch zu früh. Außerdem war die Straße, auf der er landen wollte, noch weit weg. Deshalb ließ er den Brenner fauchen, stieg flott den Hügel hinauf und wunderte sich nur wenig darüber, daß er immer schneller wurde. Was er nicht wußte: Bei Strömungen gegen einen steileren Hang verdichtet sich die Luft, wird in ihrer Bewegung schneller. Karl hatte ein wenig Mühe, sich weit genug vom Boden zu halten. Der Wind drückte den Ballon hart an den Berg. Schon näherte sich der Grad, der scharfe Höhenrücken des Berges, Karl schoß über den Kamm hinweg, da begann das Unheil.

Leewalze. Abwärts. Von oben beult die Hülle ein. Wind drückt ihn nach unten. Der Ballon verliert plötzlich an Fahrt. Es geht nur noch nach unten. Da aber stehen Bäume. Die nehmen in gnädig auf. Eigentlich mehr kratzend, schabend, reißend.

Karl hängt im Baum. Eine ungemütliche Situation zwischen Himmel und Erde. In fremdem Land. Weit und breit kein Mensch. Eben allein. Aber zum Glück nur mit ein paar Kratzern. Über ihm fällt die Hülle zusammen. Zerrissen von den Zweigen.

Es folgt das Übliche. Gashahn zu. Den Mann sichern, irgendwie. Und tief Luft holen.

Wer allerdings die Attraktivität von Ballonen unterschätzt, der irrt. Auch in einem Reservat in der Nähe von Gallup. Weitab jeder sichtbaren Ansiedlung. Nicht im Blickfeld der großen Straßen.

Es dauerte vielleich zehn Minuten, da waren sie da. Große und kleine, alte und junge und alle rot. Den Bewohnern des Reservats war seine Fahrt nicht verborgen geblieben. Im Fernsehen hatten sie schon oft Ballone gesehen, nicht jedoch richtig, also »live«.

Vom Baum hatten sie ihn schnell gepflückt. Hatten schnell gesehen, daß dieses Bleichgesicht, das als Kind mit seinen Eltern in Heidelberg gelebt hatte, nicht ernsthaft verletzt war. Nur sein Stolz als junggebackener Ballonist hatte Schaden gelitten. Das aber war zu verkraften. Und so nahmen sie ihn mit sich und es sollte kein Marterpfahl auf ihn warten, denn diese Zeiten sind endgültig vorbei.

Erst jetzt wurde ihm klar, daß er gegen ein Bundesgesetz verstoßen hatte. Und da verstehen Amerikaner überhaupt keinen Spaß. Es konnte also ein Haufen Ärger auf ihn zukommen. Gefängnisstrafe eingeschlossen. Aber es sollte ganz anders kommen.

Sie brachten ihn zum Häuptling. Später haben auch wir ihn kennengelernt. Er ist ein praktischer Mann, einer der Unsinn als Unsinn erkennt, einer mit dem man reden kann. Der war sehr gelassen. Er ist auch heute noch der Feuerwehrchef im Gebiet. Natürlich kannte er Karl. Schließlich ist der Lehrer in der Schule der Dinee. In ihrer eigenen Schule. Ein Lehrer also, der sich verirrt hatte. Da war die förmliche Einladung ins Indianergebiet Nebensache, nachzuholen als »Verwaltungsakt«. Das Problem war also vom Tisch.

Was er denn da für ein Ding bei sich hätte, fragten sie ihn. Ein Ballon, natürlich. Wer denn da mitfahren könne, fragten sie ihn. Keiner, das sei ein »Ein-Mann-Ballon«. Da gibt es keine Passagiere. Schade, meinte der Häutling. Ob es denn auch größere Ballone gäbe, fragte der Häuptling. Natürlich, die seien ihm aber zu teuer gewesen, meinte Karl. Damit war für den Chef die Angelegenheit erledigt.

Später, Karl war schon wieder zurück und bedauerte den Verlust seines Luftfahrtgerätes, da besuchte ihn der Häuptling in der Schule. Ob er denn daran dächte, sich einen neuen Ballon zu kaufen, war seine Frage. Karl bemühte sich zu dieser Zeit gerade, seine Frau zu überzeugen, das Geld für so ein Ding auszugeben. Deshalb kam die Frage – bezogen auf den Haussegen – ein wenig verfrüht. Er denke darüber nach, sagte Karl ein wenig ausweichend. Und da hatte der Chef einen Vorschlag. Würde sich Karl einen Ballon mit einem größeren Korb anschaffen und würde Karl immer mal wieder Leute aus dem Reservat mit auf seine Reisen nehmen, dann würde der Chef des Stammes sich in der Lage sehen, ihm eine grundsätzliche Genehmigung zum Betreten des Reservats zu erteilen.

Seitdem hat Karl einen Ballon mit Korb. Seine Frau hatte schließlich zugestimmt. Der erste Start des Ballon fand vor der Schule statt und erschloß Karl eines der schönsten Gebiete der USA für die »Hohe Kunst« mit Ballonen zu reisen. Seine ersten Fahrgäste waren seine Schüler. Und heute bringt er immer wieder Gäste mit. Auch die nehmen Kinder und Erwachsene aus dem Gebiet mit und zeigen ihnen die Schönheiten und Heiligtümer ihres Landes von oben. Eine didaktisch besonders erfolgreiche Form Inhalte des Lehrfaches Heimatkunde zu vermitteln.

Ganz nebenbei: Die Sache mit der Leewalze ist Karl nie wieder passiert.

Es ist also nicht ganz einfach, mit dem Wetter und dem Wind, die ja doch alle wieder lediglich auf

Temperaturunterschiede zurückzuführen sind. Diese Unterschiede, die nur Bruchteile von Celsiusgraden haben müssen, bestimmen die Möglichkeiten und Grenzen, denen eine Ballonfahrer unterliegt. So ist auch scheinbarer »Kleinkram« wichtig zu beobachten.

Aufmerksam muß der Ballonist sein, die Nase am Wind haben, auch wenn er noch am Boden ist. Dort eigentlich besonders. Was für »Normalsterbliche« ein schlichter Ausblick auf den nächsten Tag sein mag, der Wetterbericht, die Informationen des nächsten Flughafens, des nächten Hafens, für den Ballonisten entscheidet er über den nächten Tag, die nächsten Stunden. Wetter ist alles. Auch wenn er unter finanziellem Druck fahren sollte, auch wenn die Passagiere meckern, auch wenn die vermeintlich große Chance im Wettbewerb ansteht, der Pilot alleine entscheidet über Start oder »Untenbleiben«. Nur ein Schwachkopf startet unter den falschen Bedingungen. Vielleicht kann man ja die nächsten Stunden erahnen. Sicher sein kann niemand. Deshalb darf allerdings kein Pilot, kein Veranstalter, kein technischer Leiter nachlässig sein.

Wetter. Was sagt uns das? Es regnet oder die Sonne scheint. Als Information zum Fahren reicht das noch nicht aus. Aber niemand wird abheben, wenn Zweifel bestehen. Die Kenntnis über die Bewegungen in der Luft ist eine der Voraussetzungen »Ballonist« zu sein. Wir wollen diese Kenntnis erlangen. Und dann hören wir lange den Geschichten der »alten Hasen« zu. Das nennt man in meinem Fall zwar »journalistische Arbeit«, Erfahrungsaustausch ist es allemal. Auch wenn es unter »Anfängern« nicht allzuviel auszutauschen gibt.

# In den Pilanesbergen

Ballonfahren kann abenteuerlich sein – besonders in der Wildnis Afrikas. Etwa weil die Launen des Windes und die begrenzten Gasvorräte immer mal wieder wohlkalkulierte Pläne durcheinander bringen

Wir durchqueren ein großes Tor, dahinter beginnt die Wildnis. Es ist noch früh am Morgen – das erste Sonnenlicht dringt durch die dichten Bäume. Eine Schar Vögel fliegt kreischend davon. Neben der Straße hat ein schwarzes Warzenschwein seine Kinder um sich versammelt. Unser Auto rumpelt weiter über die staubige Straße, der Hänger mit dem Ballon holpert hinter uns her. Dann halten wir an einem See. Daniel, der Mann aus Amerika, der von hier nie wieder weg will, schultert ein großkalibriges Gewehr. Die friedliche Ruhe täuscht Sicherheit vor. Aus dem Wasser ragen die Köpfe von Flußpferden.

Daniel schaut angestrengt in Richtung des Sees. »Wir müssen wirklich vorsichtig sein. Die Flußpferde sind ziemlich dicht am Ufer – das ist allerdings auch wieder gut. Denn im Wasser fühlen sie sich sicher. Wenn die Kühe oder die Bullen das Gefühl hätten, daß die jungen Kälber in Gefahr sind, würden sie keine Sekunde zögern, uns anzugreifen, und wir müßten zusehen, daß wir in unsere Autos kämen.«

Wir gehen vorsichtig um das Auto und beginnen den Ballon vom Hänger zu laden. Immer wieder geht der Blick zum See. Wir ziehen die Ballonhülle von der Ladefläche. Noch immer schauen die Köpfe aus dem Wasser.

Wir überlegen, ob wir im Falle eines Angriffs eine Chance zur Flucht hätten, denn trotz ihres enormen Gewichtes sind diese Tiere sehr schnell.

Daniel überlegt nicht lange. »Oh ja, sie sind sehr

schnell. Mit etwa fünf Kilometern in der Stunde können sie unter Wasser auf dem Grund des Sees laufen. An Land erreichen sie sogar Geschwindigkeiten bis zu 35 Kilometern in der Stunde. Sie sind für Ihre Größe außerordentlich beweglich.

Eine besonders schlechte Idee wäre es, in das Wasser hineinzugehen. Denn dann könnten wir sicher sein, daß uns die größeren Flußpferde sofort angreifen würden. Mit einem Biß würden sie uns töten. Ihre Zähne sind ungefähr einen halben Meter lang. Flußpferde oder Hippos, wie sie in Afrika genannt werden, sind für mehr tödliche Unfälle verantwortlich als zum Beispiel Löwen. Gefährlich ist vor allen Dingen, wenn man zwischen ein Hippo und das Wasser gerät. Das Tier wird einen auf jeden Fall töten, sobald es eine Gelegenheit dazu hat. Es sind außerdem auch viele Fälle bekannt geworden, in denen Menschen in kleinen Booten, in Kajaks oder auch als Schwimmer verunglückten.«

Eine nicht gerade beruhigende Aussicht, denn die Richtung des Windes an diesem Morgen wird unseren Ballon unweigerlich über den See treiben. Inzwischen haben wir den Brenner eingehängt und Ton prüft sorgfältig dessen Funktion. Ein Ausfall könnte tödliche Folgen haben. Die Flamme schlägt zischend in den Nachthimmel. Das fauchende Geräusch löst ein überraschendes Echo aus. Überall von den Bergen, zum Teil in unserer unmittelbaren Nähe ist das Brüllen wilder Tiere zu hören.

»Was bedeutet das«, fragt Angelika fasziniert? »Löwen«, lautet die beunruhigende Antwort von Daniel, »das machen sie immer so, wenn sie den Brenner eines Ballons hören.« In der Saison steigen hier fast täglich zwei Ballone auf. Marty de Kock, unser südafrikanischer Freund hat viel Erfahrung mit Ballonfahrten über wilden Tieren.

Inzwischen sind die Hippos etwas näher an das Ufer geschwommen. Die Tiere beobachten uns ganz genau. Ihre Körper sind unter Wasser und nur Ihre kleinen Ohren und ihre Augen ragen heraus. Sie wirken ruhig, aber sie achten auch sehr genau darauf, daß wir uns ihren Kälbern nicht zu sehr nähern.

Unser Ballon richtet sich langsam auf. Die ersten Sonnenstrahlen kriechen über den Horizont. Marty und Daniel erzählen von ihren Fahrten über den Pilanesbergen. »Die Tiere leben hier unter vollkommen natürlichen Umständen, ohne künstliche Fütterung. Der einzige menschliche Einfluß besteht darin, einmal im Jahr ein Viertel des Parks niederzubrennen, um der Vegetation Platz zu schaffen. Wir wissen, daß wir mit unserem Ballon hier nur Gäste sind. Wir respektieren ihre Welt und versuchen so wenig wie möglich zu stören.« Angelika, Guido und Ton klettern in den Korb, Ton feuert und langsam hebt sich das luftige Gefährt in den stahlblauen Himmel.

Als ich mich dem Ufer des Sees nähere, zieht mich Daniel ruckartig zurück. Ohne es zu ahnen, habe ich mich der Gefahr ausgesetzt, von einem Krokodil ins Wasser gezogen zu werden. »Wir haben ungefähr 120 Krokodile hier im Monqui-Lake. Das Krokodil ist ein Tier, das sich in den vergangenen 80 Millionen Jahren kaum verändert hat. Ein sehr effektiv vorgehendes Raubtier. Krokodile sind in Afrika immer noch für ungefähr 1000 Opfer verantwortlich. Wenn sie an die Impalas denken, die trotz ihrer großen Aufmerksamkeit und Schnelligkeit zum Opfer der Krokodile werden, kann man sich vorstellen, wie leicht ein Mensch, der am Ufer steht, zur Beute wird. Ein Krokodil kann unter Wasser aus dem Stand in einer Sekunde zehn Meter zurücklegen. Sie schießen dann aus dem Wasser heraus, und haben dich zwischen den Zähnen, bevor du überhaupt weißt, wie dir geschieht.«

Mit drei Ballonen sind wir an diesem Morgen gestartet. Langsam ziehen sie über den See. Marty beginnt zu sinken und taucht vorsichtig ins Wasser. Wir stehen noch immer am Rand, wenn auch ein paar Meter davon entfernt. Nirgends ist ein Krokodil zu sehen: Eine trügerische Ruhe, denn die Krokodile sind da – und sie wissen wo wir sind...

Daniel schaut prüfend über den See. Er weiß, daß Marty den See und die Reaktion der Tiere genau kennt. »Ton würde ich das nicht empfehlen«, meint er dann. Der wiederum ist vorsichtig und bleibt in respektvoller Entfernung vom Wasser.

Das Gewehr im Anschlag erzählt Daniel: »Dieses Wasser ist ziemlich schlammig, so daß es sehr schwer ist, sie zu sehen. Sie liegen nur wenige Zentimeter unter der Wasseroberfläche und warten nur darauf, daß etwas Lebendes auftaucht. Wenn sie draußen nichts finden, fressen sie auch mal die Fische im See. Der Angriff eines Krokodils ist immer plötzlich und unerwartet, einfach unheimlich schnell. Du gehst vielleicht drei oder fünf Meter vom Ufer entfernt spazieren. Das Krokodil könnte dann aus ungefähr fünf Metern Entfernung vom Ufer aus angreifen. Es schießt aus dem Wasser und hat dich schon zwischen seinen Kiefern.«

Ein Stück vom Ufer entfernt taucht eine Herde Impalas auf. Zwei der männlichen Tiere kämpfen miteinander. Unsere Ballone sind inzwischen über den See davon geschwebt.

Es ist jetzt Paarungszeit. Es ist die Zeit, wo die Impalamännchen untereinander streiten, wer die meisten Weibchen um sich schart. Es ist eine ziemlich harte Auseinandersetzung, aber irgendwie funktio-

**Oben: Unmittelbar vor dem Start in die südafrikanische Wildnis.**
**Rechts: Mißtrauisch beäugt, beenden wir unsere Fahrt knapp über Grund.**

niert es immer wieder. Es ist auch ein Zeichen dafür, daß das nächste Frühjahr beginnt. Die interessante Sache bei den Impalas ist, daß die Weibchen sechs Wochen fruchtbar sind, die Jungtiere aber alle innerhalb von 48 Stunden geboren werden. Der Grund dafür ist, daß die Natur damit möglichst vielen Jungtieren das Überleben ermöglichen will. Ihre Feinde können sie nur innerhalb der ersten 48 Stunden nach der Geburt angreifen. Danach sind sie bereits groß genug, sich zu verteidigen oder davonzulaufen.

Die Herde Impalas wird vom Brüllen eines Löwen aufgeschreckt. Daniel schaut aufmerksam auf das Wasser, in dem die Krokodile lauern. Mit einem hintergründigen Lächeln kommt er auf einen Angriff eines Krokodils zurück.

»Wenn du im Wasser bist, schnappt es dich einfach mit seinen Zähnen. Bist du außerhalb des Wassers, kommt es aus dem Wasser herausgeschossen und schnappt nach deinem Arm oder Bein, vorzugsweise jedoch nach deiner Hüfte, um einen

Endlich gefunden: In stockfinsterer Nacht war es die Flamme des Brenners, die unsere Verfolger auf uns aufmerksam machte. Über Funk war eine Orientierung nicht mehr möglich gewesen.

wirklich guten Halt zu haben. Dann zieht es dich zurück ins Wasser und ertränkt dich ganz einfach. Wenn sie satt sind, bringen die Krokodile ihr Opfer oft zu einem Unterwasser-Lagerplatz unter einem Felsen und warten, bis ihr Opfer so richtig mürbe ist.«

Spätestens jetzt bin ich außerordentlich interessiert an seinem Gewehr... »Das ist eine Rooker 4-5-8. Es schießt eine 480-Gramm-Kugel – eine sehr schwere Kugel, die zwar nur auf 100 Meter zielgenau ist, aber eine Aufprallwucht von 4000 Pfund hat. Ein angreifender Elefeant würde dabei auf seine Hinterbeine fallen. Aber die gute Nachricht dabei ist: Wenn man hier draußen vorsichtig ist, und die Natur als Lebensraum der Tiere respektiert, müssen diese Waffen nicht benutzt zu werden.«

Und doch hat es Unfälle hier gegeben. Unfälle, bei denen genau dieser Respekt der Menschen vor der wilden Natur fehlte. »Es war die Dummheit der Menschen die dazu führte, daß sie ihr Leben verloren. Ein Mann hat zum Beispiel einmal sein Auto verlassen, um einen Elefanten dazu zu bringen, sich zu bewegen. Seine Frau wollte ein wenig Bewegung für ihre Videoaufnahmen haben. Sie bekam die Bewegung. Als der Mann versuchte, den Elefanten von hinten anzuschieben, wurde er von diesem zertrampelt. Glücklicherweise überlebte die Frau mit ihren Kindern.«

Ich beginne die Mitfahrer im Ballon zu beneiden. Später macht Ton eine Zwischenlandung. Guido steigt aus und ich klettere in den Korb. Sanft hebt das fragile Luftfahrzeug vom staubigen Boden ab und gewinnt an Höhe. Ein paar Vögel flattern davon. Wir gleiten in absoluter Stille über die Landschaft. Nur hin und wieder unterbricht das Fauchen des Brenners die Ruhe. Dann stehen ein paar Elefanten, ohne uns eines Blickes zu würdigen, in der Weite der Landschaft. Sie haben sich in den letzten Jahren stark vermehrt und zum Teil große Schäden angerichtet. Um zu verhindern, daß sie gejagt werden müssen, gibt es inzwischen ein Programm, mit dem Elefanten auf die Reise geschickt werden. Sie werden in Gebiete umgesiedelt, in denen Mangel an diesen wunderbaren Tieren herrscht.

Von Zeit zu Zeit klingen aus dem Funkgerät die Stimmen unserer Verfolger. Dann nimmt die Stärke der Funksignale ab, ein Zeichen, daß die Leute im Verfolgerfahrzeug Schwierigkeiten haben, uns über das dünne Straßennetz nachzufahren. Am Anfang hoffen wir noch, daß dies nur eine vorrübergehende Störung im Funk ist, doch dann ist klar, daß der Kontakt abgerissen ist. Keine angenehme Vorstellung, angesichts der vielen wilden Tiere unter uns.

»Der Gasvorrat wird noch für etwa 45 Minuten reichen«, meint Ton und hat zum ersten Mal eine Sorgenfalte auf der Stirn. Immer wieder versuchen wir, Kontakt aufzunehmen, aber das Funkgerät bleibt still. Nach etwa einer halben Stunde halten wir intensiv Ausschau nach einem Landeplatz. Wir finden eine freie Wiese, auf der ein großer Busch steht. Prüfend geht der Blick über das Gelände Nashörner, Löwen oder Elefanten sind nicht zu sehen. Sanft setzt der Korb auf der Wiese auf. Wir versuchen erneut, Kontakt zu bekommen, aber außer den Geräuschen der Wildnis ist nichts zu hören.

Stunden verrinnen. Kein Lebewesen ist zu sehen. Nur aus dem Busch dringt ein merkwürdiger Geruch zu uns herüber. Wir sind froh, daß Daniel bei uns ist. Er hat die ganze Zeit über das Gewehr nicht aus der Hand gelegt und bemerkt jetzt auch den strengen Geruch. Entweder schlafen in dem Gebüsch Löwen oder es waren zumindest vorher welche da. Der Geruch sei der eindeutige Beweis dafür, erklärt er uns.

Die Vorstellung, daß aus dem Busch gleich ein paar ausgeschlafene Löwen kommen könnten, finden wir nicht sonderlich beruhigend.

Die Sonne nähert sich inzwischen dem Horizont und verschwindet dann. Die Dunkelheit bricht schnell herein. Wie werden wir die kommende Nacht wohl verbringen?

Dann hat Ton eine gute Idee. Glücklicherweise haben wir noch einen Rest des Gasvorrates in unseren Zylindern.

»Wir werden versuchen, Feuerzeichen zu geben! Das hat schon so manchen Indianer gerettet.« Die Flamme des Brenners schlägt in die dunkle Nacht. Nach einer Pause brennen wir erneut.

»Allzulange können wir das allerdings auch nicht machen – dann ist das Gas entgültig zu Ende...«, meint Ton. Irgendwie kommen wir uns inzwischen ziemlich verlassen vor, als plötzlich das Funkgerät wieder krächzende Laute von sich gibt. Die Verfolger haben unseren Feuerschein gesehen. Noch einmal leuchtet das Feuer unseres Brenners durch die schwarze Nacht. Dann endlich sehen wir die Scheinwerfer eines Autos auf uns zukommen. Gerettet!

Anhänger-
Vermietung
HAUK
Hannover 0511 – 7825
22

# Warum schreiben Hersteller eigentlich Handbücher?

Das Handbuch des Herstellers sagt viel über den Ballon aus. Warum also sollte man daraus nicht lernen können? Aber: Was steht eigentlich drin?

Wer sich einen Ballon zulegt, benötigt nicht nur eine größere Garage, um das Gerät zu verwahren, sondern auch noch ein wenig Platz im Bücherschrank. Da steht dann, neben diesem Buch zum Beispiel, das Handbuch des Ballonherstellers.

So ein Handbuch soll nicht Dekorationszwecken dienen, sondern Tips und Verhaltensregeln geben. Das Studium des Inhaltsverzeichnisses kann da hilfreich sein. Außerdem sind hier alle Bescheinigungen und Vorschriften des Luftfahrt-Bundesamtes abgeheftet. Auf die einzelnen Bestandteile werden wir gleich eingehen.

Der Hersteller vermerkt bereits im ersten Teil, das Handbuch solle im Ballonkorb bei Reisen mitgeführt werden. Das ist sinnvoll, denn es kann nie schaden zu bestimmten, vielleicht verzwickten Problemen noch einmal nachzusehen, was der Hersteller vorschreibt. Da aber Korb und Ausrüstung, trotz des schönsten Ballonwetters, versteht sich, mal in Regen und Schmutz kommen können, sollte im Korb eine Fotokopie des ganzen Handbuches sein. Eingeschlagen in eine wasserdichte Hülle übersteht es auch mal einen Regenschauer.

Natürlich liest jeder Ballonfahrer das ganze Buch gleich nach Erhalt vorwärts und rückwärts, bevor er zum ersten Mal in seinen schönen neuen Ballonkorb steigt. Dafür ist er ja viel zu neugierig auf die erste Fahrt, viel zu kostbar aber ist der Ballon, als daß man ihn leichtfertig auf's Spiel setzen würde. Daraus sieht man auf Anhieb: Das Buch ist wichtig und sinnvoll. Deshalb wollen wir uns auch hier mit ihm befassen.

Als erstes finden wir den Namen des Herstellers, aber den kennen wir ja schon. Schließlich haben wir uns mit ihm in epischer Breite auseinandergesetzt, wollten wir doch den schönsten Ballon aller Zeiten von ihm haben.

Oben ist Platz für das Kennzeichen. Das bekommen wir vom Luftfahrt- Bundesamt. Es besteht aus einer Buchstabenkombination, die Auskunft über das Zulassungsland und die Kennung gibt.

Darunter steht die Werknummer des Herstellers und das Baujahr. Außerdem das Heißluftballonmuster. Der Hersteller hat für diesen Typ die Zulassung durch das Amt erhalten. Es ist wichtig beim Kauf eines ausländischen Ballons, gleichgültig ob neu oder gebraucht, darauf zu achten, daß der Ballon auch im Land in dem er gemeldet werden soll, zugelassen ist.

In den USA haben wir zum Beispiel wunderschöne, leider aber auch hochgefährliche Einmannballone gesehen, die in Europa nicht zugelassen werden. Mit ihnen darf man nur in den USA starten. Es wäre also schade, einen schönen Ballon für's Museum zu kaufen.

Außerdem bemerkt der Hersteller schon an dieser Stelle, daß das Buch bei Fahrten immer mitgeführt werden muß. Jetzt ist es zwar unwahrscheinlich, daß während der Fahrt der Pilot dringend nachsehen muß, welche Farbe zum Beispiel die Ventilleine hat. Das ist natürlich bekannt. Blättert man aber ein wenig im Handbuch weiter, dann wird sofort klar, warum das so sein soll.

Am Anfang des Buches ist nämlich das Änderungsverzeichnis zu finden. Hier müssen alle vom Bauartmuster abweichenden Veränderungen und Umrüstungen eingetragen und vom Luftfahrt-Bundesamt in Braunschweig genehmigt werden.

Warum nimmt es das Amt aber so genau mit den Änderungen?

Ganz einfach, weil es unserer Sicherheit dient. Es ist eben genauso wie bei den Autos. Was nicht in der Zulassung erlaubt ist, muß von einem Prüfungsamt speziell genehmigt werden. Dem sind natürlich Grenzen gesetzt. Nicht alles wird erlaubt, aber den neuen Entwicklungen kann sich der Ballonfahrer immer wieder anpassen. Aber ohne die bei Autos oft so sinnlosen Spielereien. Denn ein Heißluftballon ist ein Luftfahrtgerät. Insofern ist es – im Prinzip versteht sich – vergleichbar mit einem Jumbo-Jet. Der ist zwar technisch viel komplizierter, aber auch er ist lediglich ein Luftfahrtgerät.

So ist das Gerät Heißluftballon im Handbuch auch genau beschrieben. Wir finden, obwohl wir das natürlich schon längst wissen, einen genauen Plan des Ballons. Und wir finden eine ganze Reihe von Tabellen. Denn Ballone sehen zwar sehr verschieden aus, Farben und Muster sind unterschiedlich, in der Form aber haben sie, abgesehen natürlich von den Special Shapes, nur wenige Bauarten. In der Größe jedoch unterscheiden sie sich erheblich. Da sind die ganz kleinen, die für ganz individuelle Ansprüche und ganz wenige Mitreisende. Und da sind die ganz großen, die Omnibusse unter den Heißluftballonen. Die aber fahren viele Unternehmen, die versuchen mit der Ballonfahrerei das schnelle Geschäft zu machen. Mit Sport und Spaß haben sie nur wenig zu tun. Deshalb wollen wir sie vernachlässigen.

Irgendwo im mittleren Bereich liegt die Idealgröße. Wir bevorzugen Fahrzeuge für maximal fünf Personen. Da kann man das Fahren hautnah miterleben, man tritt sich nicht dauernd auf die Füße und bei der Landung, wenn sie denn etwas härter wird, hat man noch genug Korb um sich herum.

Aber natürlich wissen wir, je größer das Gewicht ist, das transportiert werden soll, um so größer muß auch die Hülle sein. Das war die Sache mit dem Temperaturunterschied von innen und außen, die Sache mit der Luft, die »scheinbar« leichter wird. In Wirklichkeit aber dehnt sie sich durch die Hitze aus, nimmt mehr Volumen ein, bei gleichem Gewicht und wird somit »leichter als Luft«.

Diese Daten sind festgelegt und gelten bindend für die Piloten. Sollte ein Ballonfahrer auf die Idee kommen, zum Beispiel an eine kleine Hülle einen großen Korb zu hängen, viele Gasflaschen hineinzunehmen und außerdem viele Freunde zum Mitfahren einzuladen, dann kommt er – wenn er Glück hat – überhaupt nicht vom Boden weg. Im Grenzfall aber, wenn er aufsteigen kann, dann bringt er sich und seine Gäste in große Gefahr. Deshalb wird solches ein verantwortungsbewußter Pilot nie machen, denn lebensmüde sind wir ja nicht.

Die Daten kann man im Handbuch nachlesen. Und danach muß man sich ohnehin richten.

Beschrieben wird im Handbuch alles, was sicherheitsrelevant sein könnte, und die Hersteller bemühen sich den Piloten jede Funktion und jedes Teil zu erklären. Da stellt sich natürlich die Frage: Warum wird hier alles noch einmal erklärt und be-

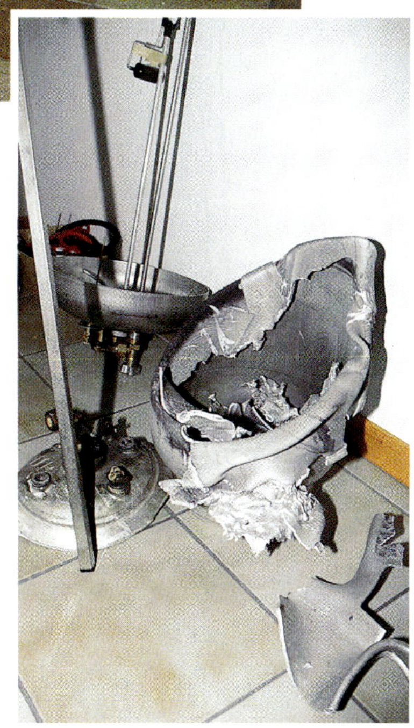

Oben: Der deutsche Ballonhersteller Schroeder, Schweich, fertigt auch Gaszylinder.
Rechts: Sicherheit total. Bis zum Zerbersten werden die Gaszylinder getestet.

schrieben, was der gute Ballonfahrer bereits während seiner »Lehre« bei einem anderen Piloten gelernt hat?

Es ist wie im richtigen Leben. Lehrbücher, wie sie in der Schule Verwendung finden, sind schwer zu finden. Der Schüler muß sich die Informationen zusammensuchen. Und sich allein auf die Erfahrung zu verlassen ist schwer, wenn man noch keine Erfahrung hat. Außerdem muß zwischen Erfahrung und Routine unterschieden werden. Routine ist gefährlich, denn haben sich erst einmal Fehler eingeschlichen, dann bekommt man sie nur schwer wieder heraus. Immer wieder müssen wir uns vor Augen führen: Im Prinzip ist das Fahren in der Luft gefährlich, denn dazu sind Menschen ja eigentlich stammesgeschichtlich nicht ausgerichtet. Hätten wir Flügel, dann bräuchten wir auch keine Handbücher. Solange wir uns aber auf technisches Gerät verlassen müssen, solange steckt der Fehler im Detail. Lange kann es gut gehen, aber auch kleine Fehler können große Wirkung haben. Deshalb gilt es sich frühzeitig auch gegen kleine Fehler zu schützen.

Wir kennen erfahrene Ballonfahrer, die immer wieder, in Abständen, sich das Handbuch greifen und darin lesen wie in einem alten, bekannten Roman. Sie überschlagen Seiten, blättern zurück, rekapitulieren immer wieder Zusammenhänge und Details, die sie schon lange kennen. Erfahrung ist gut, Routine gefährlich.

Jetzt soll Ballonfahren ja Spaß machen, uns die Welt von oben zeigen. Eine der schönsten Fortbewegungen sein, die wir kennen. Auch von unten

**Oben: Gelbes Ballonmaterial eignet sich besonders gut für's beliebte Nachtglühen. Links: Der Computerplan für den »Weltballon« des Fuldaers Horst Wahl.**

sollen diese fragilen Hüllen Freude erzeugen. Dazu bedarf es dieses Buches. Luft hat zwar keine Balken, aber wir haben eine Gebrauchsanleitung, uns dieses Medium zu erschließen. Deshalb wollen wir noch ein wenig in eben diesem Buch herumstöbern.

Da steht nämlich ein Gerät im Mittelpunkt des Fahrens in der Luft, von dem alles abhängt. Der Brenner, das Gerät mit dem die heiße Luft erzeugt wird, die uns tragen soll. Wer da glauben sollte, daß dieses Ding so einfach mit einem normalen Campingkocher verglichen werden kann, der irrt. Das Gerät ist nämlich viel komplizierter. Schließlich ist es das Ergebnis einer langjährigen Entwicklungsarbeit: High-Tech also. Schon lange sind die Zeiten vergangen, da man mit ein wenig Stroh und Schafswolle eine Hülle in die Luft gebracht hat. Flüssiggas wird heute verwendet – Propan, Butan. Das kann man tanken. In speziell dafür gebauten Flaschen.

Der Tankvorgang unterliegt strengen Sicherheitsvorschriften. Das Gas brennt nämlich leicht. Aber das soll es ja auch. Ein einziger Funke und es brennt. Deshalb darf natürlich in der Nähe der Tankwagen oder der Tankstelle nicht geraucht werden. Raucher müssen sich ohnehin beim Ballonfahren in Enthaltsamkeit üben. Aber das dient ja vielleicht auch der Gesundheit. Das jedoch wird nicht die alleinige Motivation sein, mit Ballonen zu reisen.

In langen Schlangen, Fahrzeug hinter Fahrzeug, nähern sich bei Wettbewerben und Ballonfesten die Piloten mit ihrem Gerät der Zapfanlage. Ein Stück davor müssen sie anhalten, warten, bis sie an die Reihe kommen. Es geht geordnet und mit hohem Sicherheitsbewußtsein zu. Aber das kennen wir ja von diesem Völkchen.

Das Problem, das die Techniker lösen mußten, war vielfältiger Natur. Sicherheit steht nämlich an erster Stelle. Und weil es auch Ballone mit nur einem Brenner gibt, hatten sie da erst einmal ein Problem. Das Ding muß funktionieren. Immer wenn es gebraucht wird. Und das ist eigentlich immer.

Deshalb haben sich die Techniker etwas einfallen lassen. Sie haben einfach zwei Brenner in einen gebaut. Alles ist doppelt gebaut, das sogenannte Duplex-System. Zwei Flaschen, zwei Fahrventile, zwei Pilotflammen.

Bei Doppel- oder »noch mehr«-Brennern kann man auf diese Besonderheiten verzichten. Es ist ohnehin alles doppelt vorhanden. Das muß reichen.

Was aber hat nun diese ganze Erklärung mit dem Ballonhandbuch zu tun? Eine schlichte Frage, die ja im Prinzip nicht mehr beantwortet werden muß. Die Erklärungen und Bedienungsanleitungen, natürlich auch die Funktionspläne, sind Bestandteil des Handbuches. Einfach, damit man weiß, was man hat (oder haben könnte).

In der »Datenmatrix der Volumengrößen« steht nämlich die Anzahl der Brenner festgeschrieben. Zu jedem Ballontyp gehört halt eine bestimmte Ausrüstung und die muß man haben. Das betrifft alles: Brenner, Anzahl der Flaschen, Anzahl der Mitfahrer bezogen auf die Menge Flaschen, und das alles bezogen auf die Größe der Hülle. Die Farbe ist natürlich frei wählbar. Aber auch das hatten wir schon.

Damit man bei jeder Neuplanung die Werte nicht jedesmal neu ausrechnen muß, gibt es diese Datenmatrix bezogen auf Volumengrößen. Eine schlichte Frage der Physik. Mit der aber haben wir es fast immer zu tun, wenn wir mit Ballonen zu fahren gedenken.

Das Studium dieser Listen ist für alle, die tiefer in die Materie einsteigen wollen, sehr interessant und bringt mehr als lange schriftliche Erklärungen. Deshalb sei hier zum Beispiel das Ballonhandbuch der Firma »Theo Schroeder fire balloons GmbH«, Schweich, zur Lektüre empfohlen.

Trotzdem wollen wir noch ein paar Kommentare zum Handbuch loswerden. Für den potentiellen Ballonfahrer, und natürlich auch für die, die nur davon träumen können, ist das Buch nämlich wirklich eine spannende Lektüre. Auch wenn wir auf Anhieb nicht alles verstehen können.

Da finden wir nämlich den Begriff »Winterpowerschaltung«. Was soll das nun wieder?

Fangen wir also wieder einmal am Anfang an: Wie beschreibt uns das Handbuch die Heizanlage?

»Der Brenner ist ein atmosphärischer Gasbrenner für flüssiges Propan. Durch den natürlichen Gasdruck in den Vorratflaschen wird das Flüssiggas über Verdampferrohre in Spiralform zu den Ausströmdüsen geführt. Das Flüssiggas wird in den Verdampferrohren durch Abstrahlung der Flamme erwärmt. Über ein Regulierventil (Fahrventil) wird nach Bedarf das Flüssiggas dosiert und nach dem Düsenaustritt von der Pilotflamme gezündet.«

Nun gut, was sagt uns das? Wir brennen mit Flüssiggas. Aus dieser Quelle bekommen wir die meiste Energie. Was aber ist, wenn es einfach zu kalt ist und das Zeug nicht so recht verdampfen will? Wir müssen nicht verzagen.

Bleiben wir deshalb noch einmal bei der Physik. Wenn man nämlich ein flüssiges Gas von außen genug kühlt, dann wird es nicht verdampfen. Im Winter und bei großer Höhe hätte man da ein echtes Problem. Wäre da nicht eben diese Winterpowerschaltung.

Sehen wir doch einfach einmal ins Handbuch. Da steht nämlich:

»Bei niedrigen Gasdrücken kann dieses Ventil auf die Winterpower-Stellung eingeschaltet werden (Symbol Schneemann). Dadurch wird bei Betätigung des Fahrventils sowohl Flüssiggas durch die Verdampferspirale, als auch durch den kleinen Düsenring des Silentbrenners gefördert. Die Leistung erhöht sich dadurch erheblich.«

Natürlich könnte man für seine Gasflaschen auch eine Heizdecke mitnehmen um die Temperatur der Flaschen zu erhöhen. Wäre eine Lösung, allein aber woher bekommt man die Heizenergie? Die nächste Steckdose ist schließlich eine geraume Strecke weit weg. Da ist es doch gut, daß diese Schaltung erfunden wurde.

Und wieder sehen wir: Auskunft und Tips gibt das Handbuch und derjenige Lehrmeister, von dem wir »die Hohe Kunst des Ballonfahrens« erlernen. Hätten wir nämlich nur das Handbuch, es wäre wie bei den Eunuchen: Wir wüßten, wie es gemacht wird. Theorie aber ist eine einsame Sache. Sie ist wichtig, Voraussetzung zum Lernen. Aber, eben nur eine Voraussetzung. So hat das Handbuch seine Bedeutung, der Lehrer eine andere. Beide, wirklich beide sind wichtig. Und wenn der Lehrer sagt: »Vergiß es!«, dann sollte man seinen Rat auch beherzigen. Das Piloten-Zertifikat ist nicht das Ding aller Dinge. Es ist ein Privileg und zugleich strenge Pflicht. Der Pilot trägt die Verantwortung allein. Das Studium des Handbuches allein reicht dazu nicht aus. Es ist die Fähigkeit auch »Nein« sagen zu können, die den guten Piloten ausmacht. Nicht die Kenntnis technischer Zusammenhänge. Draufgänger sind »Versager«, sie haben noch nicht begriffen, um was es geht.

Die menschlichen, die moralischen Anforderungen an Piloten sind hoch. Sie tragen die Verantwortung für Menschen, die Freude haben wollen. Dazu gehört auch das Vergnügen, schlicht abzusagen, wenn die Voraussetzungen nicht stimmen. Auch wenn wirtschaftliche Gründe dagegen zu sprechen scheinen. Es ist zuerst die Verantwortung für andere, die sie übernehmen, dann kommt das Handwerk. Beides ist wichtig für diese »Arbeit«. Dafür bekommen Piloten von Ballonen ein wenig Geld und viel von der Freude der Passagiere. Das sollte reichen. Das Handbuch aber müssen sie trotzdem kennen. Deshalb bleiben wir noch ein wenig bei diesen Papieren.

Das Buch beschäftigt sich nämlich auch mit vermeintlichen Kleinigkeiten. Zum Beispiel den Seilschlössern. Das sind die Haken mit denen die Hülle und der Korb verbunden sind. Aber da müssen wir zur ersten Fahrt zurückgehen, die wir alle mal hinter uns gebracht haben.

Da standen wir doch alle zum ersten Male im Korb, die Knie haben zwar nicht geschlottert, aber es gab eine Mischung aus Beklemmung und Vorfreude. Nach einigem Zirkus und viel Arbeit von anderen stand der Ballon, wir alle im Korb, der Pilot guter Laune und dann: Der Korb verläßt den Boden. Ich glaube, wer das Gefühl noch nicht hatte, hat etwas verpaßt. Das Glücksgefühl emporzusteigen, die vage Angst, der Boden des Korbes könne durchbrechen, man könne sich nicht festhalten am lederbezogenen Rand, und unten verschwindet langsam der Boden. Komisch, daß man nie an die vier kleinen Haken gedacht hatte, die die Verbindung schaffen, zwischen tragender Hülle und belastendem Korb. Vier kleine, unscheinbare, unbeachtete Karabinerhaken, die Verbindung vieler stählerner Halteseile, die aus der Hülle kamen, hin zum Gestell des Korbes aus solider Flechtarbeit. Nicht diese wenigen Punkte waren es, die unsere Angst auf sich zogen, sondern der Boden des Korbes. Herausbrechen könnte er, so war die Angst.

Später erst, als wir alle aktiv dabeiwaren den Ballon aufzurüsten, hinzustellen, abzubauen, erst da haben wir uns den Boden angesehen. Wer diesen Boden durchtreten will, muß ein Elefant sein. Die aber werden sehr selten in Heißluftballonen befördert.

Das Handbuch aber widmet sich in einem besonderen Absatz eben diesem kleinen, scheinbar unbedeutenden Haken. So ein Handbuch ist schon eine verrückte Sache.

Wohin stellt man die Flaschen? Nicht den Champagner, der ist erst hinterher dran und gehört überhaupt nicht in den Korb. Piloten und natürlich auch die Passagiere haben während der Fahrt nüchtern zu sein. Das ist nur einer der Punkte, die das Ballonfahren vom Autofahren unterscheidet. Alkohol ist tabu. Erst hinterher wird er interessant. Zum Taufen und zum Trinken. Aber so weit sind wir noch gar nicht. Wir sind ja noch nicht einmal abgefahren. Schließlich studieren wir immer noch das Handbuch. Hatten wir doch wieder fast vergessen.

**Ein Ballonbrenner der älteren Generation – heute aber nach wie vor tauglich.**

Also noch einmal: Wohin stellt man Flaschen? Gasflaschen zum Fahren. Propangasflaschen. Das sind jene dicken Dinger, aus Aluminium gefertigt, oben mit Anschlüssen und einem Schutzring versehen, die sich gewöhnlich kalt und schwer anfühlen. Wenn sie leer sind, sind sie warm und leicht. Ist noch etwas drin, dann trägt es sich wie eine halb entleerte Thermoskanne größeren Ausmaßes. Meist sind sie in schützende, gepolsterte Hüllen gekleidet und ein wenig unhandlich. Aber, schließlich haben wir es oft genug gesagt: Morgens sind sie schwer, denn es ist ja noch so furchtbar früh, und nach der Fahrt sind sie unhandlich und schwer, obwohl sie meist leer sind, denn wir sind müde von der Fahrt oder es ist inzwischen zu heiß und es liegt eine flotte Mauer zwischen dem Landeplatz und der Straße auf der man – irgendwann – den Verfolger erwartet. Ballonfahren ist eine schweißtreibende Sache, aber auch das hatten wir ja schon.

Wie die aufmerksame Leserin und der aufmerksame Leser unschwer erkennen, pflegen wir immer wieder die abschreckenden Teile des Ballonsports in die Bescheibung einfließen zu lassen. Das dient natürlich allein dazu, uns nicht nachsagen zu lassen, wir hätten nicht gewarnt, vor eben diesem B-Virus. Das wollen wir einfach noch einmal betonen. Sonst könnte ja jeder daherkommen und einfach sagen, wir würden für diesen Sport nur Reklame schieben. Ganz falsch: Lassen Sie es sein! Lassen Sie sich nicht infizieren! Fallen Sie nicht auf die wunderbaren Schilderungen herein! Ballonfahren ist eine harte Sache. Für alle. Auch für Sie.

Jetzt aber genug der Abschreckung. Weiter mit der Hingabe und der Freude an dieser Betätigung:

Denn noch immer haben wir nicht die Frage beantwortet, wohin mit den Flaschen? Der gesunde Menschenverstand würde sagen: in die Ecken. Da stören sie am wenigsten. Da lassen sie sich am besten festbinden.

Richtig, lautet die Antwort aus dem Handbuch. Und endlich mal trifft der normale Verstand auch mal die Vorschrift aus diesem schlauen Buch. In die Ecken.

Unser Korb, zumindest ist das in Europa so, hat vier Ecken. Somit könnten auch vier Flaschen untergebracht werden. Die US-Amerikaner haben auch dreieckige, kleine Körbe, aber mit diesen Dingern wollen wir uns jetzt nicht auseinandersetzen. Gehen wir also von unseren rechteckigen Körben aus.

Natürlich, der aufmerksame Pilot ist sich dessen bewußt, im Korb hat Gleichgewicht zu gelten. Das betrifft nicht nur die Insassen, schließlich hängen normalerweise nicht alle an einem Rand allein, sondern man sieht in alle Richtungen. Es gilt auch für die Flaschen. Es gibt die sogenannten Hauptflaschen und die Nebenflaschen. Das aber sagt nichts über die Wertigkeit aus, lediglich die Reihenfolge der Entladung ist damit gemeint.

Der Korb soll gerade hängen, gleichmäßig belastet sein und sich im Prinzip in Ruhe befinden. Größere Tanzarien sind beim Ballonfahren untersagt. So erzählt uns das Handbuch auch die Reihenfolge des Entladens der Flaschen. Die Hauptflaschen liegen gegenüber, diagonal angeordnet. Bei vier Flaschen ist das so und trägt man nur zwei davon mit sich herum, dann ist es ebenso. Stabilität ist das oberste Gebot.

Neben der Stabilität aber gibt es noch ein paar andere, wichtige Regeln. Die des Brandschutzes zum Beispiel: Wie wir wissen, sagen wir es einfach noch einmal, brauchen wir das Gas, um heizen zu können. Das bedeutet: Der Inhalt der Flaschen ist brennbar. Eigentlich wollen wir natürlich, daß das Gas dies nur an der dafür vorgesehenen Stelle macht, nämlich oben am Brenner. Wenn es immer so wäre, dann hätten wir ein Problem weniger. Manchmal aber fängt das Zeug auch irgendwo anders an zu brennen. Direkt an der Flasche, an einem undichten Ventil zum Beispiel. Da lagert sich langsam, niemand merkt es, gefrorenes Gas ab und dann, puff, brennt's an der falschen Stelle.

Panik ist dann das Schlimmste. Aber unser erfahrener Pilot hat natürlich seine Mitfahrer vorbereitet. Er hat Informationen weitergegeben. Es kommt zwar selten vor, schließlich ist die Anlage gut gewartet, der Pilot hat die Anschlüsse gewissenhaft überprüft, aber es kommt bisweilen vor. Ein Problem haben wir deshalb aber noch nicht. Nur Fehlverhalten kann zu Problemen führen. Deshalb die Reihenfolge der Problembeseitigung in Zeitlupe:

- An einer der Gasflaschen tritt unbemerkt eine Undichtigkeit auf. Gas tritt aus.
- Das Gas entzündet sich.
- Der Pilot erhält die Meldung: Hier haben wir ein Feuer.
- Der Pilot schließt alle Ventile. Das ist einer der Gründe, warum er Handschuhe trägt. Er schließt alle Ventile.
- Das Feuer erlischt.
- Der Pilot öffnet »sichere« Ventile. Zündet erneut Pilotflamme und Brenner.
- Der Pilot landet sicher.
- Ende des Problems.

Im schlimmsten Fall ist eine Jacke angekokelt. Ballonfahren aber ist, trotz der brennbaren Mittel, ein sicheres Fortbewegungsmittel. Voraussetzung ist allerdings eine gute Ausbildung des Piloten, und

**Größeren Bedienungskomfort und geringere Geräuschentwicklung zeichnen die modernsten Brenner aus.**

überlegtes Handeln von Pilot und Passagieren. Es muß eine Einheit sein von Ballonfahrern und Ballonmitfahrern, von Kenntnissen und Vertrauen, von Theorie, Praxis und Erfahrung. Diese Fälle sind äußerst selten. Die Regeln müssen den Passagieren gleichwohl bekannt sein. Als Piloten wünschen wir uns natürlich einen besonnenen Menschen, der seine Fähigkeiten einschätzen kann. Auch der junge Pilot wird ein besonnener Führer des Fahrzeugs sein, vorausgesetzt er überschätzt seine Fähigkeiten nicht. Der geübte, der vielgefahrene Pilot muß sich vor seiner Routine zu schützen wissen. Die Luft hat keine Balken, das wissen wir alle. Erfahrung nutzt, Routine stumpft ab, jede Fahrt ist die erste. Denn jede Fahrt ist ein Unikat. Das aber macht den Reiz des Ballonfahrens aus. Für alle.

Aber der Ballonhersteller gibt natürlich nicht nur Hinweise und Informationen über die eigenen Produkte in das Handbuch, sondern denkt auch an andere Teile. Zum Beispiel an die Instrumenteneinheit:

Speziell für Heißluftballone wurde ein Kombi-Instrument entwickelt, das Höhenmesser, Variometer und Thermometer beinhaltet. Und natürlich wissen wir auch wie wichtig so ein Instrument für die Ballonfahrt ist. Gehen wir doch noch einmal einen Schritt zurück:

Wenn wir uns mit dem Ballon in der Luft bewegen, dann haben wir oberflächlich betrachtet nur wenige Gestaltungsmöglichkeiten. Wir können steigen und wir können sinken. Mehr nicht. Die Kunst besteht nun darin, eine Luftströmung zu erwischen, die in die gewünschte Richtung führt. Manchmal hat man dabei ganz schlechte Karten, nirgendwo ist so eine Strömung zu finden, es gibt sie einfach nicht. Dann hat man Pech und muß sich ein anderes Ziel suchen. Bisweilen geben einzelne Fahrer ihr Vorhaben zu früh auf. Das kann daran liegen, daß sie zuwenig Erfahrung haben, daß ihnen die Geduld fehlt, aber auch, daß ihnen die »goldene« Nase, zu erahnen, wo die richtige Luftrichtung sein könnte, fehlt. Alle aber haben das gleiche Instrumentarium dabei. Eben Höhenmesser, Variometer und Thermometer.

Mit dem Thermometer mißt man die Temperatur. Das wissen wir natürlich alle, denn so ein Ding hat ja fast jeder zu Hause. Bei Ballonen aber unterscheiden sich die Thermometer von denen, die wir kennen. Schließlich brauchen wir die Temperaturwerte an ganz bestimmten Orten. Die Temperatur der Luft ließe sich ja zur Not noch mit einem dieser Teile in der Nähe des Korbes messen. Irgendwie müßte man zwar die Einwirkung der Flamme abschirmen, aber das wäre hinzubekommen.

Viel komplizierter ist es natürlich, die Temperatur im Balloninnern zu bekommen. Die aber ist für uns aus zwei Gründen äußerst wichtig:

Zum einen kann der Pilot ermitteln, ob er noch für weiteren Auftrieb sorgen kann, indem er weiter feuert. Zum anderen kann er dafür sorgen, daß die Temperatur in der Hülle nicht zu hoch steigt. Natürlich hat er bereits während seiner Ausbildung gelernt, daß die Innentemperatur unter keinen Umständen höher als 110 Grad Celsius sein darf. Steigt sie nämlich höher, dann wird der Stoff brüchig, die Bänder verlieren an Festigkeit, der Ermüdungsprozeß des Materials wird erheblich beschleunigt. Dieser Fehler wird sich nicht gleich rächen. Viel später jedoch kann plötzlich, ohne jede Vorwarnung, der Stoff in einem Quadrat reißen. Da sich die Überhitzung besonders in der oberen Hälfte, nahe des Nordpols auswirkt, ist die Gefahr besonders groß. Reißt dort nämlich eine Bahn oder ein Quadrat, dann entweicht sofort die heiße Luft, der Ballon verliert erheblich an Tragkraft. Diese Tragkraft ist bei größeren Rissen durch Feuern nicht mehr aufzuheben. Zudem drückt kalte Luft, bedingt durch rasantes Sinken, die Reste der tragenden Heißluft aus dem Ballon. Der Absturz ist dann nicht mehr aufzuhalten. Deshalb ist wirklich ernsthaft darauf zu achten, daß niemals, wirklich niemals ohne Not die Hülle überhitzt werden darf. Sollte dies dennoch einmal vorkommen, zum Beispiel um aus einer Thermik herauszukommen, ist die Hülle danach von Spezialisten genau zu untersuchen.

Natürlich haben wir einen Höhenmesser an Bord. Ein Höhenmesser ist ein kompliziertes Ding, denn er zeigt nur relative Werte an und die verändern sich auch noch, ohne daß man es merkt. Warum erzähle ich das?

Duch falsches Ablesen von Höhenmessern sind Flugzeuge gegen Berge geknallt, Ballone haben die falsche Höhe gefahren und Bergsteiger wurden zu Tunnelbauern. Nur in der Seefahrt haben Höhenmesser kaum Bedeutung. Die nämlich fahren in Meereshöhe.

Aber da sind wir schon beim Problem. Seefahrer verlassen das Meer mit ihren Gefährten nicht in senkrechter Höhe, deshalb können sie auf dieses Instrument verzichten. Wollten sie aber wissen wie hoch der Deich ist, dann müßten sie sich so ein Instrument zulegen. Es wird nämlich immer dann interessant, wenn wir die dritte Dimension erobern wollen. Ballone aber bewegen sich dort und deshalb müssen wir lernen mit dem Ding umzugehen.

So ein Höhenmesser ist im Prinzip mit einer kleinen Konservendose vergleichbar. Diese Dose hat einen ganz bestimmten Innendruck. Ändert sich nun der äußere Druck, dann beginnen sich Boden und

**Nicht nur zur Sommerszeit: An der Gastankstelle ist das Ballongespann vorgefahren.**

Deckel zu wölben. Entweder nach innen, dann ist der Außendruck höher als der Innendruck, oder umgekehrt.

Diese Wölbung wird nun von feiner Mechanik abgenommen, durch komplizierte Technik verstärkt und auf eine Skala übertragen. Jetzt also haben wir einen Zeiger und der steht irgendwo. Über die Höhe, in der sich das kleine Kästchen befindet ist damit natürlich noch gar nichts gesagt. Der Hersteller aber weiß wie breit der Strichabstand sein muß, um sagen wir mal 10 Meter Höhenunterschied darzustellen. Deshalb auch ist er in der Lage, eine komplette Skala anzuliefern. Aber noch immer wissen wir nicht, wie hoch unser Ballon denn nun ist.

Das aber können wir leicht feststellen. Wir sehen nämlich in die Karte. Und weil wir ja meist wissen, wo wir uns befinden, können wir auch ablesen, wie hoch wir sind. Das ist ein zugegebenermaßen recht grobes Verfahren. Deshalb ist – beim nächsten Flug mit einem Flugzeug darauf achten – auf allen größeren Flughäfen ein Schild angebracht, auf dem neben der genauen Position auch die präzise Höhe über dem Meeresspiegel, über Normal Null (NN) angegeben ist. Am Höhenmesser wird nun der Skalaring so lange gedreht, bis der Zeiger auf die aktuelle Höhe zeigt. Quasi der umgekehrte Weg der Wahrheitsfindung.

Läßt man aber jetzt das Ding einfach liegen, dann muß man feststellen, die Anzeige verändert sich. Der Hersteller hatte aber geschworen, das Geräte arbeite einwandfrei. Was mag da nur passiert sein? Nach kurzem Bedenken wird das Phänomen natürlich klar. Der Innendruck des Geräts bleibt immer gleich. Der Außendruck aber verändert sich von Zeit zu Zeit, der Luftdruck ändert sich. Hoch und Tief. Deshalb fliegen wir »scheinbar« ein bißchen in der Luft herum (oder auch unter der Erde). Denn das dumme Gerät kann natürlich nicht unterscheiden, warum sich der Luftdruck um ihn herum ändert. Wird das ganze Kistchen nun angehoben und in wunderbare Höhen entführt, oder bekommen wir einfach nur schlechtes Wetter, ein Tief.

Aber Ballonfahrer sind ja findige Menschen und der Zeitraum, in dem sie fahren, hält sich in Grenzen. Das hat große Vorteile: Wenn der Ballon steigen soll, ist dem Piloten bekannt wie hoch der Startplatz ist. Er kann seinen Höhenmesser also eichen. Die Luftdruckveränderung aufgrund von Wetteränderungen hält sich in der kurzen Zeit der Fahrt in erträglicher Toleranz. Deshalb weiß er immer, wie hoch er ist.

Natürlich sind moderne Geräte auf dem Markt, die viel schlauer sind, die die Höhenbestimmung aufgrund völlig anderer Kriterien erstellen. GPS-Geräte (Global Positioning System) zum Beispiel errechnen die Höhe aufgrund von Satellitendaten. Aber genauso wie der gute alte Dosenhöhenmesser kann man eine Reihe schlimmer Fehler machen. Die grundsätzliche Wirkungsweise, und die Grenzen der Meßgenauigkeit des Höhenmessers deshalb muß ein Pilot kennen.

Dann haben wir noch das Variometer. Es ist für Ballonfahrer das interessanteste und vielleicht auch wichtigste Instrument. Es zeigt uns die Veränderung des Höhenmessers, Steigen und Fallen. Das Maß: Meter oder Feet pro Sekunde.

Rufen wir uns noch einmal in Erinnerung: Wir können mit dem Heißluftballon nur steigen und fallen. Die Reiserichtung bestimmt die Luftströmung. Die aber bewegt sich auch nicht immer horizontal. Außerdem: Wir fahren auf Sicht. Höhenveränderungen visuell zu erkennen, ist oft nicht möglich. Deshalb müssen wir uns auf das Wesentliche beschränken.

Natürlich könnten wir einen ganzen Stall von Elektronik mitschleppen. Wir könnten uns auf satellitengestütze Navigation verlassen, wir könnten im Computer versuchen, ein virtuelles Abbild der Luftströmungen zu erstellen. Das gibt es auch. Mit der Hohen Kunst des Ballonfahrens indes hat das nichts zu tun. Das ist High-Tech. Mehr nicht. Die »Elektriker« ersetzen die Erfahrung des Piloten. Und wenn der Strom ausfiele, es wäre das Ende der Fahnenstange.

Es gibt Piloten, die machen das. Die haben den Korb voller Computer. Die aber wollen nur gewinnen. Eigentlich könnten sie auch gleich in ihrer Wohnstube bleiben und das »Erlebnis« des Gewinnens auf dem Monitor ausüben. Wir halten so etwas für langweilig, auch wenn die Computerfreaks immer mehr Land gewinnen. Wie gesagt: Das ist nur was für Leute die unbedingt »gewinnen« müssen. Ballonfahrer sind das nach unseren Begriffen aber noch nicht.

Deshalb bleiben wir bei einfachem Gerät und das ist eben jener Variometer. Rauf und runter und wie schnell. Mehr zeigt das Ding nämlich nicht an.

Gehen wir doch einfach mal in die Schweiz. Zum größten Festival dort. Château d'Oex. Alpenfahrt.

Manchmal spielt der Wind verrückt. Manchmal hält er inne und bewegt sich überhaupt nicht, und manchmal bläst es durch die Bergritzen, daß man Angst bekommen könnte. Natürlich ist es nur eine Frage der Physik. Die Faktoren aber, die mitspielen, sind vielfältig. Das Computermodell hätte seine Probleme. Es sind zu viele Variablen, zu schnell ändert sich das Wetter, der Programmierer käme überhaupt nicht hinterher. Das macht diesen Ort so spannend.

Wir hatten es schon erzählt. Von Ton Kurvers habe ich dort eine neue Methode des Findens von unterschiedlichen Richtungen der Luft erfahren. Eine mehr empirische Methode.

Bisweilen hängt sich Ton über den Rand des Korbes und sieht gedankenverloren in die Tiefe. Dann muß man schon sehr genau hinschauen. Am besten, man hängt sich auch über den Korbrand. Und dann, mit leichtem Grinsen auf den Lippen, Ton spuckt. Er spuckt einfach in die Tiefe. Dann aber wird es interessant. Gebannt schauen wir dem kleinen Spucketröpfchen nach und das führt einen wilden Tanz auf. Zwar können wir die Höhe nicht abschätzen, aber wir können es lange verfolgen. So lange bis es irgendwann schlicht verschwindet. Das ist dann die Höhe Null über Grund. Dazwischen aber geht es mal nach rechts und links, nach vorne oder hinten. Leicht und stark. Der dreidimensionale

**Segen und Gefahr für's Ballonfahren: Feuer will kontrolliert sein.**

Bogen verdeutlicht den aktuellen Stand der Luftbewegung und daran kann man sehen, wo Chancen bestehen, dorthin zu kommen, wo man hinwill. Eine zugegebenermaßen schlichte, aber sehr wirkungsvolle Methode.

Dann muß man auf diese Höhe, schnell, niemand kann wissen, wie lange die Luftströmung bestehen bleibt. Nach oben zu spucken ist Ton noch nicht gelungen. Daran muß noch gearbeitet werden.

Ist dann die neue Höhe erreicht, hat man die gewünsche Windrichtung getroffen, dann wird der Variometer interessant. Luftströme sind abhängig von vielen Faktoren. Unter anderem von der Oberflächenbeschaffenheit der Landschaft. Die aber können wir erkennen. Ob sich der Wind darauf auch einläßt, muß erst noch beobachtet werden. Der Ballon fährt also still vor sich hin. Er dreht sich nicht, ruckelt nicht. Also keine Schwierigkeiten durch Thermik und Querströmungen. Der Ballon fährt.

Plötzlich aber beginnt er zu steigen. Für uns im Korb hat sich überhaupt nichts geändert. Das Vario zeigt aber an: Wir steigen.

An der Beobachtung des Bodens können wir erkennen, die Fahrt nimmt zu. Langsam kommt der Berghang auf uns zu. Ein Wetterphänomen? Nein! Eine völlig normale Situation. Der Wind treibt auf den Berghang zu, wird eingezwängt zwischen den Luftschichten. Und damit die Strömung aus dieser Enge wieder herauskommt, muß sie schneller werden. Ein übertragener Düseneffekt. Irgendwann werden wir hinausgespuckt in den abfallenden Berg. Die Strömungen haben wieder Platz, die Geschwindigkeit wird langsamer, wir sinken mit dem Strom. Wir sind auf der anderen Seite der Bergkette. Der schnellste von uns war das Variometer gewesen. Und Ton grinst vor sich hin. Vielleicht wußte er alles ja schon vorher. Das aber hat er uns nicht verraten.

So etwas steht natürlich nicht im Handbuch. Das ist Erfahrung, Wissen, langjähriges Training. Im Handbuch wird nur aufgezählt, was der Ballon alles hat, wie er beansprucht werden kann und welche technischen Möglichkeiten er hat. Das Handbuch sagt viel über die Ausrüstung. Fahren aber muß der Pilot. Aber der wollte das ja auch so. Sonst würde er ja seine Freude als Finanzbeamter haben. Das soll's ja geben.

Im Handbuch stehen auch so einfache Dinge wie Starten und Landen, wie Fahren in großer Höhe und ganz tief. Der Hersteller liefert Anregungen und Regeln für jede Lage. Er beschreibt technische Schwierigkeiten, liefert Kurven und Übersichtspläne. Und ganz wichtig: Im Handbuch sind Vorschriften wiedergegeben, die einzuhalten der Ballonpilot gezwungen ist. Passiert nämlich ein Unfall, dann prüft das Gericht, ob sich der Chef im Korb falsch oder richtig verhalten hat. Das Buch liefert die Regeln, vermittelt die Vorschriften.

Wasser hat keine Balken, so sagen die Seefahrer, Luft hat überhaupt nichts. In Wasser kann man zur Not noch schwimmen. In der Luft aber ist man ohne ein tragendes Gerät schlecht dran. Deshalb ist überall und jederzeit Aufmerksamkeit angebracht. Ohne diese Aufmerksamkeit zu haben, darf man nicht starten. Ohne günstige Voraussetzungen zu haben, darf man nicht starten. Ohne das Gerät in bestem Zustand zu haben, darf man nicht starten. Jetzt könnte es sich so anhören, als sage das Handbuch, man dürfe überhaupt nicht starten. Das ist natürlich Unsinn. Man muß nur Geduld und Verantwortungsbewußtsein haben, dann darf man auch starten. Wie die Bedingungen sein müssen und wie hoch die Geduld sein muß, das teilt uns das Handbuch mit.

Warum also schreiben Hersteller Handbücher? Noch haben wir die Frage nicht beantwortet. Wir haben lediglich darüber berichtet, was in so einem Handbuch steht.

Das Handbuch nimmt dem Piloten nicht die Verantwortung ab. Es beschreibt lediglich den Rahmen, in dem sich diese bewegt. Trotzdem ist der Pilot damit nicht entlastet. Selbst wenn er alle Vorschriften des Handbuches erfüllt, er kann trotzdem falsch handeln. Kommt dann irgendwer zu Schaden, ein Gericht wird ihn zur Verantwortung ziehen. Wie der Autofahrer, der Kapitän eines Schiffes, ist der Pilot immer in der Verantwortung. Das Handbuch kann helfen, einen Ballon fahren zu lernen, die Ausbildung bei einem erfahrenen Lehrer kann es nicht ersetzen.

Natürlich wollen wir niemanden abschrecken den Ballonschein zu machen. Verschleiern, welche Probleme aufkommen können, wollen wir aber auch nicht. Die Hohe Kunst des Ballonfahrens bekommt man nicht in ein paar Lektionen beigebracht. Das ist ein langer Lernprozeß. Wie beim Autofahren, oder nach Erlangung der Berechtigung zum Führen eines Segelbootes, lernen werden wir erst mit der Zeit.

Zuerst fahren wir mit dem Ballon auf Sicherheit. In ausreichender Höhe, bei guten Bedingungen. Nur wenige beherrschen die »Hohe Kunst« wirklich. Sie haben lange dazu gebraucht. Und sie werden noch lange daran arbeiten müssen, sie zu perfektionieren.

Das Handbuch ihres Ballons werden sie noch oft zur Hand nehmen.

Schöner
Gas

# Die wahre Kunst des Ballonfahrens

In der Traumwelt der Ballone gibt es nichts, was es nicht gibt. Zum Beispiel bedarf ein Ballon nicht immer eines Piloten, um fernsehreif zu starten und wieder zur Erde zurückzukommen

Die Kunst des Ballonfahrens beruht auf dem Geschick des Piloten. Wirklich? Oder kann der Pilot etwa auch ersetzt werden durch überirdische Kräfte, glückliche Umstände oder Zufall?

Die folgende Geschichte läßt zumindest Zweifel daran aufkommen, ob die Bedeutung des steuernden Menschen wirklich so groß ist, ob seine Künste wirklich so notwendig sind.

Es war ein Bilderbuchsommertag: blauer Himmel, 100 Kilometer Fernsicht, nur der Wind störte das perfekte Bild. Ein Fernsehfilm sollte gedreht werden. Nach genauem Drehbuch, wie sich das für dieses Medium gehört. Aus einem Tal sollte der Ballon nach oben auf einen Hügel schweben – genau auf eine dort postierte Kamera zu. Nach der Landung würde dann ein kostümiertes Mädchen aus einem Busch hervortreten, freudig erregt auf den Ballon zulaufen, die Arme ausbreiten und Ballonfahrer und Luftfahrzeug begrüßen. Wie immer, wenn das Fernsehen in der Nähe ist, verliefen die Vorbereitungen hektisch. Kameras wurden herumgeschleppt, Standorte ausgewählt und wieder verworfen. Regisseur und Kameramann waren sich nicht einig. Mehrfach wurde der Standplatz der Kamera wieder verändert. Dabei nahm der Wind zu.

Inzwischen war der Ballon aufgebaut worden und der Ballonpilot bemühte sich, den im Wind hin- und herschwankenden Ballon zu halten. Zur Sicherung war der Ballon mit einem Seil am Verfolger-

Brauchen Ballone wirklich Piloten?

fahrzeug festgebunden worden. Ein sogenannter Quick-Release, den man im Bedarfsfalle auch unter Belastung aus dem Korb heraus lösen kann, stellte die Verbindung zwischen Ballon und Auto dar. Alles war für die Fernsehaufnahme bereit, als sich eine Wolke vor die Sonne schob. Kommando zurück und warten.

Dann gab die Wolke die Sonne wieder frei. »Go!«, lautete das Kommando des Fernseh-Regisseurs. »Halt!«, rief der Ballonfahrer, als sich herausstellte, daß sich unbeachtet vom Piloten, beim Aufbau ein Knoten in die Parachuteleine eingeschlichen hatte. Der bereits aufgebaute Ballon mußte ab- und wieder aufgebaut werden. Dabei nahm der Wind weiter zu und rüttelte jetzt heftig an dem Seil, das ihn mit dem Auto verband.

Wieder saß der Ballonpilot hinter dem Brenner auf der Kante des Korbs, die Flammen bleckten in die Hülle, und der Ballon begann sich gerade aufzurichten, als eine Windböe die Hülle erreichte und diese weiter in die Senkrechte drückte. Die Böe verlieh dem Ballon Auftrieb, mit dem weder Pilot noch Crew gerechnet hatten. Vergeblich versuchte die Mannschaft das nach oben ziehende Tuch zu bändigen, als mit einem lauten Knall das Quick-Release-Seil riß. Der Korb pendelte aus und warf den immer noch auf der Korbkante sitzenden Piloten wie ein wildes Pferd ab. Während die Crew immer noch bemüht war, das Fahrzug am Boden zu halten, wurde er vom Korb förmlich überfahren.

Oben auf dem Hügel stand noch immer der Kameramann und wartet auf den Ballon, der eigentlich auf ihn zuschweben sollte.

Es gelang der Crew, den Ballon noch einmal zu fassen, der inzwischen weiter auf einen Wald zutrieb. Am Waldrand, der schnell erreicht war, mußten sie allerdings loslassen. Vor ihren entsetzten Augen begann das Luftfahrzeug zu entschweben – unbemannt.

Der Kameramann auf dem Hügel war hochzufrieden, als er – wenn auch ohne weitere Ankündigung – den Ballon auf sich zuschweben sah. Er begann den sich nähernden Ballon zu filmen. Dabei freute er sich über die Einhaltung der mit dem Ballonpilot vorher abgesprochenen Richtung.

Im Tal wiederum war man vom Verlust des teuren Luftfahrzeugs überzeugt. »Das war's wohl«, meinte der Pilot resigniert, »das können wir vergessen.«

Über das Funkgerät rief der Kameramann dem vermeintlich im Korb sitzenden Piloten zu: »Genau so! Das ist die richtige Richtung!« Und wenig später kam von ihm die Anweisung, der Ballon möge jetzt bitte sinken. Als hätte der herrenlose Ballon das verstanden, begann er tatsächlich an Höhe zu verlieren. »Prima!«, ruft der Kameramann, »das ist es. Genau so!«

Und das Wunder nahm seinen Lauf. Sanft sank der Ballon vom Himmel und landete in umittelbarer Nähe zur Kamera. Das Gebüsch öffnete sich und heraus trat das kostümierte Mädchen. Sie lief auf den Ballon zu, breitete die Arme aus und hieß den unbemannten Ballonkorb herzlich willkommen. Während die Hülle inzwischen niedersinkt, hatte auch die Crew den Ort des Geschehens erreicht. Atem- und fassungslos sah sie ihr Luftfahrzeug völlig unbeschädigt vor sich stehen.

Das unfreiwillige Stück Film wurde später tatsächlich in die Fernseh-Story eingeschnitten und kein Zuschauer bemerkte je, daß hier tatsächlich ein Beweis der Hohen Kunst des Ballonfahrens stattgefunden hatte.

FOKKER
idealjob

# Ballon ist nicht gleich Ballon

Jeder Heißluftballon ist ein Unikat. Ballone kauft man nicht von der Stange. Sie unterscheiden sich also. Warum eigentlich?

Bei Autos und Kleidung kauft man Massenprodukte – meistens zumindest. Haushaltsmaschinen und Radios, das alles wird am Fließband hergestellt. Alles sieht gleich aus, nur in der Farbe und im Modell gibt es Variationen. Zwar ist die Angebotspalette breit, aber so richtig in Ideen wühlen kann man nicht. Dafür sind die Geräte auch so preiswert wie noch nie. Einen Kraftwagen konnte sich zu Beginn der Automobilgeschichte höchstens der Herr Geheimrat oder der Baron leisten. Heute ist der Besitz eines fahrbaren Untersatzes finanziell für viele kein Thema mehr. Und früher mußte für die neue Hose vom Schneider lange gespart werden. Heute, aber wem sagen wir das.

Was die Massenherstellung von Ballonen betrifft, da befinden wir uns noch im Zeitalter der Manufaktur und es ist anzunehmen, daß es auch so bleiben wird. Es wäre ja auch ein bißchen kompliziert, im Luftraum so ein Gedränge zu haben, wie auf unseren Straßen. Im Moment aber ist dieses Durcheinander noch nicht zu sehen. Dafür aber glaubt der Laie, das Chaos woanders zu finden. Jeder Ballon sieht anders aus, keiner ist mit einem anderen vergleichbar, jeder macht, was er will. Es gibt überhaupt keine Regeln.

Falsch, ganz falsch. Natürlich gibt es Regeln. Auf dem Ballonmarkt ist so ziemlich alles normiert, festgelegt, in Bestimmungen verankert. Das Einzige, was völlig der freien Gestaltung unterliegt, ist die Farbgebung. Trotzdem ist da natürlich immer noch ein breiter Spielraum an Möglichkeiten.

Den wohl breitesten Raum in der Gestaltung bietet zuerst einmal die Wahl der verschiedenen Größen. Da ist es wie bei den Autos. Es gibt kleine und große. Natürlich unterscheiden sich die Ballone dann auch im Preis. Allerdings sind diese Unterschiede leider nicht so groß wie bei Kraftfahrzeugen. Überhaupt: Preise. So ein Ballon ist schon eine kostspielige Angelegenheit. Das betrifft nicht nur seine Anschaffung und das Drumherum. Auch die Unterhaltung das Jahr über kostet eine Menge Geld. »Heimwerken« am Ballon sollte man übrigens lassen. Das ist zu gefährlich. Änderungen und Ergänzungen müssen ja im Ballonbuch eingetragen und vom Fachmann ausgeführt werden. Vielleicht

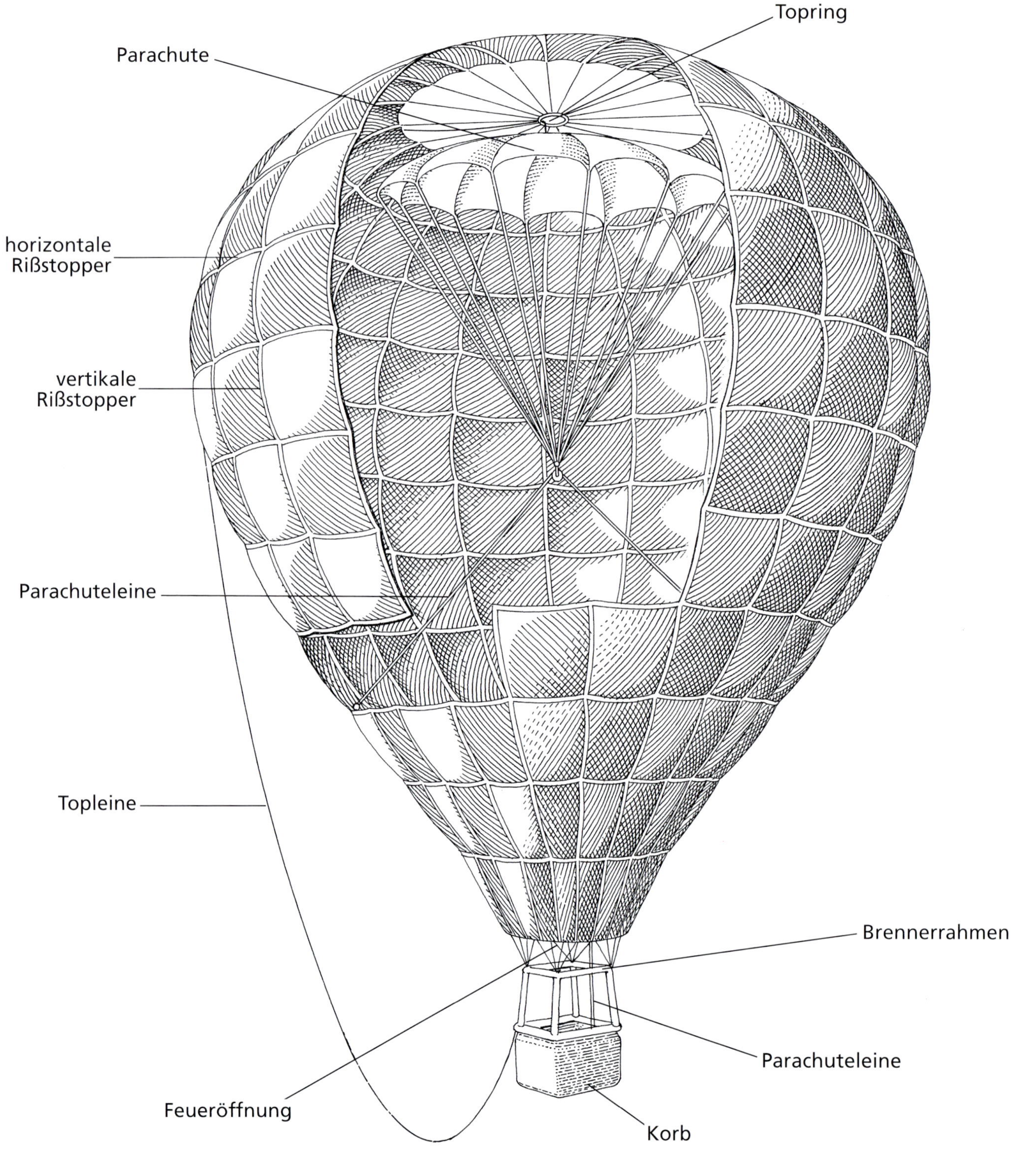


**Konstruktionselemente einer Ballonhülle**

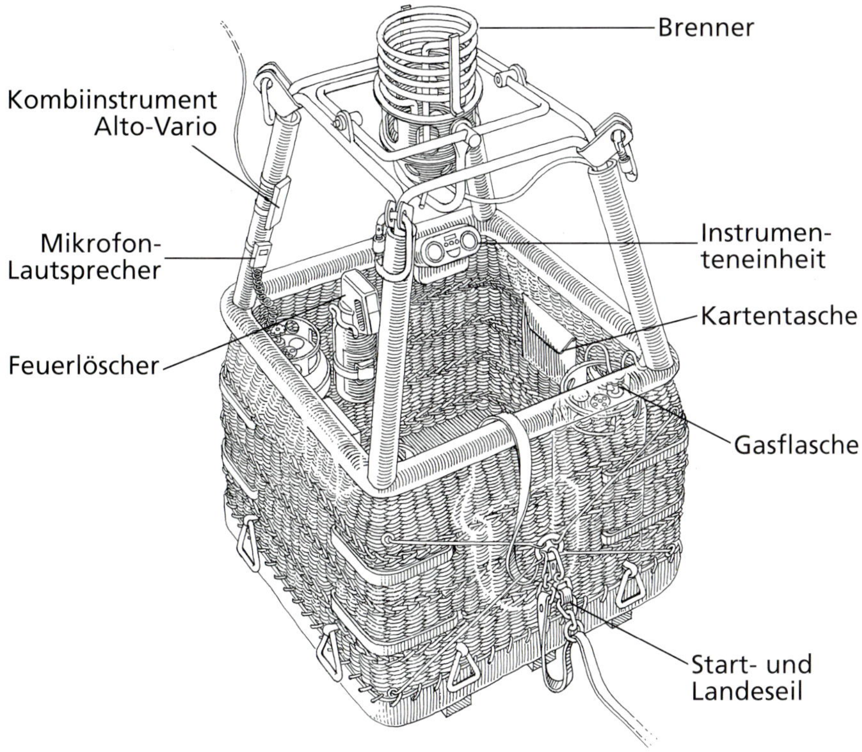


**Der Ballonkorb**

kauft sich so mancher deshalb zu Beginn einen kleineren, einen preiswerten Ballon. Wie groß so ein Ballon ist, mißt sich am Rauminhalt der Hülle.

Eine Datenmatrix zeigt die Kombinationsmöglichkeiten von Anzahl der Flaschen und Anzahl der Insassen auf, zeigt welcher Korb für welche Ballongröße zulässig ist und wie viele Brenner eingebaut sein müssen. Natürlich gibt die Matrix auch an, wie groß die Massen sind.

Der zukünftige Balloninhaber wird sich also zuerst einmal überlegen, was er mit dem Gefährt überhaupt machen will. Kleinwagen oder Autobus sind die Extreme. In den kleinsten Korb gehen zwei Personen hinein, in den größten 13. Das ist dann aber auch ein Trümmer von 7000 Kubikmetern Hülleninhalt. Das ist mehr was für Unternehmer, die »Weltreisen« veranstalten. Wir persönlich stehen da mehr auf die kleineren Geräte. Mehr so was für vier bis fünf Personen.

Rallyestreifen und Chromleisten an Körben sind eher ungewöhnlich. Die haben schließlich funktional zu sein, mehr nicht. Die Schönheit des Korbes ist mehr »eine Innere«. Kunstvoll aus Weide geflochten, stabil, mit starkem Naturleder eingefaßt.

Weiter oben, die Hülle, sie darf ruhig ein wenig schmuckvoller sein. Und man bemerke: Alles was von der Schlichtgestaltung abweicht, was den Ballon edel aussehen läßt, es muß nicht unbedingt wesentlich teurer sein. So eine Hülle hat nämlich ein festes Baumuster, das ausbaufähig ist. Dazu wollen wir uns so ein Ding auf Seite 110 mal näher ansehen.

Die Bahnen der Hülle können waagrecht, senkrecht und schräg verlaufen. Die Stabilität der Hülle wird dadurch nicht beeinträchtigt. Ein Gerippe aus Lastgurten überträgt die Kraft auf den Korb. Rißstopper sollen verhindern, daß eine Bahn auf zu großer Strecke aufreißen kann und so schlagartig der Auftrieb verloren geht.

In Europa werden leichtere Stoffe und schwere Lastbänder bevorzugt. Die Amerikaner lieben dagegen leichtere Lastbänder mit schwereren Stoffen. Diese Stoffe sind in der Lage, einen Teil der Last zu tragen. Hier wollen wir uns aber mehr der europäischen Bauart widmen. Fangen wir doch einfach mit unserem Ballon auf der Abbildung an.

Die schweren Lastbänder übertragen die Kraft bis an den unteren Rand der Hülle. Dort gehen sie in die stählernen Hüllenseile über. Horizontal sind Rißstopper eingenäht, die außerdem die Dehnungskräfte der Hülle aufnehmen. Daraus ergibt sich eine »quadratische« Struktur. Diese Quadrate können natürlich, mit wenig Mehrkosten, farblich unterschiedlich angelegt werden. Allein jetzt schon haben wir eine breite Palette an Gestaltungsmöglichkeiten, obwohl die Bauart immer gleich bleibt.

Es gibt Ballone, die werden bemalt. Künstler, Bühnenbildner und Designer geben sich da Mühe und verewigen ihre Motive oder Auftraggeber in Stoff. Die Motive des Weltballons von Horst Wahl aus Fulda wurden genäht. Natürlich nicht einfach als zweite Lage oben drüber. Nein, fein eingepaßt, je nach Küstenlinie. Drangenäht.

Damit sind wir bei den Nähten. Omas Nähmaschine können wir vergessen. Auch die Nähkünste, die wir von Tante Frieda beigebracht bekommen haben, sind hier unangebracht. Oberstes Gebot ist – wieder einmal – Sicherheit. Das Zeug darf natürlich nicht reißen. Deshalb wurden spezielle Nähtechniken entwickelt, ausgeführt, wie könnte es anders sein, von Spezialisten. Die Nähte und Stoffe werden vom Hersteller speziell getestet und in besonderen Prüfgeräten auf ihre Reißfestigkeit untersucht.

Die umgeschlagenen und doppelt genähten Säume werden von allen Ballonherstellern verwendet. Sie sind besonders belastbar. Auf einen Zentimeter

**Oben: Viele bunte Bahnen werden später zu einer Hülle. Links: Sorgfältig wird der Hüllenstoff ausgewählt.**

kommen mindestens drei Stiche. Diesen Nähten vertrauen Ballonfahrer ihr Leben an. Die Erfahrung aber hat gezeigt, daß die Nähte halten. Wir können uns also beruhigt in den Korb stellen und der Hülle vertrauen.

So wollen wir ausnahmsweise auf eigene Bemühungen zu reaprieren, verzichten und diese, vielleicht lebensrettende Arbeit den Fachleuten überlassen.

Die Größe der Öffnung am Nordpol des Ballons ist abhängig von der Hüllengröße. Verschiedene Bauarten stehen für diese Größen zur Verfügung und der Datenmatrix ist zu entnehmen, was, bei welcher Größe, sinnvoll ist zu verwenden. Damit ist – ein paar Details lassen wir jetzt mal weg – die Hülle beschrieben.

Natürlich muß der Korb befestigt werden. Aber da unterscheiden sich die verschiedenen Bauarten kaum.

Bisweilen sieht man eine Schürze zwischen der Unterseite des Korbes und dem Brennerrahmen. Sie soll, bei starken Scherwinden, den Übergang der Flamme vom Brenner in den Ballon hinein schützen. Wärme soll vom Wind nicht davongetragen werden. Und außerdem kann starker Wind die Flamme ablenken. Die Schürze soll dann verhindern, daß das Feuer die Hülle beschädigt.

Was passiert aber, wenn sich, nach einer leicht mißglückten Landung, ein häßlicher Riß in der Hülle auftut? Auch jetzt gibt das Wartungshandbuch des Herstellers Auskunft darüber, was zu tun ist. Das Kapitel heißt »Reparaturen von Hüllen«.

Richten wir uns also danach. Kleines können wir selbst machen, Heimwerker sind aber grundsätzlich unerwünscht.

Aber kommen wir doch zurück zu dem Problem, daß alle (oder besser fast alle) Ballone anders aussehen, obwohl die Bauarten doch so gleich sind. Es sind, so haben wir erfahren, die Größen und die Muster. Hinzu kommt natürlich, daß es nicht allein einen Hersteller gibt. Die unterschiedlichen Produzenten schwören natürlich auch auf leicht unterschiedliche Formen. Jeder behauptet – wie könnte es anders sein – seine Form sei die Beste. Aber das würden wir ja auch machen, wären wir denn ein Ballonhersteller.

Wie kommen diese fachkundigen Menschen nun zu dieser unterschiedlichen Beurteilung aerodynamischer Formen?

Da gehen wir doch einfach mal zu den Autoherstellern. Designer entwerfen dort Fahrzeuge, unterziehen sie komplizierten Tests im Windkanal und heraus kommt das Ei. Hühner haben also die ideale Form erfunden und die haben bekanntermaßen nur eine Gehirnmasse von wenigen Gramm (nicht Kilogramm). Diesen schlicht denkenden Tieren soll nun abgenommen werden, sie hätten der Weisheit letzten Schluß erfunden, entwickelt in langen Jahren der Evolution. Das kann natürlich nicht sein, denn der Mensch ist ja schlauer. Behauptet er. Und er hat Geschmack. Irgendeinen.

Damit haben wir das Problem auf dem Tisch. Es geht nämlich überhaupt nicht darum, was technisch oder pysikalisch der Weisheit letzter Schluß ist, es muß gefallen. Und das was gefällt, passen wir dann der Physik an. Dieses nennt man Design. Man muß es gut finden oder man kann es lassen.

Deshalb erfinden Hersteller unterschiedliche Formen von Hüllen. Einfach so. Und wer es nicht glauben mag, der soll doch seine eigene Hüllenform entwickeln.

Bauen kann jeder Hersteller alles. Es muß nur den Sicherheitsnormen Genüge tun. Ende.

Fällt Ihnen übrigens auf, daß wir überall und in jedem Kapitel von Sicherheit reden? Bei Autos nimmt man das nur als verkaufsförderndes Argument hin. Beim Ballonbau und auch bei der Konstruktion von Flugzeugen wird Sicherheit fast schon zur »fixen Idee«.

Aber zurück zu den verschiedenen Formen. Die »normalen«, die, die sich irgendwie der Kugel, und weil man wegen der unten offenen Form es nicht hinbekommt, wenigstens der Tropfenform nähern, die kennen wir nun. Lastbänder, Rißstopper, schräge, gerade und andere Flächen, die man irgendwie schön gestalten kann, wir haben sie in die Ideenwelt einbezogen. Dann aber gibt es noch eine ganz andere Welt. Die aber ist viel schwieriger zu handhaben, zu fahren, zu bauen. Es ist die Welt der »Verrückten«. Die Welt derer, die sich ihre Träume wahr machen wollen. Die Welt der »besonderen« Hüllen, der Special Shapes.

Wir wollen ihnen Platz gönnen, ihnen die Ehre zuteil werden lassen, im Anschluß ein eigenes Kapitel zu bekommen.

Vielleicht muß man denken wie die Kinder. Vielleicht muß man den Abstand bekommen, von dem normalerweise »technisch Machbaren«. Vielleicht muß man einfach nur träumen können. Und mit dieser »Träumerei« soll man nüchterne Techniker konfrontieren. Sie werden Lösungen finden für Träume. Denn kein Traum kann so verrückt sein, daß man noch nicht einmal darüber nachdenken könnte.

Es waren Täume, die die technische Entwicklung weiterbrachten. Es war Unvorstellbares, was vorstellbar wurde. Es war das Nicht-Denkbare, über das nachgedacht wurde.

Wir, die wir unter Ballonfahrern leben, wir wollen nicht größenwahnsinnig werden. Aber wir können über das Unvorstellbare nachdenken. Es wird vorstellbar werden, es wird ein Bild annehmen, wir werden den Mut gewinnen, es zu verwirklichen. Ideen werden wahr.

So sind die Special Shapes für uns Symbole. Man muß nur darüber nachdenken. Daß auch Ballone dabei herauskommen, ist schön. Furchtbar wichtig ist es nicht. Ballone dienen der Freude. Viele der Ballonfahrer aber, die wir kennen, dienen auch Ideen, die unvorstellbar scheinen.

In Tschernobyl, bei taub-blinden Kindern in Rußland, bei armen Menschen, igendwo auf der Welt.

Mit Ballonen zu fahren, trainiert die Phantasie. Die aber kennt viele Betätigungsfelder. Geld spielt dabei eine untergeordnete Rolle. Was allein zählt ist: Es zu wagen.

Wie gesagt: Special Shapes sind Symbole. Machen Sie was draus!

**Ballonhüllen sind keine Massenfabrikation.**

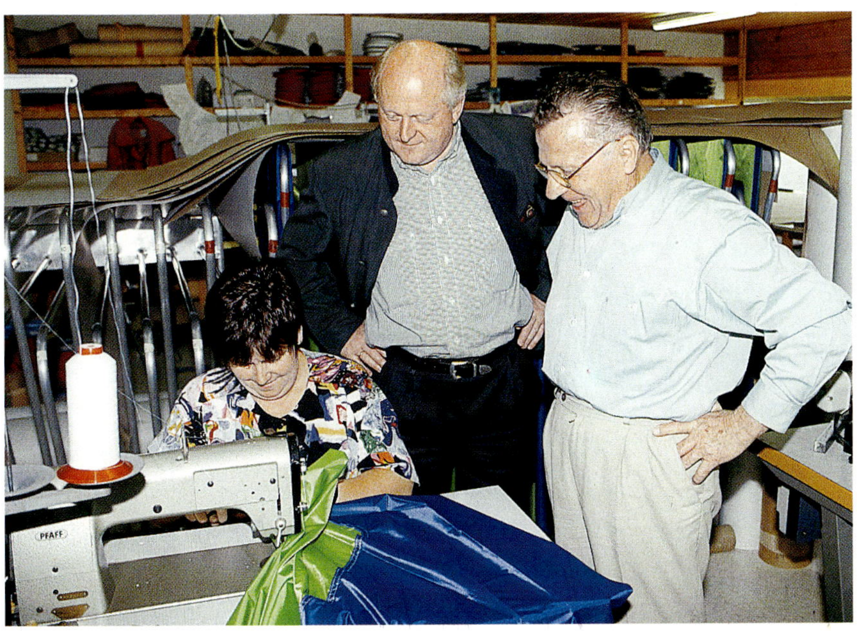

ORIENT EXPRESS
Moskau - Peking

# Und dann: die Special Shapes

Wer sich ein Special Shape zulegt, wird erfahren, daß die Fahreigenschaften dieser Ballone ganz anders sind. Daran sollte man sich gewöhnen. Ein Erfahrungsbericht

Ballone an sich sind ja schon schön. Besondere Aufmerksamkeit aber erregen immer wieder die »besonderen Hüllen«, die Special Shapes. Sie sollen etwas Figürliches darstellen: Pinguin, Löwe, eine Lokomotive, ein Schloß oder eben auch eine Hundefamilie. Diese Ballone sind sehr teuer. Nur mit moderner Computertechnik und sehr viel Erfahrung ist das Gerät zu konstruieren und zu bauen.

Kompliziert ist ein Special Shape bereits in der Konstruktion: Es soll hinterher am Himmel gerade stehen, gut aussehen und noch fahrbar sein. Die Kriterien der Sicherheit müssen erfüllt werden, das heißt, das Ding darf keine unbeabsichtigen Kapriolen schlagen. Deshalb stellen auch nur Hersteller mit großer Erfahrung diese Gefährte her.

Meist steht als Auftraggeber hinter dem Projekt eine große Firma. Special Shapes sind ausgezeichnete Werbeträger. Besonders verbreitet sind sie in den USA und in England. Forbes zum Beispiel zeigt zu besonderen Gelegenheiten seine besten Stücke der Öffentlichkeit. Dies ist wohl die bedeutenste Sammlung, die existiert.

Das Schloß zählt dazu und auch der Orientale. Betrachten wir also zunächst einmal die Fahreigenschaften dieser besonderen Hüllen und überlegen, ob wir denn so ein Ding unbedingt haben wollen. Abgesehen von den Kosten der Herstellung verlangt das »Special Shape« einen geübten Piloten. Im Schwierigkeitsgrad zu fahren, unterscheiden sie sich nämlich erheblich.

Ein normaler Ballon hat die Form eines nach unten offenen Tropfens, eine Annäherung an die Kugelform. Bei dieser Gestalt breitet sich der Innendruck gleichmäßig über die gesamte Fläche aus. Nähte und Bespannung werden im Prinzip an allen Stellen gleich belastet. Zudem ist diese Form die rationellste Methode »heiße Luft« zu verpacken. Größtmöglicher Inhalt bei definierter Oberfläche. Zudem ist die Oberfläche glatt. So finden Einflüsse von außen kaum Angriffspunkte. Querströmungen und Thermik bringen erst spät Störungen der Fahrteigenschaften mit sich. Deshalb ist diese Form bei den Piloten auch sehr beliebt.

Was das Unterbringen der Hülle betrifft, so ist die Kugelform leicht zu handhaben. Es gibt keine störenden Falten oder Querverspannungen aus Stoff. Liegt sie flach ausgebreitet am Boden, so läßt sie sich leicht von außen nach innen zusammenlegen bis nur noch ein Schlauch vorhanden ist. Dieser wird dann Stück für Stück in den Packsack gehoben. Dabei wird am Topring begonnen und der Sack immer wieder nachgezogen. Die Hülle in den Sack hineinzuziehen ist ungünstig, zu leicht wird dabei sie beschädigt.

Das Auspacken erfolgt einfach in umgekehrter Reihenfolge. Zuerst werden die Leinen am Korb befestigt, dann wird der Packsack von dem Korb weggezogen. Die Hülle entfaltet sich dann selbstständig und kann ausgebreitet werden. Beim Anblasen mit Kaltluft können dann die verbliebenen Falten entfernt werden.

Nun weichen die Formen von Special Shapes mehr oder weniger von dieser Idealform ab. Fangen wir einfach mal mit dem »Weniger« an:

Die einfachere Methode, was Besonderes zu bauen, beginnt mit leichten Veränderungen an dieser Tropfenform. Der Tiger aus Bremen ist da ein schönes Beispiel. Der Konstrukteur hat die einzelnen Segmente der Hülle mit Ausbuchtungen und neuen Formen versehen. Dabei bleibt der Tiger immer dicht an der Idealform und behält damit seine Stabilität. Der Innendruck reicht völlig aus, um Ohren und Nase nach außen zu drücken. Außerdem sind seine Ausbeulungen nicht so groß, daß durch stark erhöhte Außenfläche damit gerechnet werden muß, daß die Luft im Inneren zu schnell abkühlt.

Neben der komplizierten »Schneiderarbeit« beim Bau, muß der Hersteller während der Konstruktion komplizierte Wärmeverlustrechnungen anstellen, damit der Pilot hinterher nicht ununterbrochen heizen muß und damit bei der Fahrt verschiedene Gefahren eingeht. Zum Wiederbeginn der von Heißluft betriebenen Ballonfahrt in den fünfziger Jahren, hatten Hersteller und Konstrukteure anfangs Probleme, die richtigen Materialien zu finden. Leicht sollte die Hülle sein, luftundurchlässig und isolierend. Außerdem sollte der Werkstoff eine gute Verarbeitbarkeit und Stabilität mitbringen. Heute wird mit Polyurethan beschichtetem Nylon gearbeitet. Horizontale und vertikale Lastbänder nehmen Zug und Druck auf und verhindern bei einem Riß in der Luft größere Schäden. Der Nachteil des Stoffes liegt indes in seiner UV-Lichtempfindlichkeit, darin, daß die Hüllen-Innentemperatur keinesfalls höher

**Wer will da widersprechen?**

Unten: Es gibt kaum eine Form oder Gestalt, die nicht schon ausprobiert wurde. Einer der größten Sammler von Special Shapes war der exzentrische Milliardär Forbes. Rechts: Gigantomanie. Special Shapes sind extrem schwer zu handhaben und verlangen ihren Crews alles ab. Sie können nur bei fast völliger Windstille aufgebaut werden.

als 110 Grad Celsius werden darf und darüber hinaus seiner Rißempfindlichkeit bei Manipulationen auf ungünstigem Boden. Trotzdem hat sich gezeigt, daß mit diesem Stoff alle Hüllen zu bauen sind.

Nun ist aber natürlich nicht jeder Ballon, der erst einmal als Special Shape eingeordnet wird, wirklich einer. Durch geschickte Farbgebung, einige Dellen und Ecken außen und ein paar Anhängseln kann man schon den Eindruck erwecken, man habe einen. Maler haben sich da oft sehr bemüht, in die glatte oder fast glatte Oberfläche der Hülle eine dritte Dimension hineinzumalen. Wir haben erstaunliche Leistungen gesehen.

Da müssen wir noch einmal auf das Geld zu sprechen kommen. Die Konstruktion, der Bau und der Betrieb einer »besonderen Hülle« ist eine teure Angelegenheit. Zudem ist – wie gesagt – ein erfah-

rener Pilot vonnöten um das schöne, wertvolle Gerät nicht einfach so in den nächsten Baum zu fahren. Unternehmen, die von Fahrten mit Passagieren leben, können so eine Hülle nicht gebrauchen. Der Eigentümer wird nie seine Genehmigung zum Start erteilen, wenn nicht ideale Bedingungen für die Fahrt vorliegen. Hinzu kommt: Das Gerät ist schwer zu manövrieren. Warum also legt sich ein Ballonbetreiber so einen Ballon zu?

Neben einigen reichen Enthusiasten, die es sich einfach leisten, finanzieren in erste Linie große Konzerne und Firmengruppen Anschaffung und Betrieb. International können alle Ballone, die für Produkte oder Firmen Werbung tragen, steuerlich genauso abgesetzt werden, wie die Werbung an der nächsten Plakatsäule. In den letzten Jahren hat sich gezeigt, daß die Akzeptanz der Werbung mit diesem Werbeträger weit höher liegt als jede andere Form von Warenanpreisung. Durch die geringe Unfallrate bei Ballonfahrten hat sich der Werbeträger außerdem ein gutes Image erhalten. Die Neuentwicklung leiserer, ernergiesparender Brenner trägt dem Umweltgedanken Rechnung und verstärkt dieses gute Image. Der Werbende will dem Konsumenten einen guten Eindruck seines Produktes vermitteln, ihm Namenszug oder Gestalt einprägen. Deshalb waren bereits früh auf den Hüllen Transparente mit Firmenlogos und Namenszügen angebracht. Der Ballon als »Eye-Catcher«.

Inzwischen ist der Konkurrenzkampf gewachsen und damit auch die Mittel, die für die Werbung ausgegeben werden. Deshalb versammeln sich bei Festivals und internationalen Wettbewerben auch vermehrt Special Shapes. Im sportlichen Wettbewerb sind sie zwar in punkto Handlichkeit, Leistungsfähigkeit und Rekordvermögen ihren einfachen Brüdern und Schwestern weit unterlegen – allein – das Publikum findet großen Gefallen an ihnen. Das ist schließlich auch ihre Aufgabe.

Natürlich schätzen sich die Veranstalter geehrt, wenn sich Special Shapes anmelden, denn diese Hüllen ziehen die Aufmerksamkeit des Publikums auf sich. So entwickelten sich inzwischen, im Rahmen großer Ballonveranstaltungen, neben den Wettbewerben, auch richtige Ballonschauen, die allein dem Bewundern der Hüllen dienen.

Dabei hat sich in jüngster Zeit eine neue »Werbekultur« entwickelt. Während die einfachen Ballone von den Logos und Produktnamen geziert werden, bauen die Auftraggeber für »besondere Hüllen« auf die Form. Der Firmenname, die Produktbezeichnung wird eher versteckt. An den Formen sollt ihr sie erkennen und von weitem schon sagen: Ein schöner Ballon der Firma XYZ. Diese Werbepolitik stellt natürlich ganz besondere Anforderungen an den Ballonhersteller. Damit wären wir beim »Mehr«.

Es ist auf den Fotos zu sehen und jeder, der auf ein Fest geht, wird sich freuen, sie zu finden: Die manchmal schon verrückt anzuschauenden Formen der »Besonderen«. Bei den ganz Komplizierten lohnt es sich dann auch, beim Aufbau einmal zuzusehen. Ein Special Shape erkennt man bereits, wenn es noch eingepackt im Wagen liegt. Die Fahrzeuge sind bunter, die Crew ist zahlenmäßig beträchtlich größer und zumeist sind es Profis. Das merkt man an ihrer anfänglichen Gelassenheit. Bevor aufgebaut wir, wird oft erst »der Tisch« bereitet. Ein paar Mitglieder der Crew legen ein überdimensionales Tuch aus, damit die schöne Hülle weder beschmutzt noch beschädigt wird. Bei ganz komplizierten Ballonen haben wir beobachtet, daß dem Piloten, er ist immer und für alles verantwortlich, ein Ballonmeister zur Seite steht.

Die Zeit der Ballonmeister schien eigentlich fast vorbei zu sein. Früher, lange ist es her, aber ganz selten auch noch heute, da war er ein wichtiger Mann. Wir reden jetzt, der kleine Ausflug sei in diesem Zusammenhang gestattet, vom Gasballon. Gasballone werden nicht mit Heißluft betrieben. Sie beziehen ihren Auftrieb durch eine Helium- oder Wasserstoffüllung. Wasserstoff ist ein sehr leichtes Gas, die Hülle muß daher auch nicht das Volumen eines Heißluftballons besitzen, hat aber den großen Nachteil der leichten Brennbarkeit. Jeder von uns hat schon einmal die Katastrophenbilder vom Zeppelin-Unfall gesehen. Daher ist in den USA nur die Füllung mit Helium erlaubt. Helium aber ist sehr teuer.

Der Ballonmeister war also ursprünglich für den Aufbau dieser Gasballone verantwortlich und das war eine zeitraubende, komplizierte und – bei Wasserstoffüllung – auch eine gefährliche Arbeit.

Gasballone unterscheiden sich in ihrer Wirkungsweise völlig von den Heißluftballonen. Sie bestehen aus einer großen Hülle, den Kinderluftballonen ähnlich, die mit dem Auftriebsgas gefüllt wird. Die Hülle soll gasdicht sein. Über dieser Hülle wird ein weitmaschiges Netz ausgebreitet, das den Korb trägt.

Nun hat ja der Ballon schon während des Füllvorgangs, der mehrere Stunden dauert, natürlich das Bestreben davonzueilen. Das hat der Ballonmeister und seine Truppe zu verhindern. Mit Sand gefüllte Säcke werden in das Netz eingehängt und wandern, mit wachsendem Ballon, dem Korb entgegen. Zum Schluß hängen die Sandsäcke am Korb, fesseln das große Gerät am Boden.

Unten: Die »Fliegende Vase« symbolisiert die Harmonie zwischen Mann und Frau – so sieht das zumindest ihr Genfer Schöpfer. Nächste Seite: Der berühmte »Pinguin« des deutschen Cartoonisten Uli Stein.

Einen Gasballon zu steuern ist noch komplizierter, als einen Heißluftballon zu »lenken«. Der Pilot hat nicht ein so einfach verfügbares Instrumentarium für die Navigation. Er kann nicht einfach den Brenner anschalten, um sich Auftrieb zu verschaffen. Er kann nur Sand abwerfen. Die Menge aber ist eng begrenzt. Er kann nicht einfach Auftrieb verlieren, indem er heiße Luft der Hülle entweichen läßt, sondern er muß Treibgas ablassen. Das ist dann aber unwiderbringlich verloren.

Außerdem, aber das hatten wir schon, ist das Gas sehr teuer. Deshalb zählen inzwischen die Gasballone zu den »Rolls Royce« im Sport und laufen bei ballonbegeisterten Zuschauern selbst den größten Special Shapes des Rang ab. Vielleicht ist es auch eine Huldigung an vergangene Zeiten. Nur noch wenige Wettbewerbe werden mit Gasballonen ausgetragen, darunter das berühmte internationale Gordon Bennett Rennen. Hier treffen sich die Großmeister der Ballone.

Für sie ist also der Ballonmeister ein wichtiger Mann, denn der Gasballon ist ein kompliziertes Gerät. Ihn haben nun einige Firmen wieder aus der Versenkung geholt, denn der Aufbau eines Special Shape kommt in der Schwierigkeit dem eines Gasballons gleich. Aber es ist natürlich alles ganz anders.

Die große Plane ist also ausgebreitet, vorsichtig wird die Hülle herbeigetragen und die erweist sich als völlig unübersichtlich für den Laien. Nur die geübte Crew weiß, welche Stoffbahn wohin muß, daß bestimmte lange Fahnen – noch liegen sie schlaff herum – sich später nicht verheddern dürfen. Der Aufbau entwickelt sich zur Puzzlearbeit. Aber niemand wird hektisch sein. Die Aufgaben sind gut verteilt.

Angeblasen wird das Gerät meist nicht nur mit einem Kaltluftventilator. Man braucht mindestens zwei davon. Dafür ist das Ding einfach zu groß. Immer wieder umrunden die Mitarbeiter die größer werdende Hülle, um Luftkanäle zu öffnen, Verdrehungen herauszunehmen, einfach dafür zu sorgen, daß die Luft überall ungehindert hinkommt. Die Leinen im Inneren, vielmals über Lenkrollen umgeleitet, sind zu ordnen. Ventile und Klappen zu prüfen. Es ist viel zu tun.

Special Shapes haben, im Verhältnis zu ihrem Volumen, meist eine große Oberfläche. Daher ist über dem Korb nicht die Sparfassung an Brennern angebracht, sondern gleich eine ganze Batterie mit hoher Leistung. Schließlich soll das Ding ja in die Luft gehen, steuerbar bleiben und zudem den Sicherheitsanforderungen Genüge tun. Aber es ist alles trefflich eingerichtet.

Wenn die Brenner erst einmal fauchen, geht es sehr schnell. Wie immer beim Aufrichten. Der Pilot einer dieser verrückten Hüllen muß aber besonders geübt sein. Zu schnell kann der Wind den großen Ballon, seine Ecken und Kanten eindrücken, verbeulen, an die Flamme des Brenners heranschieben. Viel heiße Luft muß ins Innere. Lange müssen die Flammen blecken, bis das Gefährt sich aufstellt.

So kommt es dem Beobachter wenigsten vor. Aber natürlich geht alles in wenigen Sekunden. Darin aber liegt die Gefahr. Schnell ist die Hülle verbrannt und schon bei ganz leisem Wind bewegt sich der Stoff beträchtlich. Der Pilot muß deshalb auf der Hut sein, den Brenner blitzschnell abzuschalten, anders einzurichten, oder auch richtig hineinzufeuern was das Zeug hält. Für lange Überlegungen bleibt keine Zeit. Schnell müssen Entscheidungen getroffen werden. Nur selten können sie rückgängig gemacht werden.

Jetzt steht also dieses schöne Ding und alle Menschen sagen: Ah.

Damit wäre der erste Zweck bereits erfüllt. Trotzdem kann sich niemand beruhigt zurücklehnen. Schließlich soll der Special Shape ja auch aufsteigen. Diese Entscheidung aber liegt beim Piloten. Bei ungünstigen Wetterbedingungen, in der Erwartung von Wind bleibt das Gerät am Boden. Als stehende Reklamesäule.

**»Sultan« und »Schloß« gehören dem Hause Forbes, die »Vier« steht für ein Fernsehprogramm.**

**Dieser riesige »Weihnachtsmann« war ein Geschenk eines wohlhabenden Amerikaners an seine Tochter.**

Schon oft haben wir bei Ballonfesten gesehen, daß Special Shapes nur aufgestellt wurden. Sie fuhren nicht. Sie blieben einfach unten. Das hatte natürlich seinen Grund.

Zum einen sind sie nämlich recht groß, zum anderen bieten sie Luftströmungen reichlich Platz, sie »herumzubeuteln«. Stellen wir uns doch einmal vor, so ein großes Ding steigt auf und kommt in einen Scherwind. Da wird dann die Spitze in die eine und der untere Teil in eine andere Richtung gedrückt. Ist dann auch noch der Innendruck gering, dann wird die Hülle eingedrückt, sie kann abknicken. Dann müßte der Pilot feuern, um den Innendruck zu erhöhen. Wenn aber der Knick zu tief ist, würde die Hülle verbrennen. Und so weiter und so weiter. Zum Beispiel: Ist die Außentemperatur hoch, dann muß bis an die Obergrenze von 110 Grad Celsius geheizt werden. Immer aber am oberen Limit zu fahren, schädigt die teure Hülle. Es ist leicht einzusehen, daß Idealbedingungen herrschen sollten, will man die schönen »Specials« in die Luft bringen.

Mit solch »unzuverlässigen« Geräten, empfindlich wie kleine Kinder, kann natürlich kein Ballonfahrer zuverlässig an bestimmten Terminen Passagiere transportieren. Deshalb bleibt es dabei: Sie dienen dem Anschauen. Und außerdem: Würde man mit ihnen im Korb fahren, man könnte das schöne Ding überhaupt nicht bewundern, da den Korbinsassen das breite Hüllenmaul ja die Sicht nach oben versperrt.

So erfüllt jeder Ballontyp eine bestimmte Rolle. Die einen sind in erster Linie zum Ansehen, die anderen sind zum Ansehen und zum Mitfahren. Aber auch Special Shapes sind bei Wettbewerben nicht ganz ohne Gewinnchancen. Beim Festival in Bischofsheim in der Rhön gewann der »Pinguin« 1995 die Fuchsjagd. Der Pilot war als einer der letzten gestartet und erkannte dann – schließlich hatte er eine große Erfahrung – an den Bemühungen der anderen welchen Weg er in welcher Höhe, bei den gegebenen Windrichtungen und Strömungen einzuschlagen hatte. Das Wetter war zwar nicht gerade ideal, aber der »Pinguin« ist noch relativ gutmütig. Es war schon ein schöner Anblick diesen Ballon in Tiefstfahrt auf das Kreuz zusteuern zu sehen. Ton Kurvers, der technische Direktor des Festivals, mußte gar nicht erst zum Maßband greifen. Der Sieger stand fest. Auch nach Augenmaß. Ein Special Shape!

PRIMAGAZ

# Das Wetter spielt immer mit

Wer das Wetter nicht richtig einschätzen kann, der sollte unten bleiben. Denn dem Wetter ist jeder Ballonfahrer gnadenlos ausgeliefert. Eine kleine Wetterkunde und etwas über die Tugend, auch mal nicht zu fahren

»Wetter ist dann, wenn es regnet«, sagte uns mal einer, der es wissen muß. »Ansonsten nehmen wir es einfach nicht zur Kenntnis.« Jetzt wissen wir endlich mal, was Wetter ausmacht. Wir müssen es bemerken. Ballonfahrer müssen da eine etwas höhere Sensibilität entwickeln. Sie müssen Wetter auch dann bemerken, wenn wir Normalmenschen dazu noch gar nicht in der Lage sind.

»Wenn ich fahren will, dann sehe ich einfach aus dem Fenster«, erzählte uns einmal ein Ballonfahrer, »und dann telefoniere ich noch mit dem Wetteramt und dem Flughafen«. Die Wahrheit muß also irgendwo dazwischen liegen.

In der Tat ist die Wetterbeobachtung vor der Haustüre für den Ballonpiloten wichtiger als graue Theorie. Denn das, was die sogenannte Großwetterlage uns von der Biskaya oder aus Rußland so heranbringt, sagt erst einmal nur wenig über das Wetter im eng begrenzten Fahrtrevier. Wenn natürlich der mehrwöchige Regen prognostiziert wird, dann verfällt der Ballonfahrer in dumpfe Niedergeschlagenheit und begibt sich in den Keller, um seinen Ballon aufzuarbeiten. Alle paar Momente aber wird er ans Fenster eilen, um festzustellen, ob denn diese Ignoranten von Wetterfröschen tatsächlich recht behalten sollten. Für die restliche Familie des

Ballonfahrers sind solche Tage voller Schrecken, denn unruhig in der Wohnung herumtigernde Piloten und Pilotinnen, die dauernd aus dem Fenster sehen und viel herumtelefonieren, tragen nur wenig zum Wohlbefinden der »Restfamilie« bei.

Gelobt sei deshalb der Tag, an dem die Sonne selbst nur winzig durch die Wolken lugt, die Bäume draußen nicht mehr wild um sich schlagen und keine Gefahr mehr besteht, draußen zu ertrinken. Es nähert sich Ballonwetter.

Zumindest die Hoffnung darauf. Die aber ist vorerst einmal ausreichend. Pilotinnen und Piloten bekommen den abgeklärten Gesichtsausdruck, werden gelassen und gehen die Dinge nun an. Da wird am Telefon den Gästen leise Hoffnung gemacht, Karten werden ausgegraben und manchmal auch der eine oder andere Bauer angerufen. Da war doch..., in diesem wunderschönen Gebiet..., und dann war der Bauer noch im Korb mitgefahren und nun haben wir doch seine Sympathien. Oder fahren wir doch lieber woanders hin? Die Wahl fällt schwer und deshalb wird in der Nähe begonnen, denn so recht trauen will dem besseren Wetter eigentlich niemand.

Morgens wird dann abgefahren, die Truppe ist komplett und dem »Wir wissen noch nicht...« des Wetteramtes begegnen wir mit höflicher Zurückhaltung. Gott sei Dank fahren wir nach der Schlechtwetterperiode erst einmal »eben um die Ecke«. Dahin, wo wir immer hinfahren. Sogar der Bauer ist informiert. Gleich am Waldrand, im Lee des Windes, liegt der Startplatz. Jetzt kann – fast – nichts mehr passieren. Thermik wird erst später am Tag kommen, dafür ist es noch zu kalt, und die Tage sind schon lang.

Die Windgeschwindigkeit auf dem Acker beträgt acht Knoten, sagt das Meßgerät. Also ein wenig ruhiger könnte es schon noch werden. Das Aufrüsten im Schatten der Bäume wird aber harmlos vonstatten gehen. Wäre da nicht diese schwarze Regenwolke auf der anderen Seite. So ergehen wir uns in Vorbereitungen und warten ab.

Regen ist ganz schlecht für die Hülle. Wenn sie naß wird, wird sie schwer, alle Berechnungen über Zuladung und Treibstoffverbrauch kann man dann aus dem Ballonkorb schmeißen. Außerdem, ist dieses große Tuch erst einmal naß, muß man es möglichst bald wieder trocken bekommen. Sonst verdirbt der Stoff, bekommt Stockflecken, wird brüchig.

Ganz nebenbei: Die Wolkendecke könnte auch höher sein, sonst müssen wir uns immer darunter durchquetschen. In die Wolken hinein dürfen wir nicht. Außerdem: Von unten gut zu sehen, die Wolken treiben in eine andere Richtung als der Bodenwind, aber das ist fast normal. Immerhin können wir jetzt schon sehen: Es liegen zwei Windrichtungen an. Eine feine Sache, um Haken zu schlagen.

In flachem Land zu fahren ist viel schwieriger als im Mittelgebirge. Dort nämlich bringt das hügelige Land den Wind immer wieder dazu, die Richtung zu wechseln. Der Unterschied von Kalt und Warm beeinflußt die Schichtung, erleichtert den Kurswechsel. Im Flachland muß man wesentlich genauer hinsehen. Aber – um es spannender zu machen – wir fahren im Gebirge. In einem sanften Gebirge. Alpenfahrten sind wieder etwas ganz anderes. Da sind die Probleme mit denen man rechnen muß noch etwas größer. Da ist »Wetter«, die Beachtung der möglichen Windrichtungen, das Umschlagen gegenwärtiger Bedingungen noch aktueller. Betrachten wir doch einmal die Möglichkeiten.

Fahren wir durch ein Tal. In den Alpen nichts Ungewöhnliches, denn da gibt es viele Täler. Und plötzlich haben wir, früh am Tage, neben der Luftströmung, die uns durch das Tal führt, noch eine andere: den Aufwind.

An Südhängen wird es tagsüber warm. Wieder einmal eine Binsenweisheit. Jeder der Irgendwann mal in den Alpen war, und das sind schließlich ja nicht nur Ballonfahrer, hat gemerkt, daß die Sonne zuerst die südlichen Hänge aufheizt. Schließlich liegen eben die in der Richtung, die die Sonnenstrahlen zuerst finden können, und deshalb werden diese auch zuerst angewärmt. Diese Anwärmung kann dem Ballonfahrer – nicht jedoch dem normalen Besucher – gefährlich werden. Da stellt sich nun die Frage nach dem »Warum«.

**Aufwind**

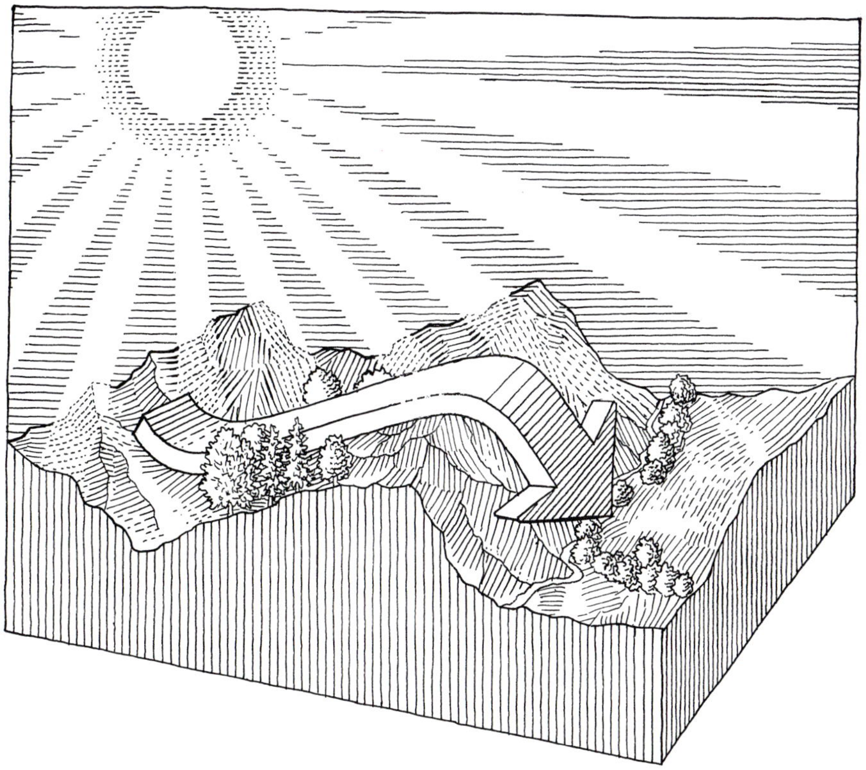

**Leewalze**

Gemächlich kommt er nämlich im Tale entlanggefahren und plötzlich reißt ihn die Strömung weg, nur weil sie scheinbar findet, das Nachbartal sei wesentlich interessanter. Der Verfolger nimmt's mit Grausen zur Kenntnis und der ungeübte Pilot fühlt sich überlistet. Was also ist passiert?

In größerer Höhe ist die Welt noch in Ordnung. Kommt man allerdings tiefer, und das muß so tief noch nicht einmal sein, dann ergreift den Ballon der Querwind. Am Boden des Tales, dort geht es zumindest los, erwärmt sich die Luft. Warme Luft, an der heimischen Heizung ist das leicht zu beobachten, will aber nach oben. Warum das in einem Tal anders sein sollte, ist überflüssig zu fragen. Die Luft am Boden steigt also gemächlich und unaufhaltsam der Bergkuppe entgegen, um sich ins Nachbartal zu ergießen. Kommt nun so ein unglücklicher Ballonpilot in so einen Luftstrom, dann hat er einen Richtungswechsel am Hals, den er eigentlich nicht wollte und sein Verfolger hat ein Problem. Er wird hinüberwechseln müssen in das nächste Tal. Es mag noch so wunderschön sein, hierher wollte er eigentlich nicht.

Jetzt wird jeder junge Ballonpilot fragen: Liebe Autoren, was kann man dagegen tun? Eine gute Frage, die nur prinzipiell beantwortet werden kann. Vielleicht, aber auch nur vielleicht, ist ja in der Höhe noch Talwind vorhanden, treibt den Ballon weiter in Richtung des Tales und nicht hinüber zu den Nachbarn. So bleibt lediglich übrig zu feuern, den Gashahn aufzumachen, Höhe zu gewinnen, um – vielleicht – festzustellen, daß der Wind im Tal auch noch in der höheren Luftebene existiert. Das aber ist abhängig von der Tageszeit, davon, wie lange die Sonne bereits ihre Kraft wirken lassen konnte, wie lange es dauerte die Luft zu erwärmen. Wir mögen es nicht, das frühe Aufstehen. Es gibt uns aber sicherere Werte. Erfahrungen bestätigen sich in der frühen Stunde. Später werden Prognosen unsicher. Vielleicht stehen deshalb Ballonfahrer so früh auf. Als Naturbeobachter können wir das verstehen, als Menschen haben wir auch weiterhin damit unsere Schwierigkeiten. Aber so ist das Leben.

So muß der Ballonfahrer scharf über den Korbrand schauen, den Höhenmesser und das Vario scharf im Auge behalten und zusehen, daß es ihn und seinen Ballon nicht einfach über den Grat der nächsten Bergkette pfeift. Sollten sich die geringsten Änderungen ergeben, kann er nur steigen, steigen, steigen. Feuer aufmachen und warten. Vielleicht bekommt er ja noch den kleinen Schubs ab, der nötig ist, um im Tal zu bleiben.

Will er allerdings, und das soll ja auch vorkommen, einfach mal das Tal wechseln – vielleicht weil der Verfolger vergnügungssüchtig ist – dann ist der Aufwind eine willkommene Gelegenheit einfach mal hinüberzuwechseln. Dann hüpft der Ballon über die Kimm ins nächste Tal. Und der Pilot ist der Held, obwohl er vielleicht überhaupt nichts dafür konnte. Das Teufelchen aus der Maschine quasi oder dann eben doch eher »deus ex machina«.

Man kann natürlich auch auf besserem Wege zu Ruhm und Ehren kommen. Man bleibt einfach auf dem geplanten Weg und fährt geradeaus. Das aber ist bei strengen Aufwinden viel schwieriger. Aber das hatten wir ja schon. Gehen wir also davon aus, der Ballon wird von eiserner Hand gepackt, den Hang hinaufgeschoben und ins nächste Tal expediert. Schon hat der Ballonfahrer das nächtste Problem: die Leewalze.

Der Begriff Luv und Lee kommt ursprünglich aus der Segelschiffahrt und bezeichnet die Seiten des Schiffes aus der der Wind kommt oder hinweht. Weil natürlich sich nur wenige auf Anhieb merken können, was denn nun was ist, zunächst eine kleine Eselsbrücke:

Luv ist die Seite von der der Wind kommt, dort ist es mit Wind voll, voll mit V, wie in Luv eben. Die Leeseite ist dann natürlich leer, ohne den Wind. Denn dazwischen steht das Schiff mit dem Segel, und das darf den Wind nicht durchlassen. Bei uns steht der Berg dazwischen und der läßt bekanntermaßen auch keinen Wind durch. So bleibt diesem Wind nichts anderes übrig, als über den Berg hinwegzugehen. Wäre unser schroffer Berg ein sanfter Hügel, der Wind könnte ebenso sanft wieder nach unten gleiten. Der schroffe Berg allerdings ist ein großes Hindernis. Da bildet der Grat für den Wind so etwas wie eine Abrißkante. Dahinter entstehen starke Wirbel, die erst einmal nach unten gehen.

Parallelen finden wir überall im täglichen Leben. So haben bis heute die Automobilhersteller große Probleme die Heckscheiben von Kombifahrzeugen sauber zu halten. Der Wind streicht über das Auto, die Kante zur fast senkrechten Heckscheibe erzeugt starke Wirbel und die Scheibe ist bei Regen immer schmutzig.

Je stärker also der Wind ist, je schroffer der Berg, je ausgeprägter der Grat, um so stärker ist der Fallwind im Lee. Für den Ballonfahrer treten nun zwei Effekte gleichzeitig auf: Zum einen fährt der Ballon ja mit dem Wind und wenn der abwärts gerichtet ist, dann fährt auch der Ballon abwärts. Zum andern aber drückt der von oben kommende Fallwind auch noch die heiße Luft aus der Hülle, daß heißt, der Ballon verliert zudem noch Auftrieb.

Bei leichten Leewalzen, sie können auch hinter Baumgruppen und Gebäuden auftreten, wird der Pilot duch Heizen den Auftrieb erhöhen und die Turbulenz abfangen können. Bei starken Fallwinden, die am Ballon rütteln und drücken, kommt es häufiger zu Problemen. Da kann schon mal ein Baum oder ein Zaun im Weg sein.

Den Effekt der Leewalze muß der Ballonfahrer natürlich auch berücksichtigen, wenn er im Lee eines Waldes aufbaut und dann abfährt. Aber das ist ja jetzt auch ganz einfach zu verstehen.

Bleiben wir aber noch ein wenig bei Wind und Wetter.

Wir sind nun mit unserem Ballon, freiwillig natürlich, ins Nachbartal hinübergewechselt, haben die Leewalze durch frühzeitiges Steigen wohlbehalten überstanden und sehen nun mit Erstaunen ein neues Phänomen. Es ist der Talwind:

Wir stehen kurz hinter dem Berggrat, fahren quer zum Tal und erkennen am Rauch der Schornsteine unten im Tal, daß die Windrichtung dort um 90 Grad verdreht ist. Wie kommt das?

Auf den Wetterkarten im Fernsehen läßt sich bei jeder Sendung wunderbar beobachten, daß unsere Winde von Temperaturunterschieden und von Hochdruck- und Tiefdruckgebieten beeinflußt werden. Da ziehen im Zeitraffer große Wolkenfronten schnell in bestimmte Richtungen, bis sie abgelenkt, umgeleitet oder aufgelöst werden. Diese Windbewegungen finden in größerer Höhe statt. Was weiter unten stattfindet, kann die Wetterkarte nicht mehr zeigen. Dort passen sich die Luftströme der jeweiligen Oberflächenbeschaffenheit der Erde an. Im Flachland sind die Unterschiede deshalb selten erheblich, im Gebirge jedoch können die lokalen Differenzen zu höheren Windströmen beträchtlich sein. Zum Beispiel unsere 90 Grad.

So sind die Angaben der Wetterfrösche zum Flugwetter für den Ballonpiloten nur zum Teil brauchbar. Flugzeuge fliegen nämlich wesentlich

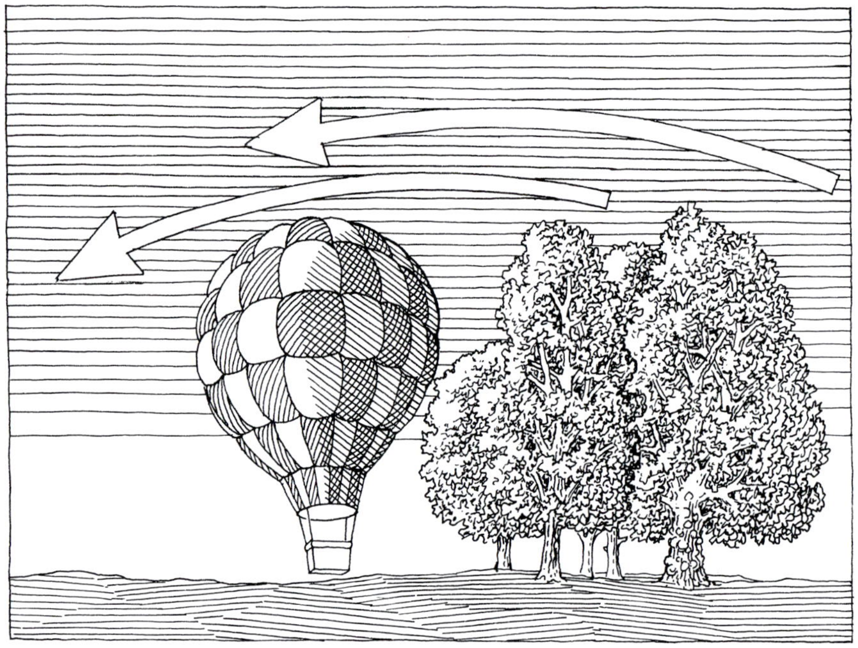

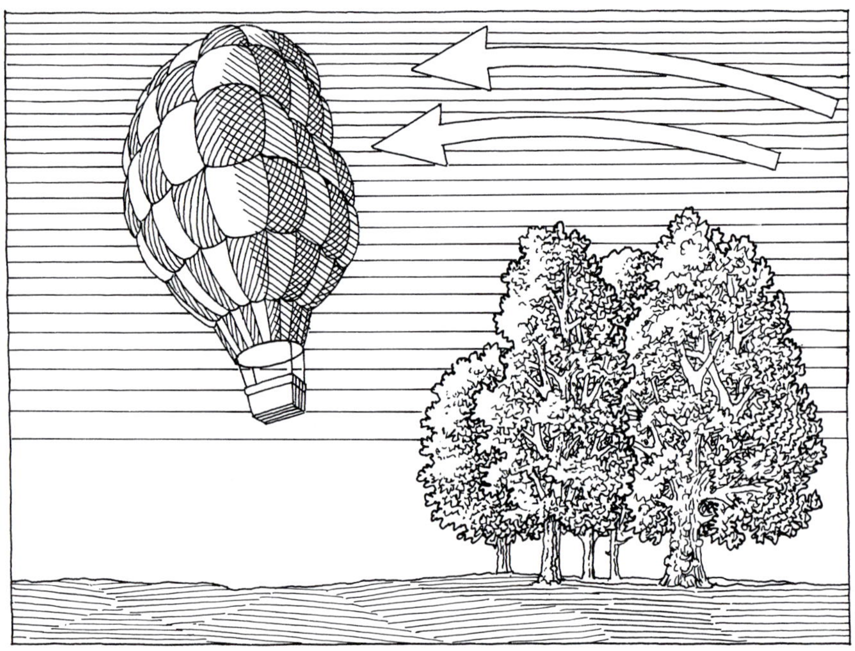

**Ganz Oben: Vor dem Start. Die Leewalze geht über den Ballon hinweg.**
**Oben: Nach dem Start. Die Leewalze ergreift den Ballon.**

höher. Für diese Reisen werden die Beobachtungen veröffentlicht. Wenige Meter über dem Boden aber kann die Windrichtung – im wahrsten Sinne des Wortes – an jeder Ecke anders sein.

Jeder in der Stadt hat das schon beobachtet. An stürmischen Tagen beeinflussen große Häuser die Windrichtung so stark, daß man am Boden eine genaue Richtung des allgemeinen Windes in vielleicht 100 Metern Höhe oft gar nicht bestimmen kann.

Wenn das bei Häusern schon zu beobachten ist, dann können wir uns natürlich auch vorstellen, welchen Einfluß Bergketten auf lokale Windrichtungen haben können. Der Talwind »mogelt« sich, im Schutz der Berge, einfach unter dem generellen Wind durch. Für Ballonfahrer eröffnen sich somit die wunderbarsten Möglichkeiten der Navigation. Besonders im Winter läßt sich die Bodenwindrichtung schon von weitem gut beobachten. Der Pilot hat den Vorteil, die Höhe bestimmen zu können und damit auch die Veränderung der Fahrtrichtung in seiner Hand.

Bei starken Richtungsunterschieden und kräftigen Winden kann es in der Übergangszone zwischen beiden Luftschichten zu Turbulenzen kommen. Fährt also der Pilot von einer Schicht in die andere, dann kann der Ballon kurzzeitig durchgerüttelt werden. Piloten sehen deshalb zu, daß sie möglichst schnell durch diese unruhigen Zonen durchkommen.

**Morgenstund hat Gold im Mund – über diese Binsenweisheit können Ballonfahrer ein Lied singen.**

Schnell kann es auch werden, wenn der Luftstrom von großen Hindernissen, Bergen zum Beispiel, abgelenkt wird.

Manchmal ist die Bodenströmung um so einen kleinen Berg in Fahrtrichtung so stark, daß der Pilot kaum etwas machen kann. Erfahrene Ballonfahrer versuchen natürlich, sich dieses Phänomen zunutze zu machen. Sie fahren auf den Berg zu, weil sie wissen, daß sich der Luftstrom vor dem Berg teilen wird und – wenn man Glück hat – der Ballon einen kräftigen Vorwärtsschubs bekommen kann. Dazu müssen sie erst einmal dicht am Boden bleiben, in größerer Höhe verliert sich dieser Effekt. Bei Wettbewerben, wenn es darauf ankommt möglichst schnell von A nach B zu kommen, kann so ein kleiner Berg erhebliche Vorteile bringen.

Weniger erfahrene Piloten sollten sich dem Hindernis allerdings vorsichtiger nähern. Unvermittelt nämlich kann die Strömung die Hülle ergreifen und das ganze Gefährt um oder über den Berg heben. Andere Effekte können dann den Ballon noch ein wenig tiefer drücken, eine Grundberührung wäre mit der erhöhten Geschwindigkeit weniger ratsam. Und an Zäune und Hochspannungsleitungen wollen wir erst gar nicht denken.

Das gefährlichste – neben Hochspannungsleitungen versteht sich – was den Ballonfahrer erwischen kann, ist Thermik. Wir haben schon verschiedenste Male darauf hingewiesen. Trotzdem noch einmal eine kurze Erläuterung, denn über Thermik kann man gar nicht oft genug reden:

Segelflieger und Vögel leben von und mit der Thermik. Sie ist eine aufwärts gerichtete Luftströmung, die bei Erwärmung in Bodennähe entsteht. Karl Bräuer, ein erfahrener Segelflieger aus Österreich, viele Preise hat er schon errungen, hat uns die Wirkungsweise einmal erklärt:

Nachdem die Sonne am Morgen aufgegangen ist, beginnen sich Erde und Luft zu erwärmen. Na klar, das wissen wir alle. Was wir aber nicht so ohne weiteres sehen können, sind die regionalen, eng begrenzten Temperaturunterschiede. Helle Flächen am Boden, Weizenfelder zum Beispiel, reflektieren die Sonnenstrahlen und damit auch einen Teil der Wärmeenergie zurück nach oben in die Luft. Dunkle Flächen, frisch gepflügte Äcker etwa, absorbieren die Sonnenstrahlen, nehmen damit auch die Wärme auf.

Die Luft über dem Boden wird also unterschiedlich aufgeheizt, und immer dann, wenn Temperaturunterschiede in der Luft entstehen, auch das wissen wir natürlich, kommt Bewegung in die Sache.

Am frühen Morgen allerdings muß man sich dazu ein wenig mehr Zeit lassen. Da bildet sich nämlich an einer dafür günstigen Stelle eine winzig kleine Menge von Luft, die wärmer ist. Klein wie ein Tropfen. Da auch noch kein Wind da ist, wird dieser Tropfen in seiner weiteren Entwicklung auch nicht gestört. Er kann also wachsen. So bildet sich mit der Zeit eine Blase. Aufgrund physikalischer Gesetze ist so eine Blase sogar relativ stabil, sie kann also im Laufe des frühen Morgens immer weiter wachsen. Viele tausend Kubikmeter Luft kann so eine Blase enthalten und niemand sieht sie. Noch immer aber »klebt« sie fest am Boden.

Luft ist sehr leicht, aber sie hat ein Gewicht. Der Liter wiegt 0,00129 Kilogramm. Jetzt ist ein Liter Luft auch nicht viel, versammeln sich jedoch viele tausend Kubikmeter, dann existiert eine große Masse. Die »klebt« immer noch als Blase auf der Erdoberfläche. Warum ein Heißluftballon in die Luft steigt, wissen wir natürlich. In der Hülle ist die heiße Luft leichter als die Luft draußen und deshalb will sie nach oben steigen. Freundlicherweise nimmt sie uns dabei mit.

Unseren Ballon halten unsere Freunde und Verfolger am Boden fest, bis der Pilot das Kommando zum Loslassen gibt. Die kleinen physikalischen Helfer unserer gigantischen Luftblase mit höherer Temperatur tun das auch, sie »kleben« sie fest.

Karl Bräuer, unser Segelflieger, hat sich inzwischen – alle Ballone sind natürlich wieder am Boden – in die Luft schleppen lassen und hofft nun, irgendwas möge die physikalischen Helfer am Boden veranlassen die Blase loszulassen. Denn er braucht diese aufsteigende Strömung, um sich weit hoch tragen zu lassen. Das kann ein Mäuschen sein, das das empfindliche Gleichgewicht von »Kleben« und Auftrieb durcheinander bringt, ein Lufthauch, den ein Bauer mit seinem Traktor verursacht oder einfach nur, daß der Auftrieb der Blase die physikalischen Kräfte, die sie am Boden festhalten, überwindet. Auf jeden Fall gewinnt die Luftblase und steigt dann mit rasanter Geschwindigkeit nach oben.

Wir denken immer noch daran, es handelt sich nicht um einen Kinderballon, sondern um ein gigantisches Gebilde, daß eine große Menge Energie in sich birgt.

Jetzt geht der Zirkus natürlich richtig los. Wenn die eine Blase Unruhe in die Luft bringt, dann reißen sich auch andere Blasen los und in Kürze haben wir den schönsten, aufwärtsstrebenden Sturm. Thermik eben.

Der Ballon fährt mit dem Wind, haben wir erfahren. Davon lebt der Ballonfahrer. Wenn der Wind allerdings senkrecht nach oben geht, dann hat der Ballonfahrer gleich mehrere Probleme am Hals. Von alleine kann er sich nicht quer zum Wind bewegen, das wissen wir. Aus der senkrechten Luftströmung kommt er also nicht heraus. Er kann nur mitfahren.

Nach oben – hatten wir schon – ist der Luftraum für einen Ballon da begrenzt, wo das Atmen schwer wird. Die Luft wird zu »dünn«. Da spielt dann unser Körper verrückt: Euphorie befällt Piloten und Passagiere und dann werden sie ohnmäch-

**Unten: Talwind**

**Ganz Unten: Das Hindernis, der Berg**

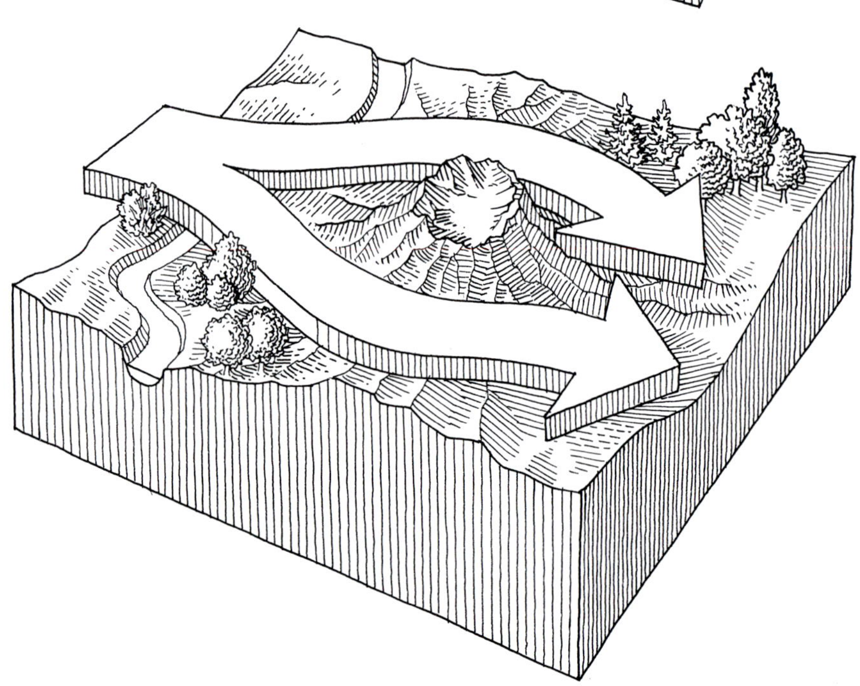

**Bei solchen Windbedingungen haben junge Piloten oft das Nachsehen. Nur Routine und Erfahrung helfen da beim Aufbau weiter.**

tig. Höhenkoller. In Flugzeugen, die bis in große Höhen steigen, wird an dieses Problem gedacht. Eine besondere Sauerstoffversorgung für Piloten und Fluggäste verhindert größere Schäden. Im Ballon ist so etwas leider normalerweise nicht vorhanden. Deshalb darf er auch bestimmte Grenzen nach oben nicht übersteigen. Mit der Thermik aber geht es flott aufwärts. Was tun?

Parachute ziehen, Auftrieb verringern. Bei ganz schwachen Aufwinden kann das funktionieren, aber in der Thermik handelt man sich gleich ein neues Problem ein. Wird der Parachute geöffnet, dann drückt die aufwärtsstrebende Thermik schnell die heiße Luft aus der Hülle. Die Tragfähigkeit geht verloren. Außerdem preßt die außen vorbeiströmende Luft die Hülle zusammen, es geht also nochmals Auftrieb verloren. Die Hülle klappt zusammen und der Ballon stürzt ab. Selbst starkes Feuern wird jetzt die Hülle nicht wieder aufblähen. Sie verbrennt lediglich.

Nun wissen wir aber immer noch nicht, was zu tun ist. Aber erinnern wir uns doch welche Möglichkeiten der Ballonfahrer hat. Rauf und runter. Steigen und sinken. Was das Sinken betrifft, so haben wir festgestellt, geht das in der starken Thermik nicht. Die Gefahr des Absturzes ist zu hoch. Also Steigen. Und zwar mit allem was die Brenner hergeben. Aber Achtung! Auch da sind Grenzen gesetzt. Steigt man nämlich zu schnell, auch dann wird die Hülle zusammengepreßt, verliert jeden Auftrieb und ist nicht mehr aufzublähen. Trotzdem müssen wir aus der Thermikblase heraus. Der einzig verbliebene Weg ist der nach oben. Wir müssen die Thermik quasi überholen, am oberen Rand herauskommen und hoffen, eine andere Luftströmung bringt uns von der Thermik weg.

Es ist ein gefährliches Spiel, niemand weiß nämlich, wie hoch die Thermik schon reicht, ob wir in dieser Höhe noch atmen können, ob wir lebend da wieder rauskommen. Vielleicht ist es daher besser, sich vor Thermiken zu schützen, indem man gar nicht erst hineinkommt.

Nachdem wir inzwischen in alle Richtungen, über Berge, Täler und Ebenen gefahren sind, wollen wir noch eine Besonderheit betrachten. Das Fahren über der Küste und am Meer.

Nur geübte Piloten, die sich dieses Naturphänomen genau angesehen haben, sollte sich in dieser Disziplin üben. Die anderen brauchen sonst vielleicht ein Schiff, das sie aus Seenot rettet, wenn der Ballon über See abgetrieben, irgendwo herunter muß, weil das Gas fehlt.

Den Seewind gibt es an vielen Küsten und größeren Binnengewässern am späten Nachmittag und am frühen Abend. Dann nämlich, wenn der Seewind einschläft und der Landwind einsetzt. Auch das hat wieder etwas mit Temperaturunterschieden zu tun. Besonders deutlich konnten wir es auf der Insel Mallorca beobachten. Da gibt es nämlich das Phänomen Seewind gleich in zwei Richtungen.

Normalerweise heizt sich tagsüber Land schneller auf als Wasser. Dafür aber hat das Wasser die physikalische Fähigkeit, Wärme länger zu halten. Land wird, ist die Sonne erst einmal weg, schneller kalt.

So steigt über der Insel Mallorca tagsüber die warme Luft nach oben, wandert hinaus auf's Wasser, kühlt sich dort wieder ab und sinkt nach unten. Weil aber die Luft, die über dem Land aufsteigt, ja irgendwo herkommen muß, strömt knapp über dem Wasser die Luft wieder zurück zur Insel. Das funktioniert natürlich nur, wenn der von außen an die Insel herangetragene Wind sehr schwach ist. Bei größeren Luftgeschwindigkeiten wird dieses Spiel natürlich durcheinandergebracht.

So hat der Ballonfahrer an einigen Tagen im Jahr die Möglichkeit, sich in größerer Höhe hinaus auf's Wasser tragen zu lassen. Dann sinkt er hinab in die auflandige Strömung und nähert sich so wieder der Insel. Aber wie gesagt: Anfänger und Uneingeweihte sollten die Finger davon lassen. Diese Bedingungen zu erkennen, ist nämlich schwer.

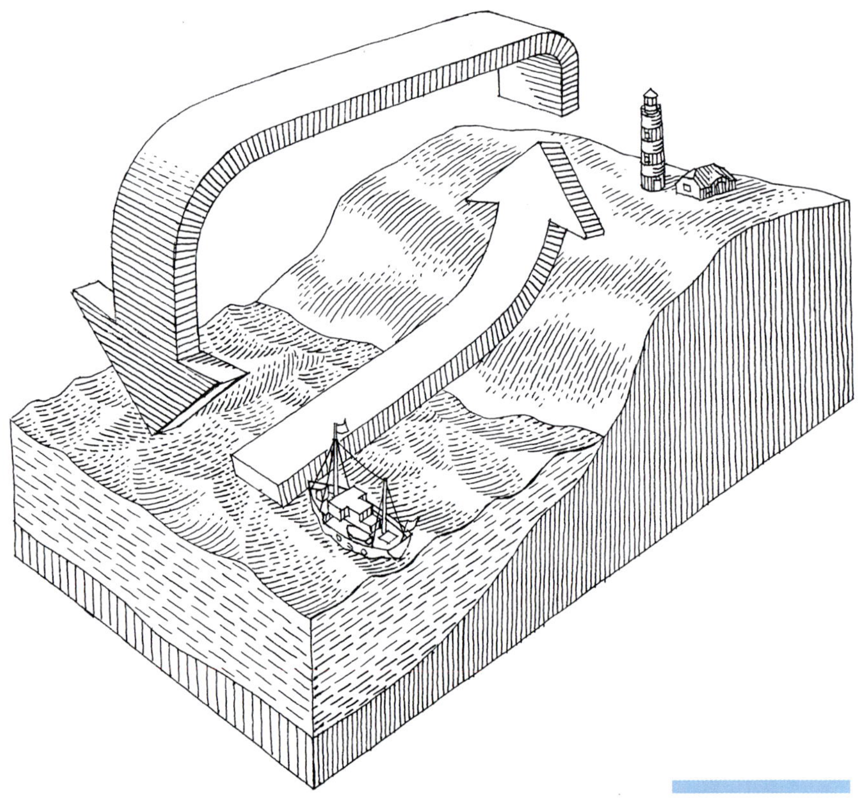

**Ganz Oben: Thermik**
**Oben: Seewind**

Gegen Abend ändert sich dann das Bild. Zuerst schläft der Wind völlig ein. Dann aber fährt das Karussel in der entgegengesetzten Richtung. Das Wasser ist wärmer als das Land. Dann bewegt sich die untere Luftschicht ablandig, die höhere zum Land hin. Es ist schon faszinierend diesen Kreislauf zu beobachten. Aber natürlich wagen dieses Spiel nur wenig geübte Ballonfahrer. Die Wettkampfleitung des Festivals auf Mallorca hatte indes trotzdem einige Boote draußen postiert. Auch Fachleute können irren.

Ein bißchen ist damit auch das letzte Phänomen beschrieben: der Abwind.

In hügeligen und bergigen Gegenden tritt der Abwind gewöhnlich gegen Abend auf. Schon wieder haben wir es mit Temperaturunterschieden zu tun. Jetzt aber haben wir uns daran gewöhnt, daß dies des Ballonfahrers Brot ist.

Die Sonne ist untergegangen, die Luft kühlt ab. Von unserer Heizung zu Hause wissen wir noch, daß kalte Luft nach unten sinkt. Das macht sie in den Bergen natürlich auch. In Schichten, die bis zu 60 Meter dick sein können, schiebt sie sich ins Tal. Die Strömung kann sehr kräftig sein, so daß ein Ballon, der da hineingerät unversehens in eine Richtung geschoben wird, in die er gar nicht hin soll. Unfreundliche Bäume und Zäune lauern nur darauf, die Hülle zu zerreißen. Der Abwind kann sogar so stark werden, daß er sich gegen einen anderen Wind durchsetzt.

Die Lösung des Problems ist aber relativ einfach.

Weil die Schicht nicht sehr dick ist, kann man ihr entkommen. Steigen, heizen aus der Luftstömung hinauskommen. Aber am Abend hält der Ballonfahrer seine Hülle ohnehin auf Temperatur, denn plötzlich um die Ecke kommende Windströmungen haben halt ihre Tücken. Bei einiger Aufmerksamkeit wird es keine Probleme geben.

**Rechts: Der Wind drückt die Hülle zusammen. Spätestens jetzt wird's eng. Hier besteht Absturzgefahr. Unten: Abwind**

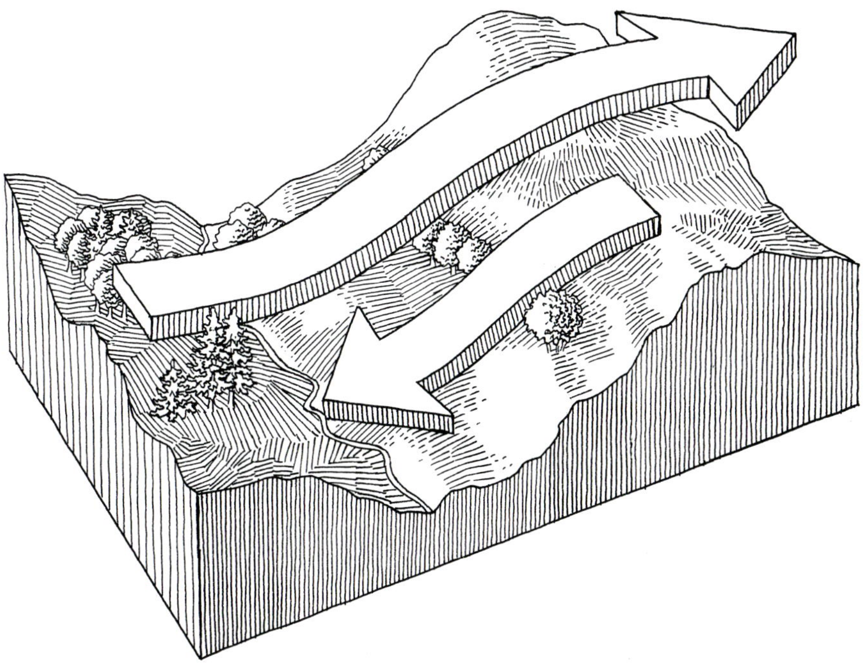

Wetter und Wind bestimmen also die Möglichkeiten, die sich einem Ballonisten bieten. So schön die Fahrerei durch die Lüfte ist, nicht der Pilot, sondern Wetter und Wind entscheiden über Fahren und Nichtfahren. Die Entscheidung trifft der Pilot. Davon sollten ihn auch maulende Fahrgäste nicht abbringen. Einige schwere Unfälle sind nur deshalb passiert, »weil die Passagiere nur an diesem Tag«, und »sonst überhaupt nicht mehr«, und »waren sie doch von weit her gekommen«. Argumente, die keine seien dürfen, wenn die Sicherheit der Menschen auf dem Spiel steht.

Ballonfahren bringt große Freude. Es ist das Spiel, Möglichkeiten und Abweichungen von Regeln zu erkennen. Es ist die Übung, sich hineinzuversetzen in die dritte Dimension. Die Beobachtung eines Netzwerkes sich gegenseitig beeinflussender Faktoren. Ein Puzzle für Neugierige und Nachdenker.

Und wenn es »Katzen und Hunde« regnet, wenn der Wind durch die Fensterritzen pfeift, dann gehen draußen sogar die Vögel zu Fuß.

Blaser

# Nightglow

Feuer haucht Ballonen Leben ein, macht aus ihnen Himmelsstürmer. Beim beliebten Nachtglühen aber können die Funken auch auf's Publikum überspringen: dann steigert sich Ballon-Begeisterung zur Euphorie.

Leise wiegen sich dicht gedrängt viele bunte Ballone in der dunklen Nacht. Die meisten sind in Filzmoos, im Ort selbst, aufgebaut. Andere stehen um das Dorf herum oder leuchten von einem Berg herab.

Während der meisten Ballonfestivals ist das Nachtglühen als besonderes Spektakel Teil des Programms. Für die Ballonfahrer ist das Ganze eine Herausforderung, denn einen Ballon in der Dunkelheit aufzubauen, verlangt Erfahrung und Umsicht. Auf dem Platz vor dem Hotel Hubertus und die Straße hinunter zum großen Kreisel steht ein Ballon neben dem anderen. Der Abend ist windig und erschwert den Piloten die Kontrolle.

Wir sind mit unseren Kameras auf einen Berg genau gegenüber der Dorfmitte gefahren. Es ist ziemlich kalt. Minus 15 Grad lassen den Atem als feinen weißen Dampf auf'steigen. Mit klammen Fingern bauen wir unsere Kameras auf. Tief unter uns beginnen die ersten Ballone zu glühen. Irgend jemand versucht wohl, über Funk Ordnung in das Schauspiel zu bekommen, hat jedoch wenig Erfolg damit.

Uns gegenüber – auf der Abfahrt der Papageno-Bahn – bewegt sich eine Lichterkette wie eine leuchtende Schlange langsam den Berg hinab. Skifahrer mit Fackeln gleiten über dem weißen Hang. Dann bleiben sie stehen und formieren mit Ihren Fackeln einen riesigen Ballon auf den Hang. Vom Dorfplatz weht Musik zu uns herauf. Sie soll mit den Lichtern eine Einheit bilden.

Unten im Ort nimmt der Wind zu. Immer wieder schlagen die Flammen in die Ballonhüllen und verleihen den bunten Lampions Auftrieb. Etwas zu viel

Auftrieb, denn einer der Ballone hebt plötzlich vom Dorfplatz ab und schwebt, nur durch eine dünne Leine mit seiner Crew am Boden verbunden, über die anderen Ballone hinweg. Eine Böe treibt ihn, gegen den Willen der Crew, die vergeblich versucht, den Ballon an der Leine wieder herunterzuzerren, über den Dachfirst des Hotel Hubertus. Er hat inzwischen die doppelte Höhe der am Boden stehenden Ballone erreicht.

Wir blicken gespannt auf das Schauspiel. Die Mannschaft hat größte Mühe, den Ballon wieder herunterzubekommen. Als das endlich gelingt, drückt der Ballon den neben ihm stehenden Ballon gegen die Dachrinne des Hotels, die mit einem knirschenden Geräusch nachgibt. Dabei entsteht in der Ballonhülle ein langer Riß.

**Das Nachtglühen zieht alljährlich Tausende von Menschen nach Österreich ins winterliche Filzmoos.**

»Flamme empor«: Erst die Feuerfackel erweckt einen Ballon zum Leben.

Nach einer weiteren halben Stunde ist das ganze Spektakel vorüber. Zurück bleiben viele begeisterte Zuschauer, eine verbogene Dachrinne und ein unzufriedener Ballon-Pilot, der am nächsten Tag seine Ballonhülle zum Näher bringen wird.

Ganz anders im Mai 1996 beim Internationalen Ballonfestival im Europa-Park im badischen Rust. Das Nachtglühen an jenem Maitag wurde sowohl für Piloten und Mannschaft als auch für die Zuschauer zum künstlerischen Meisterwerk. Die nach Farben aufgestellten Ballone wurden im Takt zu Händels Feuerwerksmusik einzeln, mehrfach oder auch zusammen geglüht. Dabei entwickelte sich für eine bunte Komposition aus Licht, Feuer und Musik.Die vielen tausend Zuschauer waren begeistert, ja euphorisch.

Aber auch hier zeigte sich, daß Feuer dem Ballon Leben einhaucht, ihn zum Himmelsstürmer machen kann. Einer der Ballone begann plötzlich über das Kunstwerk hinauszusteigen und nur mit viel Mühe gelang es der Mannschaft auch hier, den Ballon festzuhalten und nicht in den Nachthimmel aufsteigen zu lassen.

Um ein besonders intensives Licht in der Ballonhülle zu erzeugen, benutzt man den Kuhbrenner. Er erzeugt nicht nur ein intensiveres Licht, sondern ist wesentlich leiser als der herkömmliche Benner und hat dadurch den Vorteil, Kühe bei niedriger Fahrt über die Landschaft weniger zu erschrecken.

Der Nightglow im Europa-Park wird wohl allen Beteiligten in bleibender Erinnerung bleiben. Keine defekten Dachrinnen oder zerrissenen Balonhüllen trübten die Stimmung. Die Piloten, die Mannschaften, die Zuschauer, sie alle waren zufrieden. Ein Nightglow, wie er eben im Buche steht.

# Vorbereitung zur Prüfung

Jede Prüfung verursacht Streß. Aber mit dem Streß kann man fertig werden, wenn man die richtige Ausbildung genossen hat

Irgendwann muß es einfach sein. Da entschließt sich ein Mensch unter die Ballonfahrer zu gehen. Nach langer, reiflicher Überlegung. Schon lange ist die Zeit vorbei, da dieser Mensch an das Märchen von »Young Ladies« und »Champagner« glaubte. Längst ist bekannt, daß das mit dem Ballonfahren ganz anders ist, als es die Werbung drapiert. Auch bei der Beleuchtung liegt die Reklame daneben, denn dort findet immer alles bei herrlichem Sonnenschein in wunderbarer Umgebung statt. Nun aber wissen wir: Herrlicher Sonnenschein, mittags um elf Uhr, ist nicht. Da ist Thermik und bei Thermik hat der Ballonfahrer Pause.

Nun soll also aus dem begnadeten Ballonmitfahrer ein zuverlässiger Ballonfahrer werden. Der erste Schritt ist einfach, man greift sich nämlich nur das Telefonbuch. Da sucht man sich nämlich heraus, wo es denn einen Menschen oder einen Verein gibt, der überhaupt einen Ballon hat.

Überall im Land sind sie zu finden und wenn man überhaupt kein Glück hat, dann fährt man zum nächten Festival. Ort und Zeit findet man in der Zeitung. Die vielbeschäftigten Kollegen von Presse, Rundfunk und Fernsehen zählen nämlich bereits zum erlauchten Kreis der begnadeten Ballonmitfahrer. Zumindest der etwas verrücktere Teil. Aber, der verrücktere Teil rückt auch mit Informationen heraus, hier bekommt man zumindest eine Adresse.

So pilgert die Aspirantin und der Aspirant zu solch einer Unternehmung und wird irgendwann auch jemanden finden, der die Rolle des ersten Lehrers übernimmt.

Die Unbill des frühen Aufstehens, der schweren Arbeit, des hohen Zeitbedarfs, dies alles ist dem

Schüler bereits in grausamer Weise vermittelt worden, allein, er hat sich nicht abschrecken lassen.

Der erste Schritt in der Annäherung an die Ausbildung sollte ein Gespräch mit dem Lehrer sein. Nicht jeder ist geeignet Ballonfahrer zu werden, die einen sind zu ängstlich, andere sind Draufgänger. Da ist die Bitte an den Lehrer, aufgrund seiner Erfahrung doch einfach mal rauszubekommen, ob es denn klappen könnte, hilfreich, auch für die Geldbörse.

Es gibt nämlich auch professionelle Ballonschulen, die mit der Ausbildung Geld verdienen. Die sind natürlich auch daran interessiert überhaupt Schüler zu haben. Seriöse Schulen stellen sehr schnell fest, ob jemand die Fähigkeit zum Piloten mitbringt oder nicht. Dann fällt die Entscheidung schnell. Andere aber haben den Blick ausschließlich auf's Honorar gerichtet und lassen ihre Schüler gnadenlos Stunden schrubben. Das sollte man vorher herausbekommen. Am besten spricht man darüber mit jungen Piloten.

Der Lehrmeister ist also gefunden, eine sympathische, ruhige, zuverlässige Frau oder ein ebensolcher Mann und dann geht es also gleich ab. Falsch. Reden Sie erst einmal mit dem Ausbilder, lassen Sie sich Tips geben, was Sie lernen sollen. Lassen Sie sich Bücher geben. Und: Schauen Sie dem Ausbilder genau auf die Finger. Von ihm – fast ausschließlich von ihm – bekommen Sie ihr Wissen. Der Lehrer ist natürlich kein Guru, sondern ein normaler Mensch mit Stärken und Schwächen, aber das geht ja allen so.

Da wollen wir doch mal die Positionen und Themenbereiche durchgehen, die angehende Piloten und Pilotinnen kennen und können müssen. Die sind für die spätere Prüfung nämlich wichtig.

Zuerst kommen die Fahrtvorbereitungen. Da haben wir die heimatliche Garage noch gar nicht verlassen. Da planen wir nur. Holen wir also das »Wetter« und erläutern es in seinen Auswirkungen für das Ballonfahren.

Natürlich wissen wir: Bei Sturmböen in Orkanstärke bleibt das Garagentor zu. Fahren wir erst gar nicht weg. Wäre rausgeworfene Zeit.

Ist Regen angesagt, bleibt die Türe ebenfalls zu. Im Regen zu fahren ist nicht nur unangenehm, es kann gefährlich werden. Der Ballon wird zu schwer und außerdem bekommt man ihn nur schlecht wieder trocken.

Bei bedecktem Wetter machen wir die Türe wenigstens schon mal auf. Da kann man dann auch besser raussehen. »Bedeckt« bedeutet nämlich noch nicht, daß Ballonfahren unmöglich wäre. Halten sich die Windgeschwindigkeiten unter 8 - 10 Knoten, ist die Wolkendecke nicht zu niedrig, stehen keine Gewitterfronten an, dann könnte gestartet werden. Es gilt also, noch weitere Informationen zu beschaffen.

**Der Nachweis, daß man eine Fahrt korrekt planen kann, muß bei der Prüfung ebenfalls erbracht werden.**

Natürlich haben wir auch schon über den Startplatz nachgedacht. In die Kalkulation geht ein: Windrichtung in größerer Höhe, Windrichtung am Boden, Oberflächenbeschaffenheit, Wald und natürlich sind Hochspannungsleitungen in der Nähe unerwünscht. Da kennen wir doch einen freundlichen Bauern in der Nähe, der nichts gegen Starts von seinem Land hat und gegebenenfalls auch mal seine Kühe wegschließt.

Übrigens Kühe: Da geht doch immer noch das Gerücht um, Kühe ließen sich von Ballonen erschrecken. Wenn man sich nicht gerade aus der Luft heimlich an sie heranpirscht, dann laut schreiend den Brenner auf Hochtouren bringt, dann ist diese Behauptung Unsinn. Kühe sind nämlich neugierig und wollen gerne mal ergründen, was so dahergeschwebt kommt. Und finden sie einen landenden Ballon auf ihrer Wiese, dann sind sie hocherfreut. Sie kommen herbeigeeilt, das Gefährt eingehend zu besichtigen und lassen sich nicht davon abbringen.

Einige Piloten haben so ihre Hülle verloren, weil eine Herde Kühe mit großer Gelassenheit ihre Hülle ausgiebig »begangen« hatte. Die bunten Stoffe, die so sehr an wunderschöne Blumen erinnern, ließen sie wohl hoffen ein wohlschmeckendes

Mahl zu finden. Nach der Besichtigung war dann leider die Hülle hin.

Ist der Wind also ganz ruhig, können wir mitten auf der Wiese aufbauen. Weht es ein wenig stärker, dann suchen wir den Windschatten eines Waldes auf. Aber wir vergessen natürlich nie herauszubekommen, wie schnell der Wind außerhalb dieses Schattens ist. Beim Start soll es keine bösen Überraschungen geben.

Bei der Auswahl des Startplatzes, Kenntnis des allgemeinen Windes vorausgesetzt, steht schon einigermaßen fest in welche Richtung die Reise geht. Führt diese hinaus auf's offene Meer, oder hinein in den tiefen, unendlich scheinenden Wald, dann ist der Startplatz falsch gewählt und wir bauen wieder ab.

Da Ballons auch wirklich immer wieder herunterkommen, sollte dafür auch ein Platz vorhanden sein. Das hat Vorteile. Deshalb nehmen wir auch ein Revier, das, weit vertreut, die schönsten Landeplätze der Welt aufweist.

Nun will aber Tante Frieda wissen, ob sie denn heute noch mitfahren kann oder nicht. Der Pilot muß deshalb was über die Traggkraft seines Ballon wissen und aus der Kombination Menschen, Flaschen und Hüllenvolumen ausrechnen, ob der Tante die Freude bereitet werden kann oder nicht. Zu Beginn hilft da die Datenmatrix im Ballonhandbuch.

Die Vorbereitungen sind also nun abgeschlossen und das Garagentor kann richtig geöffnet werden.

**Während der Ausbildung darf man sich für keinen Handgriff zu schade sein.**

Die Fahrt geht los, vorerst allerdings nur mit dem Auto.

Möglicherweise müssen die Prüflinge dem amtlich bestellten Prüfer dies und natürlich noch viel mehr, detailliert darstellen. Aber es geht natürlich weiter. Trotzdem werden wir noch nicht starten. Es gilt nämlich zuvor die Crew und die Mitfahrer einzuweisen. Was mag damit gemeint sein?

Den Mitfahrern sind die Gefahren zu erläutern und auch das, was in diesen Fällen zu tun ist. Man sollte niemanden dumm lassen, besonders, wenn das richtige Verhalten der Gesundheit dient. Das Unterrichten der Crew hat in aller Regel bereits früher stattgefunden. Schließlich sind die Helfer nicht zum ersten Mal dabei und lediglich, wenn etwas ganz besonderes, etwas völlig Neues passieren soll, dann wird der Pilot die Mannschaft erneut einweisen.

Dann aber werden jetzt endlich Aufgaben verteilt. Die einen kommen an die wichtige Topleine, da stehen die geübten, die, die schon wissen, worum es geht. Am Ballonmaul braucht man die »Feuerfesten«, wird nämlich erst einmal geheizt, dann kann es schon mal ein wenig wärmer werden. Und der ungeübte Passagier steht daneben, sieht zu und wird schlauer.

Dann will der Prüfer natürlich sehen, wie der Ballon aufgerüstet wird. Theoretisch und praktisch. Deshalb wird der Ballonschüler dies lernen. Aber wie es geht, weiß er natürlich schon lange.

Der Mann von der Luftfahrtbehörde will natürlich auch was über die verschiedenen Bedingungen hören, vielleicht sogar sehen. Die hat man natürlich schon längst kennengelernt. Da sind: Start von einem geschützten Platz bei Windgeschwindigkeiten über 8 km/h. Start von einem ungeschützten Platz bei Windgeschwindigkeiten von weniger als 8 km/h und schließlich: Start von einem ungeschützten Platz bei Windgeschwindigkeiten von mehr als 8 km/h. Endlich geht es also in die Höhe.

Die nächste Übung, die der Prüfer verlangen wird, heißt: Steigen und Übergang auf eine Fahrt in gleicher Höhe. Das Steigen wird dem Anfänger noch nicht so schwer fallen. Den Ballon abzufangen und in gleicher Höhe zu halten ist dagegen schon schwerer.

Der Ballon hat nicht die Eigenschaften eines Flächenflugzeuges, bei dem im Geradeausflug der Pilot nur den Knüppel festzuhalten hat. Der Auftrieb des Ballons kommt – wissen wir bereits – durch die leichtere, heiße Luft in der Hülle. Dort aber schwankt die Temperatur, sie erkaltet mit der Zeit, wird schwerer, muß mit dem Brenner aufgeheizt werden, trägt das Gefährt wieder in die Höhe.

**Übung macht den Meister: »Fuchsjagden« eignen sich hervorragend, um Ballon-Manöver zu üben und das Präzisionsfahren zu trainieren.**

So ist die Höhenlinie bei einer Fahrt grundsätzlich eine leichte Schlangenlinie. In der Höhe wird der Schüler lernen, diese Schwankungen möglichst klein zu halten. Im Idealfall ist sie »fast« gerade. Denn dies muß der Pilot für den nächsten Prüfungsabschnitt können.

Er muß runter auf Null. Und dann soll er, knapp über dem Boden, dahingleiten, ohne den Boden zu berühren. Ist der Untergrund flach und eben, dann sind die Schwierigkeiten noch in den Griff zu bekommen. Geht es aber einen Hang hinauf oder herunter, dann muß das Fingerspitzengefühl schon sehr ausgeprägt sein. Langsam erfährt der Schüler etwas über die »Hohe Kunst«.

Der Prüfer hat zu diesem Zeitpunkt bestimmt schon einen möglichen Landepunkt festgelegt. Aus geringerer und größerer Höhe muß der Prüfling beweisen, daß er oder sie den Landeplatz auch treffen kann, muß aber gleich durchstarten. Die Schleiflandung ist jetzt noch nicht gefragt. Bei schwachem Wind wir der Korb kurz aufgesetzt, dann geht es weiter.

Irgendwann darf dann gelandet werden. An einer Stelle, die der Prüfling festlegt. Denn später muß er schließlich auch wissen, wo er runterkommen kann.

Natürlich werden noch viele andere Themenbereiche geprüft: Navigation, Einteilung der Brennstoffmenge, Verhalten in Notfällen, Fahrt und Landung bei Windgeschwindigkeiten von mehr als 20 km/h.

Weil jedem Lehrer bekannt ist, wie schwer so eine praktische und theoretische Prüfung werden kann, wird er die verschiedenen Probleme intensiv theoretisch und praktisch durchgehen. Nur die Übung kann da weiterhelfen, in die Wiege gelegt wurde uns die Fähigkeit durch die Luft zu fahren leider nicht.

Um in Deutschland eine Lizenz als Ballonfahrer zu bekommen müssen mindestens 20 Fahrstunden und 50 Starts nachgewiesen werden. Das aber ist die absolute Untergrenze. Um die Geldbörse zu schonen ist es aber möglich, sich einen befreundeten Ballonfahrer als »Nachhilfelehrer« zu verpflichten. In seiner Begleitung, und selbstverständlich auch in seiner Verantwortung, kann der »Lizenzaspirant« dann seine Fähigkeiten langsam ausbauen. Und sich natürlich auch viele Tips geben lassen.

Natürlich will der Prüfer auch viel über die Ausrüstung des Ballons wissen. Aber über Flaschen und Brenner, Mindestausrüstung und Fahrverhalten kann der Prüfling sicher viel erzählen. Schließlich ist die Prüfung keine unangenehme Sache, der man sich nur widerwillig unterzieht, die Prüfung ist das Tor zur Selbständigkeit.

Die Lizenz berechtigt zwar einen Ballon zu führen, es ist aber wie beim Autofahren. Führerschein-Neulinge, Anfänger eben, sind noch großen Gefahren ausgesetzt. Die Erfahrung muß mit der Praxis kommen. Deshalb wird der Anfänger zu Beginn auch sehr zurückhaltend sein und immer noch lernen. Übrigens »lernen«: Auch die alten Hasen lernen noch immer. Aufhören wird das erst, wenn sie Hülle und Korb in die Ecke stellen, sich auf die Bank setzen und den anderen nur noch zusehen. Aber vielleicht lernen sie dann noch immer.

Das
PHANTOM
der
OPER

# Reise in die Vergangenheit

Manchmal sind Ballonfahrer auch Zeitreisende – scheinbar zumindest – wie dieses Kapitel beweist

Da hatten wir doch noch eine Verabredung in Gallup. Irgendwo auf der Strecke zwischen Los Angeles und Albuquerque. Das liegt in den Vereinigten Staaten von Amerika. Mit der Polizei hatten wir dort einmal eine besondere Begegnung der unangenehmen Art gehabt, die wollen wir aber lieber vergessen. Trotzdem saß uns noch immer eine besondere Form der Vorsicht in den Knochen, weitere Begegnungen mit der Obrigkeit sollten doch unterbleiben.

Karl hatte gerufen, der Häupling hatte genickt und ein paar Ballonfahrer waren ganz schnell gekommen. Aber erzählen wir die Geschichte vielleicht doch erst einmal von vorne:

In Death Valley war vor einiger Zeit Franz Taucher mit seinem »Phantom« gestartet und kurze Zeit später gab es Ärger. Die Polizei kam, behauptete hier würde Werbung gedreht und verdonnerte Piloten und Regisseur dazu vor Gericht zu erscheinen. In Bishop, der Stadt, die aber lag am anderen Ende der Welt. Fluchtartig hatten wir dann Kalifornien verlassen um uns in Las Vegas zu beraten, uns die Unterstützung eines amerikanischen Rechtsanwalts zu sichern. Das Ganze ging aus wie das vielzitierte Hornberger Schießen. Die fleißigen Polizisten hatten in ihrem Diensteifer vergessen, das Datum der Verhandlung einzutragen. Nach amerikanischem Recht war damit die Verhandlungsaufforderung nur ein Stück Papier ohne Bedeutung.

Warum aber erzählen wir das alles?

In Gallup, eben jener Ort auf der Stecke zwischen Los Angeles und Albuquerque, begegneten wir Karl und seinen indianischen Navajo-Freunden. Die nennen sich selbst Dinee, haben eine eigene Regie-

Das »Phantom der Oper« wird auf dem Vordach des Las-Vegas-Hilton aufgebaut – dazu mußte aber absolute Windstille herrschen.

rung, verwalten ihr Land selbst und sind ein aufstrebender Wirtschaftsfaktor.

Und eben diese Dinee sagten uns damals, für die schönste Ballonfahrt müßten wir noch einmal wieder kommen, nämlich eine Fahrt durch den Canyon de Challey. Dieser Canyon aber liegt im Naturschutzgebiet und daher rührte auch unsere Zurückhaltung, hatten wir die unangenehme Begegnung mit der Obrigkeit doch schon hinter uns.

Diesmal aber war es ganz anders. Im Hotel erwartete uns bereits Ted, Feuerwehrchef und Stammeshäupling, Karl war da und natürlich auch sein Freund John Shaff, der Polizeichef. So konnten wir uns vorerst beruhigt zurücklehnen angesichts dieser Vollversammlung ordnungsstaatlicher Persönlichkeiten.

Im Laufe des Nachmittags versammelten sich noch vier andere Ballonteams in diesem wunderbaren Hotel, das berühmt wurde, weil ein gewisser John Wayne im angetrunkenen Zustand mit einem Pferd die breite Treppe in der Halle hochgeritten war. Den Schauspieler konnte man schnell bändigen, allein das Pferd wollte die gastliche Stätte nicht mehr verlassen.

Es gibt unten eine wunderschön geschnitzte Bar, große Tische mit Bänken und Stühlen und es ist so, wie in den großen amerikanischen Westernfilmen. Das nimmt nicht Wunder, hatten doch amerikanische Filmfirmen dieses Hotel für ihre berühmten Stars erbaut. Und auch wir wissen jetzt: John Wayne war hier wirklich mal um die Ecke geritten.

Heute werden kaum noch Western gedreht, und wenn überhaupt, dann in Italien. So gehen Illusionen den Bach runter. Aber genau wegen der Illusion, wegen des kaum Vorstellbaren, waren wir ja alle gekommen. Canyon de Challey. Bisher hatten wir nur Fotos gesehen, hatten nur den Abglanz des Möglichen geahnt. Jetzt aber wollen wir erst einmal hinkommen.

Karl, ein weißer Lehrer an der Schule der Dinee. Seit 25 Jahren schon. Als seine Frau kürzlich ihr erstes Kind bekam, hatte er sich sehr gewundert, daß es nicht dunkelhäutig war, keine dunklen Augen hatte, wie die Kinder in seiner Schule. So sehr hatte er vergessen, daß es Menschen gab, die nicht »Indianer« waren. Sogar für sich selbst.

Die Regierung der Dinee hatte, ganz offiziell, Karl die Genehmigung erteilt, mit einigen Freunden im Canyon zu fahren. Das ist ein großer Vertrauensbeweis. Der Canyon ist nämlich für die Ureinwohner Nordamerikas ein heiliger Ort. Rituelle Handlungen wurden nicht nur früher, sondern werden auch heute noch an diesem Ort abgehalten. Zudem war er in den Zeiten der großen Vertreibungen und Unrechtshandlungen an den Indianern einer der letzten Fluchtpunkte. Hier gedenken die Menschen der Toten des größten Genozids der Menschheit. Des Völkermordes an den nordamerikanischen Ureinwohnern.

1864 verschanzten sich hier viele Menschen in ihrem Verteidigungskampf gegen Kit Carson und seine marodierenden Soldaten. Die Indianer störten die Weißen bei deren Landnahme, weil sie sich ihr Land und ihre Selbständigkeit nicht nehmen lassen wollten. Das allerdings hatte die landhungrigen Eindringlinge überhaupt nicht interessiert. Mit überlegener Technik und großen Menschenmassen wurden die Dinee, die »Menschen«, wie sie sich selbst nennen, einfach beiseite gedrängt. Sie hatten keine Chance.

Schon Hunderte von Jahren vorher wurde dieser Ort als Heiligtum verehrt. »White House« zum Beispiel, war bereits 1066 angelegt worden. Im »Antelope House« und in der »Mummy Cave« wurden Mumien gefunden, die dort schon sehr lange liegen. An vielen Orten existieren noch heute Felsbehausungen, die nach Auskunft der Wissenschaftler von rund 350 bis 1300 nach Christus bewohnt waren.

Die hoch aufragende Klippe »Navajo Fortress« wurde von Kit Carsons Truppen in kurzer Zeit genommen. Die Verteidiger wurden einfach umgebracht. Das Problem sollte schnell vom Tisch. Heute darf diese Stätte von Weißen nicht mehr betreten werden. Sie ist ausschließlich den Dinee vorbehalten.

Und an diesem Ort gestatten sie uns das Ballonfahren.

Als hätte der »Große Geist«, mit glühendem Messer, in ein Gebirge von Wachs einen tiefen Schnitt gesetzt. Als sei der Fels von Tausenden Händen mühsam poliert worden, als habe eine gigantische Hand die Wände glattgestrichen. Sanfte Rundungen, ebene Flächen, weiche Formen. Noch stehen wir oben, weit entfernt vom Canyon, schon aber ahnen wir Ausmaß und Schönheit dieses einmaligen Naturdenkmals. Menschen bekommen so etwas nicht hin. Da liegt der Gedanke an einen Gott schon nahe.

Canyon de Chelly National Monument, er wird »di schej« ausgesprochen, besteht aus mehreren Canyons und Schluchten. Das Gebiet ist rund 330 Quadratkilometer groß. Die markanteste Felsformation ist der »Spider Rock«, der Spinnenfelsen im Hauptcanyon. Roter, glatter Sandstein überall. Von ihm zweigen der »Canyon del Muerto«, der Totencanyon und der »Monument Canyon« ab.

Natürlich gibt es auch ein Besucherzentrum. Das

aber interessiert uns überhaupt nicht. Wir kommen mit der Genehmigung der Dinee-Regierung und natürlich ist Ted dabei. Er ist nicht nur Feuerwehrchef für das Reservat um Gallup, New Mexico, er ist Abgeordneter und Stammeshäupling. Was Ted in sein Parlament einbringt, wird ernsthaft beraten. Ted ist kein Schwätzer, sondern ein modern eingestellter amerikanischer Bürger, der allerdings seine Herkunft nicht vergessen hat und auch nicht vergessen will. Die »Navajo«-Regierung legt großen Wert auf die gute Ausbildung der Kinder, darauf, daß ihre jungen Stammesmitglieder aufsteigen als Anwälte, Ärzte und Lehrer, und auch darauf, daß sie die Eigenständigkeit des Stammesgebietes erhalten und ausbauen.

Weil Karl Lehrer in eine ihrer Schulen ist, ist die Verbindung zu den Stammesführern natürlich gut. Außerdem ist er mit den Sitten und religiösen Regeln vertraut. Er achtet deshalb auch darauf, daß keiner seiner »unwissenden« weißen Freunde unversehens in Fettnäpfchen tritt. Die Gefahr aber bestand kaum. Unsere indianischen Begleiter zeigten großes Verständnis für unsere Neugier und auch für unsere Unkenntnis.

Von Gallup bis zum Canyon sind es rund 160 Kilometer. Und weil auf amerikanischen Highways nur langsam gefahren werden darf, gab es viel Zeit für Unterhaltungen. Bei uns im Auto saß ein junger Dinee, der an der Universität in Albuquerque Jura studierte und später – vielleicht – einmal in die Politik gehen will. Den Stammesnamen konnte sich niemand merken, dazu war er zu kompliziert, deshalb sprachen wir ihn mit Alexander an, dem Namen, der in seinem amerikanischen Paß steht. Im Reservat selbst, so erzählte er uns, sprechen die Menschen untereinander nur »Dinee«. Mit den Weißen draußen, in der Schule und natürlich auch in der Universität aber sprechen sie amerikanisch.

Es war der breite, für uns nur schwer verständliche Dialekt der Südstaaten, den sie von den Eindringlingen übernehmen mußten. Heute aber, stellte er stolz fest, sprechen die Leute immer mehr ihre alte Sprache. Sie sind inzwischen wieder stolz auf sie. Das mag auch damit zusammenhängen, daß die Dinee wieder wirtschaftliche Macht zurückgewinnen. In vielen Prozessen, vor Gerichten der Bundesstaaten und auch vor den obersten Gerichten der USA, haben sie erstritten ihre früheren Gebiete zurückzubekommen. Dort betreiben nun sie wieder die Ausbeutung der Bodenschätze. Sie verkaufen sie, sie bestimmen in ihrem Land die Wirtschaftsentwicklung.

Die Gewinne fließen aber nicht in private Taschen, sondern dienen allen Dinee. Grundbesitz, so wie wir ihn kennen, haben die Dinee nicht. Das Land gehört dem Stamm, er entscheidet, was damit passiert, wer wo siedeln und Ackerbau betreiben darf. Die soziale und wirtschaftliche Entwicklung gibt Anlaß zu Hoffnung. Probleme, die die Eindringlinge aus dem Osten mitbrachten, werden kleiner. Striktes Alkoholverbot im Reservat, keine Drogen. Laster, die beinahe mitgeholfen hätten, das »Indianerproblem« der Weißen im wahrsten Sinne des Wortes, »aus der Welt zu schaffen«. Alkohol und Drogen hatten viele Indianer schlicht umgebracht, in den Ruin getrieben, eliminiert eben.

Wir sind am Startplatz angekommen. Von oben gesehen, ein steiler Schnitt in die Landschaft. Die Ballone werden aufgebaut. Von oben wollen wir in die Schlucht eintauchen. Zu groß wäre der Umweg gewesen, hätten wir versucht hinunter zu kommen, zu schlecht die Wege, zu gefährlich die Strecke. Ballone können schließlich ja durch die Luft fahren, da muß man sie nicht mühsam auf der Straße transportieren.

Die Brenner fauchen und fast gleichzeitig heben fünf fragile Hüllen ab. Große Höhe wollen sie nicht gewinnen. Sie wollen hinab in die enge Schlucht. Langsam gleiten sie über die Felskante, werden ein bißchen geschüttelt von der Leewalze, sacken hinunter in den engen Schlund des Canyons. Es ist, als fahre man unter der bunten Hülle in eine Höhle. Fast glaubt man die Felswände berühren zu können, ängstigt sich davor an spitzen Klippen die Hülle aufzuschlitzen. Langsam sacken sie herab auf den Boden, setzen mit leichtem Schlag auf, bleiben stehen wie große Blumen, versteckt zwischen Felsen. Der Grund der Schlucht ist erreicht.

Oben, darüber, jetzt weit entfernt, streicht der Wind von Süd nach Nord. Quer zur Richtung des Tales. Neben uns plätschert ein kleiner Bach. Wind regt sich hier aber noch nicht. Es sei noch zu früh, sagt unser Begleiter, aber nicht mehr lange und leiser Wind würde uns davontragen. Würde uns durch die Enge schieben.

Gerne würden wir jetzt hinausspringen, die glatten Wände des Sandsteins fühlen, wie so viele Menschen vor uns. Der Ballon aber muß am Boden gehalten werden, darf nicht in die Höhe entschweben, der Korb muß sein Gewicht behalten. Außerdem: An heiligen Plätzen sollte man vielleicht nicht umhertollen. Zu viele schlechte Erinnerungen verbinden sich hier mit weißen Menschen, zu groß ist die Ehrfurcht vor dem Platz bei den roten Menschen. Beschränken wir uns also auf's Schauen.

Fast hätten wir es gar nicht bemerkt. Ein Lufthauch, mehr nicht. Bliebe der Korb am Boden, der Ballon würde sich nicht von der Stelle rühren. Die

**Oben: Ballonfahren ist kein Sport für Einzelgänger. Nur in Gemeinschaft mit der Crew können die vielen anfallenden Aufgaben erledigt werden. Rechts: Wir haben unsere Verfolger verloren, auch über Funk ist nichts zu machen.**

Luft beginnt sich zu bewegen. Die Zeit des Fahrens ist gekommen. Die Reise durch die Vergangenheit kann beginnen.

Die Körbe schweben nur knapp über dem Boden. Wenige Zentimeter und wenige Meter. Über die sanften Rundungen des Bodens schwingen sie hinweg, bewegen sich leicht durch die enge Schlucht. Und dann, leichtes Schütteln im Korb, die Hülle berührt die Wand. Die große Blume lehnt sich an den glatten Fels, verharrt kurz, beult sich leicht ein, und dann beginnt das Rollen. Der Ballon »klebt« an der Senkrechten, dreht sich im leisen Windhauch, rollt sich an der Wand ab.

Fünf Ballone rollen an den Wänden, stoßen leicht aneinander in der engen Schlucht, verursachen ein Schwindelgefühl. Um uns herum dreht sich die Welt. Unter uns die Reste einer vergangenen, aber nicht vergessenen Kultur. Nur mit der Hilfe unserer Begleiter finden wir die Spuren. Feuerstellen und Behausungen im weichen Fels. Hier haben, viele hundert Jahre ist es schon her, einmal Menschen gelebt. Hier haben sie ihrer Vorfahren gedacht, haben Kinder bekommen, sind gestorben. Aber hier wurden sie auch getötet, hier verhungerten sie, abgeschlossen und verlassen von allem, das Hilfe hätte bringen können.

Wir aber tanzen in den Lüften. Der Tanz des Gedenkens. Getragen vom heiligen Wind. Ballone im Canyon.

Die Talwände treten zurück. Nun schweben die Lampions an der Nordseite des Canyons. Bisweilen verlieren sie den Kontakt zur Wand, drehen sich aber noch eine Zeitlang weiter, dem Gesetz der Masse gehorchend. Dann wieder die leichte Berührung, das leichte, fast unmerkliche Schütteln im Korb, und weiter geht die Reise.

Hoch aufragend über uns nun die Schlucht. Weit vor uns ein schmaler, senkrechter Strich. Er beginnt am Talgrund und endet oben am Ballon. Wir fahren durch eine weite Halle. Die Öffnung oben ist enger als der Raum hier unten. Oder ist es lediglich eine optische Täuschung? Kämen wir eigentlich nach oben wieder heraus, wenn wir es hier wollten. Oder würden wir steckenbleiben zwischen den engen Wänden?

Aus diesen Mauern gab es für die Bewohner damals kein Entrinnen, als draußen die marodierende Horde stand. Ohne Rücksicht auf den Glauben »der Wilden« mit dem Segen von Regierung und Kirche wurden sie einfach abgeschlachtet. Auf ihren Heiligtümern wurde herumgetrampelt. Ihre Sitten wurden mißachtet. Wir empfinden Trauer und Scham, als die Dinee über ihre Geschichte erzählen. Nur weil wir weiß sind. Die Dinee sehen unsere Rolle gelassener. Sie wollen nur anerkannt werden. In ihrer Lebensart, in ihren Rechten. Wir sind ja nur Gäste. Tragen keine Verantwortung. Die haben die Ureinwohner nun wieder selbst übernommen. Selbstbewußt, aber ohne Groll uns gegenüber.

Wer kann schon mit einem Ballon durch ein Museum schweben, kann sich Geschichte aus der begrenzten Höhe einer Schlucht ansehen. Wir haben das große Glück gehabt, die Erlaubnis zu bekommen. Wir haben versucht, keine der Regeln zu verletzen, haben die Ruhe der vielen Toten hier nicht gestört. Ein wunderbares Erlebnis, beklemmend aber die Geschichte und die Geschichten, die über dieses Tal erzählt werden.

Irgendwann spuckte uns der nun stärker gewordene Wind einfach aus dem Canyon hinaus. Fünf Ballone hüpften heraus. Oben warteten schon die Verfolger. Die Dinee kennen ihr Land und wissen auch, wo diese merkwürdigen, schwebenden Dinger wieder auftauchen.

Bei einem Verwandten von Ted, irgendwie sind sie hier alle verwandt, bekommen wir ein üppiges Früstück. Vorher hatten wir noch nichts bekommen. Im Hotel gab es nur Kaffe aus der Thermoskanne. Die Küche war um vier Uhr noch geschlossen gewesen. Hier aber wartete ein »fast« amerikanisches Frühstück. Der spanische Einfluß ist nicht zu übersehen, oder besser: zu »überschmecken«. Scharf sind die Gerichte, Fleisch, Eier, eine Suppe und Brot. Warmes und Kaltes. Nach der Arbeit und dem Erlebnis haben alle Hunger.

Die Tafel ist groß, wir sitzen im Freien. Die Sonne steht nun fast senkrecht, es ist warm. Über uns ein Sonnenschutz aus Stroh. Sonst wäre bestimmt die Butter davongeflossen und auch der Käse. Die Gastgeber haben vier Kinder. Die Ballonfahrer sind da, die Verwandten, ein paar Nachbarn und auch ein Vertreter der Dinee-Regierung. Es hat sich herumgesprochen, daß ein paar Journalisten aus Deutschland dabei sind. Er kennt Deutschland gut, sagt er. Er sei als Soldat in Bayern gewesen. Es seien nette Menschen dort. Und dann, leiser und fast heimlich, auch das Bier sei gut dort. Das aber sei im Reservat unerwünscht. In der Vergangenheit hätte sein Stamm mit Alkohol große Probleme gehabt. Deshalb.

Es gibt Kaffee und Wasser aus dem nahen Bach. Wunderbar kühles Wasser, sauber und mit dem Geschmack der vielen Mineralien, die es umspült hat. Es ist viel besser als das Zeug aus den Plastikflaschen, das wir als zivilisierte Menschen zu Hause bekommen. Vielleicht sollten wir darüber mal nachdenken.

So haben wir bei dieser Fahrt nicht nur die Fähigkeiten der Piloten kennengelernt. Wir haben eine für uns fremde Kultur gesehen. Wir durften ihr näherkommen. Der Ballon als Vehikel etwas kennenzulernen.

Später sitzen wir wieder in der Halle von »El Rancho« in Gallup unter der Treppe. Die mit dem Pferd. Noch schweben unsere Gedanken durch die Schlucht, durch die Geschichte, der Geschichte der wir in dieser Zeitreise begegnet sind. Noch wissen wir nicht so recht, ob wir stolz sein sollen auf diese Fahrt, oder traurig über die Geschichte. Es wird noch einige Zeit dauern, wir werden darüber nachdenken. Vielleicht aber lernen wir von den Indianern: Geld kann man nicht essen. Lernen vielleicht, daß Gewinnstreben und Macht nicht alles sein können. Wir sind »unter der Erde« gefahren und haben sie dennoch von oben gesehen. Eine Frage des Standpunktes. Eine Frage der Philosophie. Eine Frage, wie man an Dinge und Menschen herangeht.

Und warum erzählen wir hier gerade diese Geschichte? In einem Buch, das beschreibt, wie man Ballone fährt, was Piloten und Passagiere beachten sollen?

Eigentlich nur deshalb, weil die Fahrt mit diesen fragilen Hüllen mehr ist, als ein technisch-physikalischer Prozeß. Mehr ist, als die Frage, bekomme ich einen Titel, einen Preis, eine Ehrung. Das ist unwichtig.

Ballonfahren, sagte mal einer, ist ein Vehikel der Illusion. Der Phantasie. Des Sich-lösen-könnens. Nur wer Phantasie entwickelt, wer loslassen kann, kann hinzugewinnen, kann andere Menschen verstehen. Und die Illusion? Kinder haben sie, erleben damit fremde, spannende Welten, lassen sich hineinfallen in Abenteuer. Sie entdecken neue Dimensionen, überschreiten Grenzen.

Vielleicht gelingt es ja auch uns wieder wie Kinder zu werden. Frei von den Zwängen des Tages. Für eine kurze Spanne unserer Lebenszeit.

RANCES et PLACEMENTS
AXA
14

# Grafen, Fürstinnen und geheime Riten

Was die Brüder Montgolfier und Ludwig XVI. für das Ballonfahren getan haben und warum die Ballonfahrer heute noch eine verschworene Bruderschaft sind

Die ersten Ballonpassagiere hatten Pech gehabt. Nach ihrer Landung hatte sich kaum jemand um sie gekümmert. Dabei war einer der Fahrgäste verletzt, die anderen waren hoch erregt. Aber das ist schon lange her.

Veranstalter der Reise waren die Brüder Montgolfier gewesen. Die aber hatten nach der Landung des Heißluftballons anderes zu tun. Sie genossen die Ehrungen und ließen ihr Luftgefährt als »neues Weltwunder« bestaunen. Da waren die Mitfahrer uninteressant. Die ersten waren eine Ente, ein Hammel und ein Hahn. Bei der Landung hatte der Hammel dem Hahn auf den Flügel getreten und der lag nun krank danieder. Zudem hatte niemand die Fahrgäste gefragt, ob sie denn überhaupt in die Lüfte wollten. Die mußten nämlich aufgrund eines königlichen Dekrets in die Luft steigen. Und das kam so:

Der französische König Ludwig der XVI. und die Königliche Akademie der Wissenschaften wollten nicht, daß ihre Untertanen sich den Hals mit dieser neuen Erfindung brachen. Deshalb hatten sie das Mitfahren von Passagieren verboten. Die erste luftrechtliche Staatsanweisung quasi. Der König hatte mit dieser Entscheidung völlig recht, schließlich hatte er mit den adligen Herren, damals waren Damen noch nicht im Geschäft, anderes, also Staatstragendes vor. Deshalb wurden, eine Möglichkeit die neue Reisemöglichkeit dekorativ herauszustellen war schließlich nötig, diese drei Tiere in den Korb verfrachtet. Als Imagepflege würde man heute sagen, und als Demonstration der Sicherheit. Ludwig war zwar »angetan«, wollte dennoch den strammen Jungs seiner Umgebung noch nicht freien Lauf lassen. Deshalb verfügte er: Die nächste Fahrt sei mit zwei Menschen vorzunehmen, die ohnehin zum Tode verurteilt worden waren. Zwei Fliegen mit einer Klappe schlagen, würde man heute sagen.

Da aber hatte er die Rechnung ohne seinen Adel gemacht. Weit vorausschauend, bis in die heutige Zeit vermutlich, erkannten die erlauchten Herren, daß es unmöglich sei, diese hohe Ehre zwei Schwerverbrechern zu überlassen. Die Welt stockte einen kleinen Moment in ihrer Alltäglichkeit, die Geschichte hielt kurz inne, Historiker blickten gespannt nach Frankreich, und Ludwig ließ sich schließlich breitschlagen. Der Marquis François-Laurent d'Arlandes und Pilâtre de Rozier, zwei junge, aufwärtstrebende Adlige, wagten den ersten Versuch mit der »Reveillon« – und überlebten.

Mit den nächsten Fuhren waren dann andere wagemutige Gesellen unterwegs. Das offene Feuer unter sich, ununterbrochen waren irgendwelche Menschen beschäftigt neues Brandmaterial in die Flammen zu werfen, stiegen sie in die Lüfte, und ein paar sind dann später auch heruntergefallen. In den Salons gehörten sie sodann zur Spezies der »Helden«. Damen und Herren waren ihnen zugetan. Somit war Ballonfahren zwar ein gefährlicher und teurer, aber sehr gesellschaftsfähiger Spaß.

Da es zudem zum damaligen Zeitpunkt wenig Gelegenheiten gab, zum Helden zu werden, es herrschte gerade mal ein wenig Ruhe in der Welt, versuchten wagemutige, reiche Herren sich hier einen Ausgleich zu verschaffen. Es ist ihnen gelungen und sie gingen – zumindest die ersten von ihnen – in das ein, was man gemeinhin »Weltgeschichte« nennt. Heute kräht kein Hahn mehr nach Ballonpassagieren, und das wird die Rache der Hähne sein, weil weiland einem von ihnen der Flügel gebrochen worden war. Ein bißchen nachtragend darf man ja sein. In diesem Zusammenhang muß man das wohl sehen.

Aus eben dieser Zeit, durch eben dieses adlige Volk, haben sich bis heute einige Riten und Gebräuche überliefert, die Außenstehenden dicht verschlossen bleiben. Das Verhalten der Ballonisten macht den Eindruck, als gehörten sie einer geheimen Bruderschaft an. Und etwas von Verschwörertum haben die Anfänge des Ballonfahrens auch an sich. Darüber haben wir natürlich nachgedacht, haben geforscht und gefragt:

Man schrieb das Jahr 1783. Von der Französischen Revolution wurde noch nicht gesprochen, denn die fand erst 1789 statt. Nach offiziellen französischen Verlautbarungen waren die Menschen im Lande glücklich und zufrieden. Welche Menschen so fühlten, wird nicht berichtet. Auf jeden Fall aber gab es im Ort Vidalon-lès-Annonay, dem heutigen Annonay, eine Papierfabrik, die von der Familie Montgolfier betrieben wurde. Die Herren Étienne und Joseph waren naturwissenschaftlich interessiert und experimentierten gerne herum. Finanziell konnten sie sich das leisten, denn Papier war schon immer eine besondere Sache. Damals sogar noch mehr als heute.

Nun stellten diese Brüder, wahrscheinlich erst einmal zum Unmut der Nachbarn, fest, daß mit Qualm Auftrieb zu erzielen war. So bauten sie zuerst aus Papier, das war ja auch naheliegend, haubenförmige, hohle Gebilde, entzündeten ein schönes, also toll qualmendes Feuer und ließen ihre schwebenden Dinger durch die Luft davoneilen. Dies war die Geburtsstunde des modernen Heißluftballons. Der Name: Montgolfière. Allein, die beiden Montgolfiers wußten es noch nicht. Zunächst war es lediglich ein toller Spaß.

Heute würden die Herren ob der Luftverschmutzung einen Bußgeldbescheid bekommen und das Ende einer bedeutenden technischen Entwicklung wäre erreicht. Nicht so jedoch damals. Die Leute fanden es großartig. Daß etwas, das – scheinbar – schwerer als Luft war, »fliegen« konnte, war eine Weltneuheit. Gottlob fand man dann bald heraus, daß es nicht der Qualm, sondern die heiße Luft war, die trug. So konnte später auf die Rauchentwicklung verzichtet werden. Noch aber war es nicht soweit!

Erst einmal mußte der »gnädige« König den Test abnehmen und Marie Antoinette war bei dieser achtminütigen Reisen zugegen. Natürlich. Ein wenig »Show« gehörte auch damals dazu. Das war auch damals, wie es heute immer noch ist. Hunderttausende waren natürlich auch da, so berichtet der Chronist, und der war stolz, auch dabeigewesen zu sein. Übrigens: Chronisten waren damals das, was heute die Journalisten sind. Und ganz nebenbei: Natürlich war die Sache mit den Ballonen von der Akademie auch finanziell gefördert worden. Aber dabei war schon ein Wettstreit auszufechten: Heißluftballon gegen Gasballon. Professor Charles, der Erfinder des Gasballons, auch ein Franzose, hatte dabei, aber nur zwischendurch, die

**Griff nach dem Himmel: Viele Ballonkörbe waren im 18. Jahrhundert noch wie Kähne gestaltet.**

schlechteren Karten. Später sollte sich das ändern. Professor Charles allerdings hat es nicht mehr erlebt. Er starb vorher. So ist das halt mit den Erfindern. Aber lassen wir uns nicht von der ursprünglichen Story abbringen.

Die Adligen des Landes hatten, in Ermangelung anderer Heldentaten, also bei ihrem König durchgesetzt, daß nicht jeder dahergelaufene »Hans Pampel« durch die Lüfte schweben durfte. Und ihr König hatte per Dekret erlassen, daß sich – bis auf weiteres – nur Adelige den Hals brechen durften. So kam es, daß die Menschen in der Luft wunderbare französische Titel trugen, die zum Teil, auch heute noch der Nachwelt, also uns, überliefert sind. Eingeprägt in die Analen der Heißluft-Ballon-Fahrer.

Ganz nebenbei: Die Sache hatte natürlich auch einen wirtschaftlichen Aspekt. Der König hatte, huldvoll versteht sich, zudem entschieden, daß alles Land, das der Ballonfahrer überquerte in seinen Besitz fiel. So konnten also die alerten, jungen Herren Landbesitz nicht nur erben, Eroberer mußten zu diesem Zeitpunkt ja gerade pausieren, sondern nun auch durch einen verwaltungsrechtlichen Akt, durch schlichte Tat eben, erwerben. Große Angst am nächsten Tag sein Reich verloren zu haben, brauchte der König nicht mit sich herumzutragen. So oft bestiegen die Kavaliere wiederum nicht einen Korb. Es war wohl mehr die Ausnahme. Außerdem kamen die Dinger auch nicht allzu weit. Heute wäre das natürlich anders. Leider aber erfuhr diese Regel – ohne die Zustimmung des Königs – inzwischen Abwandlung. Zudem ist heute nicht mehr bekannt, ob eine sichere Landung Voraussetzung war, die Ansprüche anzumelden. Vielleicht mußte man ja auch »eigenfüßig«, hinterher, vor dem Monarchen erscheinen. Aber das ist im Dunkel der Geschichte verschüttgegangen.

Warum aber erzählen wir hier in epischer Breite

dies aus der frühen Geschichte der Ballonfahrt? Es dient, in weiser Voraussicht der Autoren, was noch kommen mag, dem Geschehen heutzutage. Denn, es hat sich, allen demokratischen Errungenschaften zum Trotz, und auch die französische und all die anderen Revolutionen konnten daran nichts ändern, nichts geändert. Es ist so, wie früher und so soll's nach dem Willen der Ballonfahrer und ihrer Fahrgäste auch bleiben. Vielleicht sind's ja alle geheime Royalisten. Um dies zu schildern, muß man allerdings ein wenig ausholen.

Wie man einen Ballon fährt, wurde ausgiebig beschrieben. Jeder muß es nun wissen. Die Technik können wir als weitgehend abgeschlossen betrachten. Wer allerdings heute Ballon fahren darf, das wurde in diesem Buch bisher lediglich von der technischen Seite aus betrachtet. Der gesellschaftspolitische Aspekt wurde bisher von uns schamlos unterschlagen.

Man bemerke nämlich: Noch immer gilt das Dekret Ludwigs des XVI., das da besagt: Nur Adelige dürften durch die Lüfte schweben. Dem Herrn zu widersprechen, galt damals als äußerst unfein und ungesund zudem. Daher hat auch niemand gegen diese Regel protestiert. Später hätte das nichts mehr gebracht, denn da war er bereits verstorben. Widerspruch blieb somit unbeantwortet. Da war guter Rat teuer.

Da aber Ballonfahrer ja bekanntermaßen findige Menschen sind, wurde das Problem anderweitig geregelt. Um dies zu beobachten, ist es sinnvoll, die zurückkehrenden Teams unserer Tage zu beobachten:

Gegen Mittag oder gegen Abend trudeln sie wieder ein. Die Gäste sind noch überwältigt von der Reise, manchmal sind sie müde von der schweren Arbeit, immer aber haben sie was zu erzählen. Denn wir wissen ja: Wenn einer eine Reise tut... So ist das natürlich auch nach der Ballonreise. Dieser Strom des Erzählten aber wird vom Piloten roh unterbrochen, denn es gilt nun die Novizen in die geheimen Regeln des Ballonfahrens einzuweihen. Dazu zieht sich die ganze Gruppe meist in eine unbeachtete Ecke zurück, schließlich handelt es sich jetzt um eine »geheime Aktion«.

Nicht nur im Korb hat der Pilot das Sagen, auch auf der Erde hat er noch bestimmte Befugnisse. Dazu gehört auch ein Ritual, das bei den sogenannten »primitiven« Völkern als Initiationsritus bezeichnet wird. Es geht darum, aus dem zufälligen Ballonpassagier einen völlig anderen Menschen zu machen. Merkwürdigerweise gibt es gegen diese »Hinüberführung« des Gastes kaum Widerspruch. Trotzdem muß es dem Aspiranten klar sein, daß er – wenige Augenblicke später – ein völlig neuer Mensch sein wird.

**Diese Hülle ist eine Huldigung an die Brüder Montgolfier, die in Europa um 1783 die ersten Ballone konstruierten.**

Bewirkt wird dies durch – Insider und Kenner haben dafür einen Namen erfunden – die »Ballontaufe«.

Aus reinem Vorsatz, zur Verschleierung der Tatsachen, wie das bei Geheimbünden nun mal so üblich ist, wurde dieser völlig irreführende Begriff erfunden. Kriminologisch nennt man das »Verdunkelung«, militärisch »Tarnung«. Das aber ist so gewollt, sonst wäre es ja keine Geheimbündelei. Getauft wird nämlich nicht der Ballon, der ist schon getauft, sondern der »Ballonmitfahreraspirant nach der 1. Fahrt«. Man könnte diesen Personenkreis auch einfacher als »die Neulinge« bezeichnen. Was den Begriff betrifft: Er ist in guter Gesellschaft. Bei der »Äquatortaufe« wird ja auch nicht der Äquator getauft. Und im »Bauernfrühstück« ist ja auch kein Bauer drin. Leben wir also mit den Unzulänglichkeiten unserer Sprache bis auf Weiteres.

Also zurück in die unbelebte Ecke des Platzes, hin zur Geheimbündelei, zur Taufe: Aspiranten, Piloten und ein paar ausgesuchte Gäste – darunter immer ein paar Menschen mit Fotoapparat – versammeln sich zu ihrem geheimnisvollen Tun. Zu jeder publikumswirksamen Aktion gehört eine Rede. Für die aber ist jetzt der Pilot zuständig.

Die fällt, Reden haben das wohl so an sich, natürlich von Fall zu Fall völlig unterschiedlich aus. So ist das mit Reden in Einzelfällen. Sie reichen von schlichter Feststellung des Geschehenen bis zu blumenreicher Ausschmückung des Denkbaren. Je nach sprachlicher Fertigkeit und kreativer Energie.

Bleiben wir deshalb bei den Fakten:

Zuerst müssen sich die Delinquenten einer strengen Rede unterziehen. Aber was heißt hier schon streng, eindringlich soll sie sein. Zuerst sollen sie, die frischgebackenen Ballonmitfahrer eben, kürzlich erst infiziert vom B-Virus, begreifen, daß ein Ballon nicht fliegen kann. Fliegen ist »out«! Fahren ist »in«!

**In jedem Jahr wird in Annonay, Frankreich, des Starts des ersten Ballons der Gebrüder Montgolfier gedacht.**

Warum das so sein soll, liegt allein an der bei uns üblichen Sprachregelung. Alles was schwerer ist als Luft fliegt nämlich. Behaupten wir mal einfach so. Was leichter als Luft ist fährt. Punktum! Keine Diskussion!

Da soll es jedoch Länder geben, wo solch feine Differenzierungen »out« sind. Bei den US-Amerikanern zum Beispiel. Da »fliegt« alles, egal was es wiegt. »To fly« eben. So einfach kann man die Verrohung der Sprache nachweisen. Noch nicht einmal der Kasten Bier ist mehr drin, wenn einer der Unwissenden auf den »Trick« hereinfällt. Unbekannt ist uns noch, wie dieser Personenkreis dann an preiswerte Getränke herankommt. Wir werden das bei Gelegenheit noch prüfen.

Auf jeden Fall aber ist von nun an als bekannt vorauszusetzen, daß »Fahren« der richtige Begriff ist. Und damit die Beteiligten auch kapieren, daß dies ein wichtiges Wort ist, müssen sie die Hand zum Schwur erheben, es nie wieder zu vergessen. Und laut sagen müssen sie es auch noch. Das muß dann helfen. Als bleibendes Erlebnis.

Der nächste Punkt der Tagesordnung erlangt dann weit größere Bedeutung. Die Jungspunde – egal wie alt sie sind – müssen schon wieder schwören. Laut versteht sich. Sie müssen geloben, daß wo, wann und warum auch immer sie einem Ballonfahrer begegnen, der Unterstützung braucht, sie ihm helfen müssen.

Darüber sollte man gut nachdenken. Da werden also alle Menschen, die irgendwann in ihrem Leben einmal mit einem Ballon gefahren sind, zur Hilfstruppe der Ballonisten verpflichtet. Unter dem Aspekt der Öffentlichkeitsarbeit, Public Relations heiß das wohl heute, ein genialer Trick. Da muß einer erst mal drauf kommen. Aber er hat natürlich auch seinen Sinn.

Da stellen wir uns doch einfach mal vor, unser Ballonist kommt dahergefahren, der Verfolger ist meilenweit weg, es herrscht flotter Wind und er muß runter. Unten stehen natürlich Menschen zu Hauf und keiner hilft. Nicht nur, daß die Hülle bald über dem nächsten Zaun hängt, daß die Passagiere herumirren wie die aufgescheuchten Schafe, auch der Pilot sieht alt aus. Da ist es doch viel schöner, wenn sich aus den Menschenmassen Trauben von Helfern lösen, zupacken, wo immer es möglich ist und den Ballonisten hochleben lassen. Wäre doch großartig. Für den Piloten.

Ganz so weit sind wir leider noch nicht, aber es wird. Immer neue Täuflinge kommen hinzu, die Gemeinde der sich selbstverpflichtenden Hilfstruppen wächst beständig. Unaufhaltsam. Und wir arbeiten daran. Auch in Zukunft.

Wer sich einbildet, die Veranstaltung sei nun bereits zu Ende, der irrt gewaltig. Jetzt geht es nämlich erst richtig los. Noch immer knien die Aspiranten am Boden, langsam werden die Beine lahm. Wer allerdings wird meckern, angesichts der Veränderung seines Lebens. Denn nun schwingt sich der Pilot zur Hochform auf, und die Assistenten gehen in Stellung. Wir nähern uns wieder einmal einem der vielen Höhepunkte. Die anderen hatten wir ja schon.

Jetzt greift der Ballonist nämlich zu Feuerzeug oder Streichholz und sucht sich aus dem wallenden Haupthaar des Delinquenten eine stattliche Strähne. Gefährliches läßt sich ahnen. Der Täufling schließt die Augen und ergibt sich in sein Schicksal. Niemand weiß, was kommen mag. Es herrscht gespannte Ruhe. Und dann kommt der Erklärung erster Teil:

Das Element, lassen wir die moderne Physik erst einmal außer acht, so hört es sich nämlich bedeutender an, das Element also, das dem Ballon Leben einhaucht, ist das Feuer. Knapp über Haupteshöhe brennt es still vor sich hin, erwärmt die Luft im Inneren der Hülle und läßt das Gefährt steigen. So profan wie hier, wird dieser Teil des Taufaktes natürlich nicht beschrieben. Blumiger ist die Sprache, lyrischer, beschreibender eben. Der Täufling soll so arg ja nun auch wieder nicht erschreckt werden.

Und dann wird die Locke abgefackelt. Als Zeichen, daß Feuer die treibende Kraft ist und auch, daß dieses Feuer Respekt verdient. Es soll ja schließlich die einzige, angebrannte Locke im Leben eines Ballonisten bleiben.

Was mit Menschen passiert, die eine vollkommene Glatze ihr eigen nennen, ist nicht bekannt. Irgendwo haben unsere Piloten immer wieder was gefunden. Und sei es auch das kleinste Haar.

Im weiteren Fortgang kommt uns nun zupaß, daß die Autoren, wohl wissend, was in der Geschichte noch kommen sollte, im Vorfeld also, auf die geschichtlichen Wurzeln und die Klientel der ersten Ballonfahrten hingewiesen haben. Dies ist nun sehr hilfreich.

Stellen wir uns so einen Adeligen der vorrevolutionären, französischen Zeit einmal vor. Egal wieviel Geld er wirklich besaß, er hatte ein ausschweifendes, üppiges Leben zu führen. Irgendwie mußte er sich doch vom normalen Volk unterscheiden. Also mußte der Lebensstil herhalten. Heute heißt das »Lifestyle«, und wir meinen im Prinzip das gleiche. Nur der König ist in den meisten Fällen nicht mehr vorhanden. Aber das tut der Sache keinen Abbruch. So einer aus dem Erb-, oder heute dem Geldadel, ist ein armer Hund. Natürlich kann er nicht so einfach machen, was er will. Wo kämen wir da hin. Wie sollte man da noch Menschen von Menschen unterscheiden können. Natürlich war das unter dem XVI. auch nicht anders. Das aber verbindet wieder. Und auch heute noch haben »Yuppies«, oder damals eben die »jungen Adeligen«, ihr besonderes, personentypisches Getränk. »Kir-Royal« ist schon lange »out«. Der eben genannte Film ist abgedreht und vergessen. Wir sind wieder an die Wurzeln zurückgekehrt und trinken Champagner. Was sonst?

**Der Ballon wird aufgerüstet und über offenem Feuer beheizt. Ursprünglich glaubte man damals, daß der aufsteigende, dunkle Rauch den Ballon trage und nicht die heiße Luft.**

Nun findet, in diesem Zusammenhang nicht ohne Bedeutung, Champagner in flüssiger Form statt und hat zudem einen überschaubaren Alkoholgehalt. Käme nämlich, diese Überlegung sei gestattet, die Wurzel des Ballonfahrens aus dem Russischen Reich, der weitere Fortgang der Veranstaltung müßte einen völlig anderen Verlauf nehmen. In Rußland war und ist das Nationalgetränk nämlich Wodka, und der ist brennbar. Für die Verwendung während einer Ballontaufe ist er somit völlig unbrauchbar.

Der Assistent des Piloten reicht, kurz nach der Brandstiftung am Haupthaar des Neulings, eben jenem behende eine geöffnete Flasche mit Champagner. Es ist in der Folge leicht einsehbar, daß die Flasche geöffnet sein sollte. Der Pilot löscht nämlich alsbald das Feuer, damit der neue Ballonmitfahrer, rein theoretisch versteht sich, noch eine Ballontaufe hinter sich bringen könnte. Das Haar bleibt erhalten, der Mensch könnte ohne größeren Schaden vondannen schreiten.

Daraus kann man erkennen, daß es gut war, daß

Franzosen die Erfinder des Ballonfahrens waren und nicht Russen. Dort wäre die Ballontaufe wesentlich gefährlicher ausgefallen. So danken wir den französischen Aristokraten, daß sie Champagner bevorzugten und nicht irgendeinen hochprozentigen Schnaps.

Da hatten wir doch schon von »Davonschreiten« gesprochen. Das ist jetzt natürlich noch überhaupt nicht erlaubt. Zu guter Letzt wird nämlich den geplagten Täuflingen noch eine Handvoll Erde ins Haar geschmiert, damit sie sich immer wieder in Erinnerung rufen können, wohin sie eigentlich auf ihren Reisen wollen. Zurück zur Erde natürlich. Genauere Zielangaben werden bei der Taufe nicht gegeben. Jeder muß das dann später für sich selbst herausfinden.

Dann aber wird der Ballonist noch einmal ganz offiziell. Kraft seiner ihm, von wem auch immer, verliehenen Befugnis, verteilt er nun Namen, Titel und Urkunden. Und weil, wie schon mehrfach angemerkt, nur Adelige die Lüfte befahren dürfen, werden die Täuflinge in den Adelsstand erhoben. Ein ganz einfacher juristischer Trick. Damit bekommt das Ganze wieder den Eindruck der Legalität und deshalb wird der Taufakt auch im Geheimen vorgenommen. Die Namen haben, wie das beim Adel halt so üblich ist, natürlich was mit dem Gebiet zu tun, daß von oben, oder früher, von unten eben, gesehen werden konnte.

Um nur ein paar Beispiele zu nennen:

Da gibt es die »Fürstin Anna, vom hohen Walde am schmalen Bach, zur holperigen Landung«.

**Ritterschlag: Nach der Jungfernfahrt wird der Ballon-Neuling getauft und in den Adelsstand erhoben. Haarbüschel werden entflammt und mit Champagner gelöscht. Heilige Eide werden geleistet und einer alten Tradition Genüge getan.**

Oder, wenn der Ballonfahrer dem Aspiranten einen Streich spielen will, auch was Langes: »Graf Waldemar, neben der Burg Frankenstein bei aufsteigendem Wind und sichtbarem Rhein, am Abhang zwischen den Kühen gelandet, morgens um 9 Uhr.« Das muß sich erst mal einer merken. Denn jeder, absolut jeder, der einem Ballonisten begegnet, muß seinen Namen dahersagen können, komme, was wolle. Es gilt also auch noch eine Gedächtnisleistung hervorzubringen. Und ganz nebenbei: Aufschreiben gilt nicht. Aber zur Beruhigung: Auf der Urkunde kann man's nachlesen und üben.

Damit ist der offizielle Teil beendet, und die Damen dürfen den Ballonfahrer küssen. Bei Herren wird das weniger beobachtet, es sei denn der Pilot ist eine Pilotin. Und da ist es doch gut, daß immer mehr Damen diese Profession ergreifen und Menschen durch die Lüfte fahren. Ein bißchen Gleichberechtigung sollte schon sein.

Natürlich wird beim Löschen des Haares mit dem Champagner sparsam umgegangen, schließlich gibt es für diese Flüssigkeit noch andere Verwendungsformen. Diesen sollte nach dem Taufakt vehement gefrönt werden, denn getauft wird nur einmal und das muß reichen.

Immer wieder werden wir aber gefragt, wie das denn mit dem überfahrenen Grundbesitz sei. Rein rechtlich haben wir, trotz intensiven Studiums der Literatur, wenig – also eigentlich überhaupt keine – Hinweise gefunden. Lediglich die Befragung verschiedener Piloten brachte einen kleinen, wenn auch unbefriedigenden Aufschluß über die vermeintliche Rechtslage. Sie sei hier – ohne jede Verbindlichkeit versteht sich natürlich – kurz aufgezeigt:

Die Regel des Königs sei, so die Aussage, nie zurückgenommen, sondern lediglich von neuem Recht »überlagert« worden. Dies bedeute, das alte Recht gelte nun neben dem neuen. In der Praxis gehöre dem Ballonfahrer das Land immer noch, allerdings erst ab einer Höhe von 20 Metern über dem Grund.

Leider entstehen Hochhäuser von Banken und Versicherungen selten da, wo Ballonfahrer ihrem Sport nachgehen. Auf der grünen Wiese. Denn es wäre doch zu schön, wenn man ein paar Zimmer oberhalb des zehnten Stockwerks sein Eigen nennen könnte. Unter den oben angegebenen Bauherren finden sich aber leider zu wenige Ballonfahrer, denen diese Regeln bekannt wären. Da wäre es dem einen oder der anderen vielleicht lieber, es gäbe ihn noch, den XVI. Ludwig aus Frankreich, der weiland die ersten Bestimmungen für Ballonisten aufgestellt hatte.

# Epilog

Treffen sich zwei Ballonfahrer. Fragt der eine den anderen: »Was ißt man eigentlich vor der Fahrt?« Sagt der andere: »Was Leichtes!«

Der einzige Witz über Ballonfahren, den ich kenne. Wie es kommt? Keine Ahnung! Jeder Versuch der Klärung wäre Unsinn.

Deshalb hier nur der Versuch zu fragen, was die Menschen am Ballonfahren denn so toll finden. Es gibt welche, die möchten unbedingt selber fahren und legen sich dafür mächtig ins Zeug. Andere wollen mitfahren und ein paar wollen nur schauen. Nur wenige haben wir getroffen, die Ballone ablehnen. Die aber träumen eigentlich auch von ihnen, wollen sich diese Schwäche aber nicht eingestehen.

Eigentlich sind die Ballonenthusiasten ganz normale Menschen, in ganz normalen Berufen, die sich lediglich einen Traum erfüllen. Nun ist das sich Erfüllen von Träumen heute schwierig geworden. Viele Hersteller vieler Dinge, die niemand braucht, wollen uns einreden genau ihr Produkt sei die Erfüllung aller Wünsche. Und wer sich verweigert, der gehört einfach nicht dazu. Das hätten sie gerne. Menschen, die Ballonen nahestehen sind eine schlechte Zielgruppe für Luxusprodukte, Wässerchen und teure Autos, Uhren und High-Tech für's Wohnzimmer. Sie haben nämlich nur wenig freie Zeit und meist auch wenig Geld. Das was sie an Zeit und Geld nämlich aufwenden ist bereits in Sachen Ballonen verplant.

Bei Festivals und Treffen versammelt sich deshalb nicht der Jet-Set, sondern Leute wie »Du und Ich«. Gespräche werden nicht über teuren Schnick-Schnack geführt sondern – wie könnte es anders sein – über Ballone. In der letzten Zeit kommen auch immer wieder Kollegen aus dem ehemaligen Ostblock, die meist mit ihrem Geld zurückhaltend umghehen müssen. Sie wohnen zum Teil in ihren Fahrzeugen, und essen an der Imbißbude an der Ecke. Wer aber glaubt, sie gehörten nicht dazu, der irrt. Ballone sind zwar teuer, wer aber ein solches Gefährt sein eigen nennt, der kennt bald »den Rest der Welt«. Reichtum ist zwar kein Hindernis, aber auch keine Empfehlung.

In der Schweiz über den Häusern von Château d'Oex.

So steigen sie in die Körbe, heben ab und verlieren den Kontakt zum Boden, zur Erde. Vielleicht verliert man »Erdung«. Aus der Höhe entsteht nicht Schwindel, nur zu Beginn leise Furcht, sondern schlicht Abstand. Probleme werden kleiner oder lösen sich ganz. Verworrenes bekommt Ordnung.

Chaos, so die Wissenschaftler, ist nur das Fehlen des Überblicks. Entfernt man sich weit genug, dann erlangt jedes chaotische Bild eine wunderbare, eine eigene Ordnung. Vielleicht ist dies ja auch in unserem Leben so. Wir stehen lediglich zu dicht. Manchmal kann dann Ballonfahren hilfreich sein. Entfernen, betrachten, Einsicht bekommen. Vielleicht träumen deshalb so viele Menschen vom Fahren in der Luft. Es mag eine der Möglichkeiten sein, zur Ruhe zu kommen. Und auch ein wenig Demut zu empfinden. Sich selbst kennenzulernen. Steigen wir also in den Korb.

D-OVUS

# Adressen und Termine

Bedeutende Ballonfestivals weltweit

Die konkreten Veranstaltungstermine der einzelnen Festivals sollten jeweils bei den Fremdenverkehrsverbänden vor Ort erfragt werden, da diese aus kalendarischen Gründen natürlich flexibel sind.

*Januar*

**Filzmoos, Österreich**
Dieses sehr gemütliche Ballonmeeting lockt Jahr für Jahr um die 30.000 Besucher an.

**Château d'Oex, Schweiz**
Es gilt als das vornehmste Festival inmmitten der Schweizer Bergwelt und brachte es auch schon auf 40.000 Besucher.

*März*

**Arctic Sky Kirkenes, Norwegen**
Ballonfahren unter der Mitternachtssonne. Der besondere Reiz dieses Festivals sind die Fahrten durch Fjorde und entlang faszinierender Küstenabschnitte. Allerdings sollte man sich sehr warm anziehen.

*April*

**Calla Millor, Mallorca, Spanien**
Die besondere Thermik auf der Insel erlaubt das seltene Vergnügen, Teilabschnitte über dem Meer fahren zu können: Ein besonderes Erlebnis, aber nicht ganz ungefährlich.

*Mai*

**Europark Rust, Deutschland**
Dieses Ballontreffen wurde 1996 zum ersten Mal veranstaltet. Die Besucher waren des Lobes voll: sehr gut organisiert und hervorragend besucht.

**Hafengeburtstag Hamburg, Deutschland**
Außer traumhaften Windjammern sind zu dieser Festivität seit einiger Zeit auch Ballone eingeladen: ein Augenschmaus also.

*Juni*

**Annonay, Frankreich**
Bei diesem Festival wird wenig Ballon gefahren. Die Historie steht im Vordergrund, sprich: Es wird des Starts des ersten Ballons der Brüder Montgolfier gedacht.

**Luxemburg**
Ein recht familiäres und gemütliches Festival.

*Juli*

**Operation Sail, Bremen, Deutschland**
Ähnlich wie beim Hamburger Hafenfest stehen hier Ballone und alte Segelschiffe gemeinsam im Mittelpunkt. Ein Augenschmaus, aber wenig Gelegenheit zum Mitfahren.

**Montgolferia Tobi, Assisi, Italien**
Der Reiz dieses Festivals liegt im Fahren über den zahlreichen Ruinen der Antike – sozusagen ein Reisen über der Vergangenheit.

*August*

**Arolsen, Deutschland**
Dieses kleine Festival in Nordhessen findet über idealem Ballon-Gelände statt: Berge, Seen, Wälder und Ortschaften. Hier kann die Hohe Kunst des Fahrens geübt werden.

**Bristol Ballon Fiesta, Bristol, Großbritannien**
Dieses Ballonmeeting ist ein echter Klassiker und very british, indeed. Für den traditionellsten Hersteller von Ballonen, die Firma Cameron Balloons Ltd., Bristol, ist das Spektakel übrigens ein wahres Heimspiel.

*September*

**Gatineau Quebec, Kanada**
Hier wird alte französische Ballonfahrertradition gepflegt – erfolgreicher als im Mutterland. Und die Geschichte kommt auch nicht zu kurz.

**Schieleiten, Stubenberg, Österreich**
Ganz ähnlich wie in Filzmoos findet bei diesem Festival inmitten der traumhaften Landschaften der Steiermark eine familiäres und harmonisches Stelldichein internationaler Ballone statt.

*Oktober*

**Röhner Ballöner, Bischofsheim, Deutschland**
Immerhin 10.000 Besucher hat dieses noch recht junge Fest 1995 angelockt und neben europäischen Ballonen war sogar auch eine südafrikanische Crew vertreten.

**Albuquerque, New Mexico, USA**
Hier sind Superlative angesagt: Es ist weltweit das größte Ballonfestival. 1995 wurden 1,6 Millionen zahlende Besucher gezählt. Die Ballone stürmen in zahllosen Wellen gen Himmel. Hier versammeln sich die Weltelite und die faszinierendsten Special Shapes.

**Maastricht, Niederlande**
Es ist das nationale Ballonfest der Niederlande. Einen großartigen Ausblick genießen die Gäste in den Ballonkörben: über Deiche, Kanäle, Wiesen und das Meer.

*November*

**New Dehli, Indien**
Eines der wenigen Ballonfestivals Asiens. International hat es aber noch nicht in besonderer Weise von sich reden gemacht.

**Montgolfiade de Sahara, Tunesien**
Fahren unter dem Wüstenhimmel. Dieses Festival wird vom tunesischen Präsidenten höchstpersönlich protegiert, der selbst begeisterter Ballonfahrer ist. Man sagt, es sei eines der schönsten Ballonfestivals weltweit.

**Saga, Japan**
Obwohl die Chinesen als Erfinder der Heißluftballone gelten, tut sich das Ballonfahren in Asien noch recht schwer. Mit diesem Festival nehmen die Japaner auch auf diesem Gebiet eine Spitzenstellung ein.

## Nationale Ballonsportvereine

Deutscher
Aero Club
Rudolf-Braas-Str. 20
63150 Heusenstamm
DEUTSCHLAND
Tel: 0049/(0)6104/69960
Fax: 0049/(0)6104/699611

Österreichischer
Aero-Club
Prinz-Eugen-Straße 12
1040 Wien
ÖSTERREICH
Tel: 0043/1/50510280
Fax: 0043/1/5057923

Aero Club
der Schweiz
Lidostr. 5
6006 Luzern
SCHWEIZ
Tel: 0041/(0)41/3702121
Fax: 0041/(0)41/3702170

Balloon Federation
of America
P.O.Box 400
Indianola IA 50125
USA

## Herstelleranschriften

Schroeder Fire Balloons GmbH
Am Bahnhof 1
54338 Schweich/Mosel
DEUTSCHLAND
Tel: 0049/(0)6502/1014
Fax: 0049/(0)6502/1016

Stratos Ballooning GmbH
Benedikt Haggeney
Postfach 1416
59320 Ennigerloh
DEUTSCHLAND
Tel: 0049/(0)2524/4383
Fax: 0049/(0)2524/5807

Cameron Balloons Ltd.
St. John's Street
Bedminster
Bristol BS3 4NH
ENGLAND
Tel: 0044/(0)272/637216

Thunder & Colt Ltd.
Maesbury Road
Oswestry
Shropshire SY10 8HA
ENGLAND
0044/(0)691/670644

Cameron Balloons US
P.O.Box 3627
Ann Arbor MI 48106
USA
Tel: 001/(0)313/426-5525